RECHERCHES HISTORIQUES

SUR

ROUEN

FORTIFICATIONS.

Porte Martinville.

PAR CH. RICHARD

CONSERVATEUR DES ARCHIVES MUNICIPALES DE ROUEN,
Secrétaire perpétuel de l'Académie de la même ville,
Membre des Sociétés des Antiquaires de Normandie et de Picardie.

ROUEN,
IMPRIMÉ CHEZ A. PÉRON,
RUE DE LA VICOMTÉ, 55.

1844.

A MONSIEUR

HENRY BARBET,

MAIRE DE ROUEN.

A MESSIEURS LES MEMBRES

DU

CONSEIL MUNICIPAL.

NOTES ET DOCUMENTS

SUR

L'HISTOIRE DE ROUEN

FORTIFICATIONS.

Porte Martinville[1].

'IMPORTANCE des Archives municipales de Rouen est aujourd'hui généralement reconnue. Cependant c'est un trésor dont le public et même les savants sont encore bien loin de soupçonner toute la richesse. Je désirais depuis long-temps faire quelque publication qui pût donner une idée à peu près exacte

---

[1] J'ai cru devoir rectifier l'orthographe usuelle à laquelle je m'étais d'abord conformé dans ma publication de la *Revue de Rouen*; voici pourquoi : d'abord, dans les chartes latines des XIe, XIIe et XIIIe siècles, on a invariablement écrit *Martinvilla*, *Mar-*

du nombre, de la nature et de la variété des documents que renferme cette belle collection, sur l'existence politique et la vie privée de notre vieille et noble cité. Mais, au milieu de cette

tinivilla. Or, la seule traduction raisonnable de *Martinivilla* est bien *Martinville*; on ne saurait rien changer à ce mot sans mentir à son étymologie. Ensuite le motif qui m'avait déterminé à me soumettre à l'usage n'existe plus. Je m'étais fait une loi de m'en rapporter à l'orthographe des pièces les plus anciennes dans lesquelles ce nom se fût offert à moi en français. Ces pièces dataient du xive siècle [1370]. Or, depuis, j'ai rencontré un acte original du xiiie [1282], dont je cite plus loin un fragment, et dans lequel on a écrit *Martinville*. Il n'y avait pas à hésiter un moment entre un document officiel d'un âge et d'une autorité aussi respectables, et l'indication incertaine que m'avait fournie une époque dont l'orthographe se distingue par une épouvantable barbarie et la plus capricieuse mobilité. Je m'empresse donc de mettre fin à une usurpation que le temps semblait avoir consacrée. J'expulse impitoyablement cet *a*, qui avait abusé de la position élevée qu'il occupe dans l'alphabet, pour s'emparer d'une place qui ne lui appartenait pas, et je rapproche, après une trop longue séparation, deux lettres qui doivent être désormais indissolublement unies par le triple lien de la grammaire, de l'étymologie et du bon sens.

Je dois à ce sujet une éclatante réparation à M. Chéruel. L'auteur de l'*Histoire de Rouen sous la Domination anglaise*, obéissant à ses excellentes inspirations, avait d'abord écrit *Martinville*. C'est moi qui suis venu le détourner de la bonne voie qu'il avait prise, pour l'entraîner dans la fausse route où je m'étais engagé de la meilleure foi du monde. Si, donc, l'*a* malencontreux s'est glissé dans l'*Histoire de Rouen pendant l'Époque communale*, c'est sur moi seul que doit en retomber toute la responsabilité.

Je devrais aussi bien des remerciments à M. Chéruel; mais, si je signalais tous les services que son érudition m'a rendus,

multitude innombrable de détails également attrayants, le choix d'un sujet m'avait plongé dans une perplexité dont je désespérais de jamais sortir. Une heureuse circonstance est venue mettre un terme à mes hésitations.

Les dessins des deux portes les plus intéressantes de l'ancien Rouen, la porte Martinville et la porte Saint-Hilaire, ont été trouvés par M. A. Pottier, dans un manuscrit de la Bibliothèque de Rouen, sur les gardes duquel ils sont collés[1]. Ces deux croquis, exécutés peu d'années avant

son nom figurerait sur toutes les pages de mon opuscule. D'ailleurs, l'amitié fraternelle qui nous unit depuis tant d'années rendrait presque injurieuse pour lui l'expression publique de ma reconnaissance. Cependant, je n'ai pas pu laisser ignorer à mes lecteurs une communauté de travaux dont je suis fier. Je m'en rapporte à leur équité pour faire la part de chacun; il n'est pas un d'eux qui ne sache fort bien que, lorsqu'il y a association entre M. Chéruel et moi, ce n'est pas lui qui en recueille les bénéfices.

[1] Ce manuscrit, grand in-folio et marqué A—69, est intitulé *Clio Rothomagensis*. Les amateurs d'histoire locale, dont ce titre pourrait piquer la curiosité, seraient victimes d'une cruelle déception. La *Clio Rothomagensis* n'est qu'une très lourde et très insignifiante compilation, ornée de longs fragments du poème d'Hercule Grisel, auxquels l'auteur a eu la fâcheuse idée d'ajouter un nombre infini de vers latins de sa façon. Cet auteur est J.-André Guiot, prêtre, né à Rouen en 1739, qui a été secrétaire du Palinod de Rouen, dont il a fait l'histoire sous ce titre: *Les trois Siècles palinodiques, ou Histoire générale des Palinods de Rouen, Dieppe*, etc., en un ms. in-folio. La bibliothèque de Caen possède cet ouvrage avec un autre du même auteur, le

la démolition de ces portes [1], offrent tous les caractères d'une parfaite exactitude.

M. le bibliothécaire, dont tous les hommes d'étude ont pu apprécier la généreuse abnégation et l'infatigable complaisance, s'empressa de me communiquer cette découverte inespérée, qui coïncidait si heureusement avec mes modestes travaux. Mon irrésolution fut aussitôt fixée. Le hasard venait de m'indiquer un sujet; on jugera s'il m'a bien servi.

Ces notes ne sont qu'un extrait des matériaux que je rassemble, chaque jour, pendant le cours des explorations incessantes dont mes fonctions me font une douce nécessité, pour un travail sur les Annales militaires de Rouen.

On conçoit facilement que, dans une histoire de détail, la topographie doive occuper une place

Moréri des Normands, ms. in-folio en deux volumes; c'est une biographie normande qui n'est pas sans intérêt, et dans laquelle on trouve quelques curieux renseignements sur plusieurs de nos compatriotes. Il est bien entendu que J.-André Guiot ne s'est pas oublié. Ceux, donc, qui voudraient faire une plus ample connaissance avec lui, savent maintenant où s'adresser.

M. Pinard, greffier du tribunal civil de Wassy, vient de faire tirer à 30 exemplaires une notice autographiée sur J.-André Guiot.

[1] La porte Martinville est datée de 1774, et la porte Saint-Hilaire de 1775.

M T. de Jolimont, à qui Rouen doit déjà la reproduction d'un grand nombre de ses monuments, a été chargé de faire les copies réduites de ces deux dessins.

importante. En ranimant les faits, j'ai dû songer à en tracer le théâtre; et les enceintes de Rouen, ses murs, ses portes, ses tourelles, ses châteaux, ont été, de ma part, l'objet des recherches les plus minutieuses. J'ai entrepris de reconstruire ces formidables remparts, de creuser ces fossés profonds, témoins de tant de faits héroïques, dont les rares vestiges disparaissent tous les jours.

A ce sujet, nos historiens ont laissé tout à faire. Ils ont, à la vérité, indiqué les premières enceintes, mais ils n'ont rien dit de la dernière, précisément parce qu'elle existait de leur temps. C'est cependant à celle-là que se rattachent nos plus précieux souvenirs.

Rouen a été long-temps cité comme une ville extrêmement forte, et, en effet, ses murailles inébranlables n'ont jamais fait défaut au courage et à la constance de ses habitants. Les Français seuls sont entrés à Rouen par la brèche [1].

« Si on a égard aux portes de la ville, dit notre
« vieil historien, il n'y en a pas tant que dans la
« cité de Thèbes, combien qu'on y en pourroit
« autant faire édifier; mais pour ce que la forte-
« resse d'une ville s'imagine quand il y a peu de
« portes, aussi Rouen, ville forte en assiette,
« munie de boulevards, châteaux, tourelles,

---

[1] Charles VI après la révolte de 1382; l'armée catholique en 1563.

« bastions, casemates, circuits et environnements
« de fossés et remparts pleins, d'une part, d'eaux
« vives courantes, tant bien éperonnées de ter-
« rasses, appuyées de fortes pierres de taille à
« fond de cuve, se peut estimer être digne de dé-
« fense, et principalement pour avoir en sa garde
« le mont de Sainte-Catherine, qui la préserve
« comme feroit une citadelle Metz en Lorraine [1]. »

Cette admiration du bon lecteur en théologie pour les fortifications de Rouen, n'avait rien d'exagéré; malheureusement, elle a été stérile, et c'est là tout ce qu'il en a dit.

Aujourd'hui que nous jouissons d'une sécurité profonde, dans une ville ouverte de toutes parts, et qui n'a d'autres portes que les faibles barrières derrière lesquelles l'octroi exerce sa surveillance, nous nous faisons difficilement une idée de ce qu'était notre cité à des époques de violence et de désordre. Alors, les fortifications étaient aussi utiles en temps de paix qu'en temps de guerre. Rouen ne dormait tranquille que lorsque ses portiers avaient levé les ponts-levis et fermé à double tour les grilles et les poternes. Cet obstacle ma-

[1] *Recueil des antiquitez et singularitez de la ville de Rouen*, par F.-N. Taillepied, lecteur en théologie. Rouen, 1587. Quatre ans plus tard, les efforts infructueux de l'armée du roi de Navarre, et sa retraite après un siége de six mois, sont venus prouver combien, en effet, notre ville était « digne de défense. »

tériel, opposé aux vagabonds et aux bandits errant dans les campagnes, pouvait seul mettre la ville à l'abri du pillage, dont le guet des bourgeois [1], qui se promenait la nuit sur les remparts, n'aurait pas suffi à la préserver.

Dans les circonstances difficiles, la garde, l'ouverture et la fermeture des portes, devenaient le premier objet de la sollicitude des habitants. A l'apparition d'une flotte anglaise dans la Manche, au moindre trouble qui agitait Paris, à la plus petite collision entre les partis qui déchiraient la France, les bourgeois couraient aux portes. Était-on menacé d'une de ces terribles épidémies qui ont si souvent décimé notre population? la première mesure sanitaire que l'on prît était de fermer les portes à la contagion [2]. Les portes assuraient

[1] L'importance du guet variait selon la gravité des circonstances. En 1407, au moment de l'assassinat du duc d'Orléans, il était de cinquante hommes. Sous les Anglais, il fut d'abord de deux cent quarante hommes; mais Henri VI, sur les plaintes des bourgeois, le fixa à quatre-vingts, par ses lettres du 27 septembre 1424. En 1447, on le remit à cinquante hommes. Plus tard, il fut doublé, et, en 1457, il se composait de cent hommes, lorsque Pierre de Brézé, se rendant aux réclamations des habitants, le diminua de trente. Enfin, en 1461, les inquiétudes qu'inspirait la guerre étant un peu calmées, il fut réduit à vingt-quatre hommes. (A. M.) [Archives municipales.]

[2] On plaçait à chaque porte, en outre de la garde ordinaire, deux bourgeois des plus notables et des plus riches, pour veiller à ce que rien de ce qui pouvait porter un germe de contagion n'entrât dans la ville.

les droits du roi; citadelles pendant la guerre, bureaux des aides pendant la paix, elles donnaient asile au fisc, qui en est définitivement resté le seul gardien.

Aussi étaient-elles les points les plus importants de la ville; et, lorsqu'on voulut désigner les quartiers de Rouen, ce fut à ses quatre portes principales qu'on emprunta leurs noms [1].

Mais je ne dois pas oublier plus long-temps que c'est d'une seule de ces portes, de la porte Martinville, que j'ai à m'occuper à présent. Cherchons d'abord son origine, voyons par quels déplacements successifs et à travers combien de siècles elle est arrivée jusqu'au fief qui lui donna son nom.

Notre point de départ sera la *porte de Robec*.

---

[1] Il y avait le quartier BEAUVOISINE, qui comprenait les paroisses S.-Laurent, S.-Herbland, S.-Godard, N.-D.-de-la-Ronde, S.-Lô, S.-Jean, S.-Patrice, S.-Martin-sur-Renelle et Ste-Croix-S.-Ouen; — CAUCHOISE : S.-Vigor, S.-Pierre-le-Portier, S.-Sauveur, S.-Michel, S.-Éloi, S.-Vincent, S.-André, S.-Pierre-du-Châtel, S.-Cande-le-Jeune, S.-Étienne-des-Tonneliers, Ste-Marie-la-Petite, S.-Pierre-l'Honoré, Ste-Croix-des-Pelletiers; — MARTINVILLE : S.-Martin-du-Pont, S.-Cande-le-Vieux, S.-Maclou et S.-Denis; — S.-HILAIRE : S.-Vivien, S.-Étienne-la-grande-Église, S.-Nicaise, S.-Nicolas et S.-Amand. Les paroisses S.-Sever, S.-Gervais, S.-André-hors-Ville, S.-Paul et S.-Hilaire, étaient dans les faubourgs. (A. M., Reg. A, 1566-1578, 56 r. et suiv. *Roolle de la taxe et quotisation faicte, tant sur les parroisses de la ville et banlieue de Rouen, que sur les abbayes, prieurez et commanderies, pour besongner à ramparer et fortiffier les murailles, bresches et fossez de la dite ville.* — Voir aussi le reg. A, 1555-1559, 121 r. et suiv.)

PORTE DE ROBEC.

Les enceintes primitives des villes de guerre sont, en général, faciles à reconnaître. Les causes qui ont fait adopter ces premières lignes de défense existent toujours; on les retrouve invariablement dans les dispositions naturelles du sol.

Un coup d'œil attentif jeté sur un plan de Rouen, révèle, d'une manière infaillible, le tracé de trois côtés de sa première enceinte. Il est impossible qu'une peuplade établie sur ce terrain, quelque barbare qu'elle fût, n'eût-elle eu d'autre instinct que celui de ses besoins et de sa conservation, n'ait pas commencé par s'appuyer à l'est sur le cours de Robec, au midi sur la Seine, et à l'ouest sur le ruisseau de Gaalor [1].

Une indispensable nécessité de cette position fut d'établir des communications faciles avec le mont de Rouen [Sainte-Catherine], qui dominait, à la fois, la vallée de Robec et la ville elle-même, et le mont de Thuringue [Bonsecours], d'où l'on explorait au loin le cours de la Seine et le plat pays. Il n'est pas douteux que, dans un temps fort éloigné, à l'origine même des premiers développements de la ville, des camps retranchés n'aient été élevés sur ces montagnes [2]. Il devait donc y

[1] J'ai l'intention de publier, bientôt, un travail sur les *Enceintes de Rouen*.

[2] Voir l'intéressant *Mémoire* de M. L. Falluc, *sur les Travaux militaires antiques des bords de la Seine* (*Mémoires de la Société des antiquaires de la Normandie*, année 1835). M. Falluc n'assigne pas aux travaux du mont Ste-Catherine une origine ancienne, et il a bien raison. Le fort de Ste-Catherine était moderne sans doute, mais il peut fort bien avoir été construit sur d'anciens retranchements, et l'examen des lieux, l'évidence de la nécessité où était la ville, d'avoir, sur ce sommet menaçant, de vigilantes sentinelles, donnent à cette supposition tous les caractères de la certitude.

Le camp de Bonsecours porte, en lui-même, la preuve irréfragable de son antiquité. La tradition vient, d'ailleurs, confirmer ce témoignage. La chronique de Normandie, dans le roman de Robert-le-Diable et de Richard Sans-Peur, dit que le duc Aubert, père supposé de ces héros fabuleux, avait auprès de Rouen, sur

avoir une porte dans la partie des murs qui en était le plus rapprochée. Cette porte existait, en effet, et les motifs que je viens de donner expliquent seuls son ouverture sur les marais impraticables qui s'étendaient du cours de Robec à la

le mont Thuringue, un château que Robert-le-Diable choisit pour repaire, lorsqu'obéissant à une irrésistible vocation, il se fit chef de brigands : « Cestui Aubert avoit un chastel auprès « de Rouen, que l'on appeloit Tourinde, et est ledit mont où il « séoit en commun langage *Turingue*. » (*Les Chroniques de Normendie*. Rouen, Le Talleur, 1487, 1 recto.) Ici, la vérité se sépare nettement de la fable. Le chroniqueur peut bien avoir inventé le duc Aubert et ses fils; mais il n'a certainement pas inventé le château, ni, surtout, le mont Thuringue. Ce mont existe; il est bien connu : c'est le promontoire de la côte de Bonsecours qui s'abaisse vers la Seine. Valdory (*Discours du siége de la ville de Rouen*) parle beaucoup de la batterie qui y fut dressée pendant le siége de 1591; et, dans le faubourg d'Eauplet, au pied de ce mont, on voit encore la *rue de Turingue*.

Quant au château, il a existé; la tradition ne peut pas mentir à cet égard. Le romancier a rattaché, à son héros, un château dont le souvenir et les ruines, peut-être, étaient arrivés jusqu'à lui. Ce château est une réalité comme l'abbaye de S.-Pierre, comme la salle aux Pucelles, comme le monastère des Nonnains de Fécamp, comme tous les lieux dans lesquels il lui a plu de promener sa fiction. Nous avons encore sous les yeux, et précisément à propos de l'un de ces mêmes personnages, un exemple qui fortifie bien puissamment la vraisemblance de notre hypothèse. Le château de Moulineaux est appelé *Château de Robert-le-Diable*, et l'on raconte des choses merveilleuses sur les mystères diaboliques qui s'accomplissaient dans ses vastes et profonds souterrains. Tous ces récits sont des contes; mais le château est une incontestable vérité. Nous oserions affirmer qu'il en est de même du château du mont Thuringue.

Seine, et qui rendaient la ville inaccessible de ce côté.

Sans se perdre dans des siècles reculés dont aucunes clartés historiques n'aident à percer l'obscurité, on peut regarder comme certain que cette porte fut construite lorsque Rollon, investi de la souveraineté de la Normandie [911], fit relever et accroître les fortifications de la ville [1].

Quoi qu'il en soit, c'est au commencement du x⁰ siècle que son existence nous est révélée pour la première fois.

La chronique de Normandie de 1589 [2] raconte que, lorsque Riulf, à la tête des seigneurs du Cotentin, vint attaquer Rouen [933], Guillaume Longue-Épée sortit, pour le combattre, par la porte *Martinville*. Il doit paraître assez étrange que l'on fasse sortir Guillaume Longue-Épée par une porte qui ne fut édifiée que trois siècles après sa mort. Cependant cette absurdité n'est pas aussi énorme qu'elle le paraît.

Dudon de Saint-Quentin, le seul des historiens normands qui puisse jeter quelque lumière sur l'histoire de nos trois premiers ducs, dit que Guillaume Longue-Épée ayant appris l'arrivée des

---

[1] « Muros civitatum et propugnacula refecit et augmentavit. » (Dudon de S.-Quentin, apud Duchesne, 85.)

[2] Page 21.

révoltés commandés par Riulf, sortit de Rouen et « gravit le penchant d'une colline qui dominait « la ville », pour voir l'armée de ses ennemis, et mesurer leurs forces [1]. Quelques chroniqueurs, écrivant après Dudon et d'après lui, ont pensé que cette montagne devait être la côte Sainte-Catherine; et ils ont dit que Guillaume était allé au mont Sainte-Catherine [2]. L'éditeur de la chronique de 1589, copiant et enjolivant à son tour les chroniqueurs, conclut très logiquement que, pour aller à la montagne Sainte-Catherine, Guillaume avait dû sortir par la porte qui donnait vers cette montagne; et comme, de son temps, cette porte s'appelait la porte Martinville, il a écrit tout naturellement que Guillaume était sorti par la porte Martinville. Tous les historiens postérieurs ont suivi la chronique [3], et il a été con-

[1] « Urbe exiit, montisque procliva civitati imminentioris « subiit, cupiens exercitum inimicorum suorum intueri.... » (Dudon de Saint-Quentin, ap. Duchesne, 95).

[2] « Li dus ot poor, hors de la ville s'en issi par devers Ste-« Katerine por sorveoir l'ost de ses anemis. » (*Les Chroniques de Normandie*, publiées par M. Frère, en 1839, 19.) — « Li dus... « issi de la ville et ala à mont Sainte-Katherine, si esgarda « l'ost de ses anemis. » (*Histoire des ducs de Normandie et des rois d'Angleterre*. Paris, 1840, 19.) — « Le duc Guillaume yssi « hors de la cité par devers le mont Saincte-Katherine pour « veoir l'état de ses ennemis. » (*Chronique de Normandie*, Ms. de la Bibliot. de Rouen, Y—8, 26 r.)

[3] Taillepied, Du Moulin, Masseville, les continuateurs de Farin, etc.

venu que Guillaume Longue-Épée était sorti par la porte Martinville pour aller au mont Sainte-Catherine.

Le fait est que Guillaume, épouvanté de l'arrivée de Riulf, déserta la ville et prit la fuite, malgré la longueur de son épée. Rien ne contredit l'opinion des chroniqueurs; et peut-être une tradition a-t-elle apporté jusqu'à eux cette circonstance que Guillaume Longue-Épée s'était réfugié sur le mont de Rouen. Ce mont était situé du côté le plus éloigné de l'attaque; on n'y arrivait qu'en traversant, sur une étroite chaussée, des marais qui tenaient l'ennemi à distance; il planait sur tout le pays, et sa hauteur permettait au duc de voir et de compter l'armée de Riulf; enfin, il était voisin de la route qui conduisait en France, où le fugitif voulait aller chercher un asile[1].

Je n'abuserai pas plus long-temps du droit incontestable qu'ont les archéologues de faire des dissertations à perte de vue, et de susciter d'in-

---

[1] Il est vrai que Dudon fait dire à Guillaume, dans un de ces interminables discours dont il embarrasse si souvent ses récits : « Ibo ad Bernardum Sylvanectensem, meum avunculum. » Mais l'itinéraire que pouvait suivre Guillaume pour aller de Rouen à Senlis, en présence d'une armée ennemie qui menaçait de lui barrer le passage, ne peut pas être rigoureusement tracé, et nous croyons que les chroniqueurs ont eu quelque motif pour lui faire gravir la côte Sainte-Catherine.

terminables controverses, sur le sujet pour lequel ils se passionnent, quelque peu d'intérêt qu'il offre d'ailleurs aux profanes, et je conclurai très modestement que jusqu'à présent rien ne s'oppose à ce que Guillaume soit sorti par la porte de Robec.

Un siècle et demi plus tard [1090], l'existence de cette porte est déterminée d'une manière beaucoup plus positive. C'est encore un duc de Normandie, fils dégénéré de Guillaume-le-Conquérant, qui s'enfuit à peu près dans les mêmes circonstances.

Conan avait soulevé les bourgeois de Rouen contre Robert Courte-Heuse, en faveur de Guillaume Le Roux, déjà maître de presque toute la Normandie. L'armée du roi d'Angleterre investissait la ville du côté de l'occident. Tandis que Gislebert de Laigle amenait des secours à Robert, par le pont et la porte du Sud, Renaud de Varennes, chef de l'armée royale, attaquait, avec 300 hommes, la porte Cauchoise que Conan devait lui ouvrir[1]. Une épouvantable mêlée eut lieu [3 novembre] entre les assaillans et les bourgeois, dont une partie étaient restés fidèles à

[1] « Et tunc ex alia parte Rainaldus de Garenna cum ccc mi-
« litibus ad Calcegiensem portam properavit. » (Orderic. Vital.,
ap. Duchesne, 650.)

Robert. Le duc, laissant à son frère Henri, qui était avec lui dans la ville, le soin de le défendre, s'enfuit précipitamment par la *porte de l'Orient*[1], qui le conduit dans le faubourg Malpalu. Il part de là en bateau, et va se renfermer dans le monastère de Notre-Dame-des-Prés[2], où il attend en sûreté que la révolte soit apaisée.

Ici la question est si claire, que je cherche en vain un prétexte à la plus petite dissertation, et je me vois réduit à affirmer tout simplement, sans aucun espoir d'être contredit, que l'illustre fugitif se sauva, comme son aïeul, par la porte qui donnait sur Robec.

Enfin, dans la dernière année du XIIe siècle, on trouve cette porte désignée par son nom. Le 5 octobre 1200, le feu prend à Rouen « auprès « de la *porte de Robec*[3] », et brûle l'église Saint-

---

[1] « Dux... fugiens cum paucis, per *Orientalem portam* egressus « est, et mox a suburbanis vici qui Malapalus dicitur, fideliter « ut specialis herus susceptus est. » (Ibid.)

[2] Bonne-Nouvelle.

[3] « Tertio nonas octobris, prima vigilia noctis, cæpit Rotho-« magi ignis juxta *portam Rodobeccæ...* » (*Chronicon Ecclesiæ Rothomagensis*, apud *Chronicon triplex et unum*, 105.) Le *Chronic. Rothomagense* de Labbe, celui du tome XVIII du *Recueil des historiens de France*, et la *Chronologia inclitæ urbis Rothomagensis*, de Delamare, placent cet incendie en 1203.

Dans l'explication du plan gravé de M. Rondeaux de Sétry

Maclou, la paroisse Saint-Denis, la tour de Rouen [1], et une partie de la ville. La position de cette porte se trouve fixée ici d'une manière précise, elle était sur Robec, voisine de Saint-Maclou, et tout vient confirmer ce que dit Farin : « la porte *Martainville* était au carrefour de « l'archevêché qui regarde l'église St-Maclou [2]. »

Cette porte est encore indiquée dans plusieurs titres authentiques du commencement du XIIIe siècle. En 1211, Richard Revel et sa femme Aélise donnent à Gui, chanoine de la Cathédrale, pour une rente de six sous, un terrain borné, d'un côté, par « la rue qui conduit des murs de Saint-Amand « à la porte de Robec », et qui doit être représentée par la rue des Prêtresses [3]. Robert Poulain, archevêque de Rouen, par une charte non datée [1208-1222], autorise le chanoine Richer à ac-

---

(*Notices des Mss. de la Bibliothèque royale*, tome III, 594), la porte de Robec est indiquée sous le nom de *porte de Abel*. C'est une faute d'impression : dans les plans manuscrits du même auteur, on lit *porte de Robec*.

[1] Le château sur l'emplacement duquel la halle a été construite.

[2] 1608, I, 16.

[3] « Sicut illa se poportat, a terrà prænominati Guidonis, usque « ad vicum qui ducit a muro Sancti Amandi, usque ad *portam* « *Rodobecci*. » (Bibliothèque publique, Cartulaire de Notre-Dame de Rouen, 146, v.)

2

quérir de Toroude de Préaux une maison située « devant la porte de Robec » [1]. Enfin, dans un acte passé devant Robert du Chastel maire de Rouen [1221 ou 1229], on voit « la rue de la Porte de « Robec, » qui ne pouvait être que la rue Caquerel ou une portion de la rue Saint-Romain. [2]

Au premier accroissement de la ville, la porte de Robec, désormais inutile, en vit une autre s'élever devant elle sur la ligne des nouvelles fortifications.

[1] « Domus ejus ante *portam Rodobeccæ.*» (Ibid. 49, v.)

[2] Tenementum......in vico *portæ Rodobecci.* (A. D. [Archives départementales]. Carton de Chartes de transactions.)
Je profite de cette première citation des Archives départementales, pour signaler l'empressement et la bonne grâce avec lesquels M. le baron Dupont-Delporte facilite, à tous ceux qui s'occupent d'études historiques sur notre province, les moyens de fouiller dans les trésors de cet immense dépôt.

Je dois remercier aussi M. Barabé de l'extrême complaisance qu'il a mise à m'aider dans mes recherches.

PORTE DU PONT-HONFROY.

CETTE seconde porte fut contemporaine de la précédente. Les deux premières enceintes existaient simultanément au moment de la prise de Rouen par Philippe-Auguste [1204], ce qui explique les vers, si connus et si souvent cités, de Guillaume Le Breton[1]. Farin dit, et je n'ai aucune raison pour

---

[1] « ... Duplices muri, fossataque tripla profundo
    « Dilatata sinu... »
 (Willelmi Britonis, Armorici, *Philippidos*, lib. VIII, 186, ap. Duchesne.)

le contredire, que c'est en 1200 que la porte de Robec fut avancée jusqu'au carrefour du Ponceau, et nommée porte de Sainte-Catherine ou du Pont-Honfroy [1].

Le carrefour du Ponceau, ou Ponchel [2], était formé par la jonction des rues du Ruissel et de la Chèvre à la rue Martinville [3].

Je n'ai encore vu, dans aucun acte ancien, cette porte désignée sous le nom de Sainte-Catherine; mais cette appellation n'a besoin ni de preuves ni d'explications : sa position la justifie suffisamment.

[1] 1668, I, 20 — Farin ne donne aucune preuve pour appuyer cette date. Lorsqu'il dit que la porte de Robec fut transportée au carrefour du Ponceau en l'an 1200, notre historien oublie qu'il vient d'avancer (p. 17) que, en 1228, l'église Saint-Maclou était encore hors de la ville. Ces contradictions sont assez fréquentes chez Farin, pour ne plus étonner ceux qui l'ont étudié. M. Gosseaume a relevé cette bévue dans ses *Recherches topographiques sur la ville de Rouen*. (*Précis des travaux de l'Académie de Rouen*, année 1819, 162.) Elle vient de la fausse interprétation d'un document. Si, en 1200, la porte du Pont-Honfroy existait, et qu'elle fût placée sur la ligne des murs où ont été formées les rues du Ruissel et de la Chèvre, il est évident que l'église Saint-Maclou, qui se trouvait, comme le prouve le récit de l'incendie de cette même année, auprès de la porte de Robec, était bien dans la ville.

[2] Petit pont jeté sur le Ruissel.

[3] La portion de la rue Martinville comprise entre la rue Damiette et le Carrefour, portait, en 1474, le nom de Grande-Rue-St-Maclou (A. M.)

J'ai rencontré dans plusieurs titres le nom de porte du Pont-Honfroy. Saint Louis, voulant aider les frères Mineurs à s'établir au donjon de l'ancien château, rue des Cordeliers, donne à Geoffroy Gigan [1254], pour être employés à leur profit, les fossés, depuis la porte du Pont-Honfroy jusqu'à l'Aubette[1]. En 1342, une inondation couvre une partie de la ville, et on vient en bateau jusqu'à la porte du Pont-Honfroy[2]. En 1423, on rétablit l'ancien réglement qui défend aux boulangers demeurant hors de la porte du Pont-Honfroy et des autres limites de l'ancienne clôture, de vendre leur pain dans la ville un autre jour que le vendredi, et à certaines conditions[3].

Il n'y a pas de doute que cette dénomination ne vienne d'un nom propre, et je crois en avoir trouvé l'origine. Presque tous les noms de citoyens rouennais que la tradition a conservés

---

[1] Farin, 1668, I, 22. C'est le fossé de la rue de la Chèvre. Je n'ai pas pu retrouver aux Archives départementales la charte dont Farin donne la traduction.

[2] « .....Gentes desuper navigio transfretabant usquè propè por« tam *de Ponte Hunfridi.* » (*Chron. Sanctæ Katharinæ*, apud *Chronicon triplex et unum*, 162.)

[3] A. M., Reg. T-3, 37 v. et 38 r. Ce réglement avait été abrogé à l'entrée des Anglais [1419], pour faciliter les approvisionnements, après l'affreuse disette du siége.

en les attachant à des lieux qui les portent encore, appartiennent à cette bourgeoisie industrieuse qui a fait de tout temps la force et la prospérité de Rouen. Lorsque l'industrie, trop à l'étroit dans la ligne resserrée des murailles qui défendaient la ville, chercha au dehors l'espace qui lui manquait, la Robec vit se former sur ses bords des établissemens qu'attirait l'usage productif de ses eaux. C'est alors que furent jetés sur cette rivière les premiers de ces ponts qui se sont tant multipliés depuis, et qui couvrent si tristement aujourd'hui ses rives abandonnées. Ces moyens de passage, dont tout le monde profitait, furent désignés par le nom de leurs propriétaires. Bientôt il se forma autour d'eux des groupes de maisons, et quelques-uns ne tardèrent pas à devenir le centre d'un hameau.

Il en fut certainement ainsi du Pont-Honfroy, qui existait déjà au xie siècle. Mais l'établissement auquel il servait, nouvellement créé sans doute, n'était encore entouré que de prairies : en 1055, au nombre de quelques propriétés acquises par les moines de l'abbaye de la Sainte-Trinité, on remarque « le pré du Pont-Honfroy. »[1] Vers le milieu du xiie siècle, le hameau s'était

[1] A. D. Cartulaire de l'abbaye de la Sainte-Trinité-du-Mont de Rouen, p. 13.

déjà formé : une charte du pape Eugène III
[1145-1155] cite, dans l'énumération des biens
que possédait le chapitre de la Cathédrale, « un
verger et des masures au Pont-Honfroy[1]. »
Les termes de cette charte sembleraient confirmer un fait d'ailleurs incontestable, c'est que
le Pont-Honfroy était, à cette époque, hors des
murs de Rouen. Un peu plus tard [1195 à 1200],
Roger de Warwick, chapelain du roi d'Angleterre, donna à son neveu des maisons dont plusieurs sont « au Pont-Honfroy[2]. » Enfin, pour
n'en pas citer d'autres, dans une transaction passée devant Enard De la Rive, maire de Rouen
[1205], entre l'abbesse de Saint-Amand et Geoffroy Baiart, charpentier, il est question d'un
« ténement situé au Pont-Honfroy », près des
murs[3], circonstance qui prouve positivement
que l'enceinte de la ville était déjà arrivée jusque-là. On voit que ce lieu avait une certaine
importance.

Mais quel était cet Honfroy que l'on doit en re-

[1] « Rothomagi domum propriam, curiam et ortum, ultrà
« muros, pomerium et mansionarios, *in ponte Hunfredi*, de qui-
« bus habes censum et justiciam. » (Bibliothèque publique. Cartulaire de Notre-Dame de Rouen, 38, v.)

[2] A. D. Carton de chartes de transactions.

[3] « Tenementum quod est *in ponte Hunfredi*, juxta murum. »
(A. D. Cartulaire de l'abbaye de Saint-Amand, 45 r.)

garder comme le fondateur? Une charte du xie siècle [1049-1077], transcrite dans le cartulaire de l'abbaye de la Sainte-Trinité, va peut-être nous le faire connaître. Elle relate une donation faite à ce monastère par Eude et Hermengarde, son épouse, qui allaient entrer en religion, et, au nombre des témoins, je vois un certain *Honfroy, tanneur*, [Hunfredus, tannator] [1]. Voilà notre homme! En effet, la maison des donateurs était dans le faubourg; Honfroy devait être un de leurs voisins, qu'ils avaient prié de venir les assister. Or, quel pouvait être cet Honfroy, habitant le faubourg, dont le lieu appelé le Pont-Honfroy faisait alors partie, homme considéré dans son quartier, puisque des gens pieux le choisissaient pour témoin d'un acte solennel, et qui plus est tanneur, c'est-à-dire exerçant une industrie, alors l'une des plus importantes de Rouen, qui exigeait l'emploi d'une eau courante et limpide, ayant donc nécessairement son établissement au bord d'une rivière, si ce n'est le constructeur du Pont auquel le nom d'Honfroy a été donné?

Tout ce que je sais de cette porte, c'est qu'il en restait des vestiges au commencement du xvi^e

[1] A. D. Cartulaire de l'abbaye de la Sainte-Trinité, 34.

siècle [1]. Je dirai même très timidement que mon opinion est qu'il en reste encore. Je ne saurais me défendre de voir, dans cette statue de la Vierge qui décore la maison située à l'encoignure de la rue Martinville et de la rue de la Chèvre [2], un souvenir de la porte du Pont-Honfroy. On sait que quelque sainte image était toujours placée aux portes des villes. Celle de la Vierge, surtout, occupait souvent ce poste périlleux. Il est très probable que la porte du Pont-Honfroy ne faisait point exception à cette règle. Ne peut-on pas supposer que les habitants du carrefour sur lequel elle était située, n'ont pas voulu, au moment de sa démolition, qu'on leur enlevât la douce patronne qui veillait sur eux depuis tant d'années?

---

[1] Cette origine des noms de lieux est très commune, et l'on trouverait, en dirigeant de ce côté ses investigations, beaucoup d'étymologies qu'on va chercher bien loin. Nous avons encore à Rouen des noms de rues parfaitement analogues à celui de le porte du Pont-Honfroy : la rue du Pont-à-Dame-Regnaulde, celle du Pont-Codrille, etc.

[2] « Laquelle muraille (celle des fortifications) ne passait lors « le Ponchel, près la rue du Petit-Ruissel, où estoit lors une des « portes de ladite ville, dudit costé de Martainville, de laquelle « porte les vestiges et constructions sont encore assés apparens « à chacun. » (A. M., Tiroir LV, *Sentence du lieutenant général du bailliage de Rouen*, du 27 juin 1530, sur une contestation entre les échevins et Nicolas de la Chesnaye, à propos d'un empiètement sur les fossés de la ville.)

[3] Maison rue Martinville, nº 127.

N'ont-ils pas pu recueillir cette image sacrée, et lui creuser une retraite dans le mur de la maison la plus voisine? Je n'ignore pas que les règles les plus élémentaires de l'archéologie s'opposent formellement à ce que la figure dont nous parlons ait été contemporaine de la porte. Le temps, les guerres religieuses et les révolutions politiques n'auraient, d'ailleurs, pas laissé à la statue primitive une aussi longue existence. Aussi ai-je dit que ce n'était pour moi qu'un souvenir.

Je n'ai encore découvert aucune circonstance qui consacre d'une manière plus intéressante l'existence de la porte du Pont-Honfroy. L'histoire du siége de Philippe-Auguste ne contient aucun fait qui puisse l'arracher à l'oubli, et, après un demi-siècle de paix, elle s'éclipse, effacée par la porte Martinville.

PORTE MARTINVILLE.

(𝔓𝔯𝔢𝔪𝔦è𝔯𝔢 𝔓𝔬𝔯𝔱𝔢.)

E N 1220, Philippe-Auguste donnait aux moines de Saint-Ouen la partie des fossés de la deuxième enceinte, qui longeait leur couvent[1]. Cette donation prouve que la troisième ligne des fortifications était déjà tracée, et que, par conséquent, la porte de l'Orient avait déjà sa place marquée sur le fief de

---

[1] Charte citée par M. Chéruel, *Histoire de Rouen pendant l'Époque communale*, I, 122.

Martinville[1]. Farin dit que cette porte ne fut construite qu'en 1253[2], par saint Louis; il avait sans doute trouvé l'indication de cette date dans quelque pièce qu'il n'a point jugé à propos de faire connaître.

Mais nous arrivons à l'époque où les documents officiels vont éclairer et assurer notre marche. Le nom de la porte Martinville apparaît au xiv° siècle, dans un acte de l'administration municipale. En 1370, la ville fit construire « un « moulin nouvel, *auprès de la porte Martainville,* « où anciennement avait un moulin appelé le « *Becquet*[3]. » Cette porte est certainement celle

---

[1] Les historiens de Rouen ne donnent aucun renseignement sur le fief de Martinville. Voici tout ce qu'en dit Farin (I, 32) : « Le fief de *Martainville* ou du *Bouclon* est un moulin à tan « un peu au-dessus de la fontaine Jacob, où l'on voit un « colombier. » Dans la *Topographie de la France*, de Mérian (Francfort, 1657, tome III), le fief de *Martainville Bauclon* (sic) se trouve indiqué sur un plan daté de 1655. Il est placé entre l'Aubette et le ruisseau formé par le trop-plein de la source de Carville, vis-à-vis du moulin de la Bretèque. C'était la propriété portant le n° 30 de la rue Préfontaine, que la rue Descroizilles a coupée en deux. Les documents que j'ai rencontrés sur ce sujet sont encore trop vagues pour que je puisse en rien tirer. Ce qu'il y a de certain, c'est que le nom de ce fief se trouve, dès 1195, dans une charte de Richard Cœur-de-Lion. (Voir plus loin, un extrait de cette charte).

[2] 1668, I, 22.

[3] Tir. LV. « Les parties et despense faite pour le défiement « d'un moulin nouvel fait emprès la porte Martainville ou an-

qui avait pris possession du fief, au moment
où la nouvelle enceinte était venue l'envahir.
Elle n'avait donc alors qu'un siècle, à peu près,
d'existence ; c'est-à-dire qu'elle était dans toute
sa solidité, et qu'une longue durée lui était encore promise. Mais le sort de ce monument se
trouvait fatalement lié à celui de notre liberté
communale, et l'un et l'autre allaient bientôt
périr du même coup.

Je ne ferai que rappeler ici l'émeute de 1382,
qui a déjà été racontée par deux de nos concitoyens, avec tout le charme de l'anecdote et
toute l'exactitude de l'histoire [1].

Après cette révolte, Charles VI, conduit par
son oncle le duc d'Anjou, vint à Rouen pour

« ciennement avoit un moulin appelé le Becquet. Lequel moulin
« fu commenchié le lundi xviie jour de juing feste de la transla-
« tion sainct Romain, l'an mil ccc lxx. » Ce compte, qui contient
le détail des journées d'ouvrier, achats de matériaux et autres
frais, semaine par semaine, est écrit sur une bande de parchemin composée de quatre feuilles, et n'a pas moins de 2 mètres
25 centimètres de longueur.

Le *Becquet de Martinville*, nommé dans la traduction d'une
Charte de 1199 (Rég. T—3, 3 r.) devait être l'endroit où le trop-
plein de Robec se jetait dans l'Aubette avant le nouvel agrandissement de la ville. *Bec* signifie la pointe de terre que forme le
confluent de deux rivières (Ducange, verbis BECCUS et BECONA-
GIUM); *Becquet* semble être le diminutif de *Bec*.

[1] M. Floquet, *Anecdotes Normandes ;* M. Chéruel, *Histoire de
Rouen pendant l'Époque communale.*

punir les coupables. On lui avait commandé une sévérité impitoyable, et, à son premier pas dans nos murs, le premier acte de cet enfant irrité fut un ordre de destruction. «Le roi, furieux et im-
« patient d'exercer sa vengeance, dit le religieux
« de Saint-Denis, ordonna que l'on rasât la porte
« par laquelle il était entré[1]. » Or, Charles VI venant de Paris, entra nécessairement par la porte Martinville. Ce fut donc sur elle que tomba ce terrible châtiment. Mais on peut regarder les expressions du chroniqueur comme un peu exagérées : il n'est pas probable que cette porte ait été rasée ; tout indique qu'elle fut seulement déshonorée par une démolition partielle, et qu'elle ne fut pas réédifiée jusqu'au moment où, seize ans plus tard, sa destruction définitive fut ordonnée par la ville.

En 1394, elle se montre, pour la première fois, dans les registres des délibérations.

Le 29 octobre, le conseil, composé de sire Pierre Delaférière, sire Guillaume Alorge, Jehan Mustel, Robert Duhamel, Guillaume de Gaugy et Gueroult de Marromme[2], ayant à faire construire

[1] « Portam per quam intraverat solo dejici præcepit. » (*Chronique du Religieux de Saint-Denis*, 1839, tom. I, 144.)

[2] A. M., Reg. A, 1394-1395, 20 v. A cette époque, le nombre des conseillers était fixé à six.

un pan de mur sur l'Aubette, veut qu'il soit fait « en la propre forme et manière que sont faits « les autres murs d'entre le pont d'Aubette [1] et « la *porte Martainville* [2]. » Jehan de Bayeux, maçon, maître des œuvres de maçonnerie de la ville, en fit l'adjudication.

Quelqu'ait été le sort de la porte Martinville, depuis le passage de Charles VI, soit qu'on l'ait réparée, soit qu'on l'ait laissée dans l'état de ruine où la colère du roi l'avait mise, on décida, en 1397, qu'elle serait démolie. Déjà, l'année précédente, la construction d'une nouvelle porte avait été résolue. Le 3 Mars, la démolition de la vieille porte Martinville fut adjugée à Étienne Féré, au prix de 30 livres. Il devait l'abattre « jusques au ras de la terre », et porter les matériaux intacts au pré de Martinville [3].

[1] Il y avait deux ponts sur l'Aubette, le pont de Bois et le pont de Pierre. Le premier, situé au bout de la rue du Figuier, a donné son nom à la rue du Pont-de-Bois-d'Aubette. Le second est à l'entrée de la rue du rempart Martinville, du côté de la rue des Espagnols. Il était autrefois garni d'une herse qui fermait l'entrée de la ville par l'Aubette.

[2] Les murs dont il est ici question devaient n'être faits que depuis peu de temps, car, en 1377, il n'y avait encore de ce côté que des palissades.

[3] A. M., reg. A, 1396—1398, 29 v. *Pièces justificatives*, deuxième partie. —Farin commet, à propos de ce fait, une grosse erreur ; il le place (I, 26) en 1405.

Le conseil, qui fournissait à Étienne Féré les instruments nécessaires pour son travail, lui avait prêté le charriot de la ville pour le transport des pierres. Au mois de mai, des voleurs enlevèrent, pendant la nuit, quelques parties essentielles de ce charriot. Le conseil délibéra [10 mai] que le dommage serait réparé, moitié aux frais de la ville, et moitié aux frais d'Étienne Féré[1].

Bientôt, donc, on vit disparaître ce monument dégradé, souvenir désolant de nos discordes civiles, humiliant symbole de l'abaissement politique de notre cité. Un autre allait le remplacer, auquel étaient réservées de plus belles destinées, qui, témoin de tous nos malheurs et de toutes nos gloires, après avoir, pendant près de quatre siècles, bravé stoïquement les fatigues de la guerre et les ravages du temps, ne devait tomber enfin que lorsque la paix étendrait jusqu'à lui ses magnifiques conquêtes.

[1] A. M., Reg. A, 1396—1398, 37 v.

PORTE MARTINVILLE.

(𝔇ernière 𝔓orte.)

CETTE dernière porte est celle dont le dessin accompagne ces notes. Ici, les documents deviennent si multipliés, que je ne puis me dispenser de demander pardon à mes lecteurs des détails infinis dans lesquels je vais entrer. Je les prie de ne pas oublier que cette notice, renfermée strictement dans les termes de son titre, n'a d'autre prétention que celle de donner aux amateurs un spécimen des matériaux dont se composent les archives municipales. D'ailleurs, un sujet aussi spécial que celui-ci tire toute sa valeur de l'abondance même et presque de l'excès des détails.

Je voudrais bien, tout en fournissant aux archéologues une ample moisson de renseignements, et de nombreux sujets d'étude, intéresser ceux à qui le goût, ou, si l'on veut, la manie des curiosités historiques, ne saurait faire oublier tout ce que cette partie de mon travail aura d'aride et en apparence de puéril; mais je n'ai guère l'espoir d'y réussir. Cependant, cette histoire intime des lieux où nous vivons, cette résurrection de nos monuments détruits et de nos gloires éteintes, ces restes exhumés des usages et des mœurs de nos aïeux, offrent tant de charme et d'attrait, qu'à défaut de mes propres ressources, je me fie à eux pour obtenir le succès auquel il m'est personnellement défendu de prétendre.

Le conseil municipal s'assemble, le 2 décembre 1396[1], sous la présidence de Jehan de la Tuille, bailli de Rouen[2], devant Guillaume sire de Bellengues[3], capitaine de Rouen. Étaient présens :

[1] A. M., Reg. A, 1396-1398, 25 v. *Pièces just.*, prem. part., n° 1.

[2] Depuis la suppression de la mairie, en 1382, le conseil municipal était présidé par le bailli.

[3] Le capitaine assistait aussi aux séances du conseil, et les présidait même quelquefois, lorsqu'il était question de la défense et des fortifications de la ville.

sire Guillaume Alorge, Jehan Mustel, Guillaume de Gaugy, Guillaume Le Grant et Nicolas Le Roux, conseillers¹, Jehan d'Orléans, élu², et Jehan Alorge. Suivant le désir exprimé par Guillaume de Bellengues, il décide qu'on prendra 1000 livres sur le produit de l'aide de 10 sous par queue de vin, de cette année, pour être employées aux travaux des fortifications. La ville doit y joindre 200 livres, qu'elle avait empruntées l'année précédente sur la somme destinée à cette dépense. Ces 1200 livres seront spécialement consacrées « en la perfection de la « tour du Pont-d'Aubette et de la tour Guillaume-« Lion³, et le résidu *en certain ouvrage qui sera*

¹ Le conseiller absent est Ricart de Sommery, que Farin nomme *de Sommen.*

² L'élu Jehan d'Orléans était en même temps lieutenant du capitaine.

³ Les derniers vestiges de la *tour Guillaume-Lion* ont disparu l'année dernière. Elle avait été construite à la fin du XIV° siècle, sur une partie de l'emplacement des maisons nos 4 et 5 du quai de Paris. Elle avait 32 p. de diamètre, de dehors en dehors, non compris la tourelle de l'escalier, et plus de 40 p. de hauteur. Les Archives municipales possèdent un dessin de cette tour. (Tiroir LVI.)

La *tour d'Aubette*, ou *tour Quarrée*, existe encore à l'entrée de la rue du Rempart-Martinville, du côté de la rue des Espagnols. Elle a été commencée en 1394 et achevée en 1405. Son propriétaire actuel, M. Carpentier, ayant eu la complaisance d'en mettre la clef à ma disposition, j'ai pu m'assurer, le devis

« *ordonné à faire une porte à Martainville.* » Jehan Alorge est chargé de présider à l'exécution de ces travaux, moyennant 50 livres de gages par an, à prendre sur les 1200 livres [1].

Le 30 décembre 1396, on commence déjà l'achat des matériaux. Guillaume Alorge et Guillaume de Gaugy, conseillers, assistés de Jehan

de 1394 à la main, de l'identité de cette vénérable et précieuse relique.

La tour d'Aubette s'appelait, dans ces derniers temps, *tour à Yart;* c'est sous ce nom qu'elle est encore désignée par les habitants du quartier. Cela vient de ce que, au XVIIe siècle, un nommé Yart, institué gardien de la tour Guillaume-Lion et de quelques autres parties des fortifications, prit son logement dans la tour d'Aubette, à laquelle on a donné son nom. M. De la Quérière, par une confusion très concevable, a fondu les deux mots en un seul, et l'a nommée *tour Hayart.* (*Description historique des Maisons de Rouen*, I, 200.)

La tour Guillaume-Lion et la tour d'Aubette trouveront place dans la série de notes que je me propose de publier, sur les portes et les fortifications de Rouen.

[1] Afin de ne pas multiplier à l'infini les annotations déjà trop nombreuses dont j'ai cru devoir accompagner mon texte, je renvoie aux *Pièces justificatives* ceux de mes lecteurs qui seraient curieux d'établir des rapprochements avec les monnaies et les prix actuels. Ils trouveront particulièrement dans la seconde partie, qui contient les pièces relatives à la construction de la porte Martinville, tous les éclaircissements que j'ai pu rassembler sur la valeur des matériaux de construction, de la main-d'œuvre et des denrées à Rouen, au moment où ce monument a été élevé. Je donne en même temps, d'après les indications les plus exactes, les sommes que les mêmes choses et les mêmes travaux coûteraient aujourd'hui.

de Bayeux, font marché avec Jehan Moreau, *carrieur* de Pontoise, pour 500 quartiers de pierre. Un nouvel achat est fait le 6 mai 1397 [1].

Dans la même année, le conseil délibère qu'on prélèvera 1450 livres, sur l'aide de 10 sous par queue de vin, pour être employés aux travaux des fortifications, et particulièrement à ceux de la porte Martinville [2].

La construction d'une porte était alors une chose sérieuse, et qui méritait qu'on y réfléchît, surtout celle de la porte qui s'ouvrait sur la route de Paris. Le conseil, désireux de s'éclairer, envoya, le 9 mars 1398 [3], Jehan Mustel et Jehan de Sotteville [4], accompagnés d'un maçon, à Montivilliers, « pour voir une porte de nouvel « faite audit lieu, pour en rapporter par écrit, à « Rouen, la forme, manière, état et éligement, « pour faire imaginer, si besoin est, à faire au- « cun bon édifice *à la porte nécessaire être faite* « *à Martainville.* »

---

[1] A. M., Reg. A, 1396-1398, 26 v. et 36 v. *Pièces justificatives*, deuxième partie.

[2] A. M., Reg. A, 1396—1398, 45 r. *Pièces Justificatives*, prem. part., n° 1.

[3] A. M., Reg. A, 1396—1398, 60 v.

[4] Jehan de Sotteville, dont le véritable nom était Le Caretier [charretier], occupait les fonctions de *Maître des ouvrages de charpenterie de la ville*, au moins depuis 1389.

A la suite de ce voyage, Jehan de Bayeux[1] fit le plan de la porte Martinville, qui était terminé le 25 avril[2]. Au mois de juillet, on s'occupa d'en poser les fondements, et comme le capitaine était à Beusemoncel[3], et qu'on ne pouvait prendre aucune détermination sans lui, on lui écrivit, le 3, pour le prier de revenir[4].

Le 10 juillet, le capitaine étant de retour, le conseil se rassembla à la porte Martinville[5]. Guillaume de Bellengues le présidait; Jehan d'Orléans son lieutenant, Guillaume Alorge, Guillaume de Gaugy, Gautier Campion, conseillers, et Pierre Hermen[6], receveur de la ville, assistaient à cette réunion. Le conseil avait eu soin d'appeler des

---

[1] Fils du précédent.

[2] A. M., Reg. A, 1396-1398, 65 v. Ce plan est perdu.

[3] Probablement *Boisemont* (Eure), que M. Auguste Le Prévost (*Dictionnaire des anciens noms de lieu du département de l'Eure*) donne sous le nom de *Beusemont* et *Beussemont*.

[4] A. M., ibid., 68 v.

[5] A. M., ibid., 69 v. *Pièces justificatives*, prem. part., n° 2.

[6] Pierre Hermen, receveur de la ville depuis 1395, mourut le 2 mars 1405, et fut remplacé, le 31 du même mois, par Henry Rousselin. Pierre Hermen avait d'abord été sergent à masse de la ville. Le Conseil, qui avait une grande confiance en lui, l'envoya plusieurs fois à Paris, chargé de missions financières [1389]. Il servit la ville pendant 40 ans, de la manière la plus loyale et la plus intelligente. La quittance définitive de ses comptes, datée du 23 avril 1409, est conçue dans les termes les plus flatteurs. (A. M.)

hommes du métier : maîtres Jehan Atabours et Jehan de Bayeux, maçons; maîtres Jehan de Sotteville, Guillaume Dufresnay, Jehan Lemonnier et Jehan Asselin, charpentiers, étaient là pour donner leur avis. Enfin, comme, dans une affaire aussi importante, on ne pouvait s'entourer de trop de précautions, vingt-quatre des bourgeois les plus notables, convoqués par ordre du capitaine, prenaient part à la délibération.

L'assemblée choisit l'emplacement qui lui parut le plus avantageux.

Cette porte ne fut pas élevée sur les fondements de la précédente, car il fut décidé que l'on enfoncerait un pieu de chaque côté du lieu désigné, pour sonder le terrain. Cette expérience fut faite presque immédiatement, et, le 13 juillet, les maîtres maçons et charpentiers qui en avaient été chargés[1], parurent devant le conseil, et « rap-« portèrent, à leurs avis et consciences, que « c'était nécessité que l'on pilotât de pieux aux « lieu et place ordonnés à faire les fondemens « *pour fonder une porte à Martainville*[2]. »

---

[1] Maîtres Jehan Atabours et Guillaume de Bayeux, maçons, et Guillaume Dufresnay, charpentier. Ils étaient assistés de Jehan de Bayeux et Jehan de Sotteville. (A. M.)

[2] A. M., Reg. A, 1396-1398, 71 v. *Pièces justificatives*, prem. part., n° 3.

L'ordre fut donné à Jehan de Bayeux, Jehan de Sotteville et Guillaume Le Conte[1] de faire, en diligence, les préparatifs et l'achat des pieux nécessaires pour les fondations. On alloua au maître maçon et au maître charpentier 3 sous de salaire par jour, tant qu'ils vaqueraient à ces travaux, et 10 sous les jours où ils seraient obligés de sortir de la ville. Guillaume Le Conte était chargé de les payer.

Ici une lacune qui existe dans mes documents[2] interrompt quelque temps mon récit. Cependant, une pièce originale du 27 août 1400, peut faire présumer qu'à cette époque les pilotis n'étaient pas tout-à-fait terminés. Jehan d'Orléans, lieutenant du capitaine de Rouen, donne à Jehan Richer, cordier, un mandement sur Guillaume Leconte, de 68 sous, 4 deniers tournois, prix d'un câble pesant 82 livres, à 10 deniers la livre, « pour mettre ès engins à lever les moutons, pour « *cacher* les pieux en la place ordonnée à *fonder* « *une porte à Martinville*[3]. » Ce mandement

---

[1] A. M., Reg. A, 1396-1398, 71 v. Guillaume Le Conte était alors *Commis aux ouvrages de la Forteresse de la ville.* Il avait remplacé, le 16 mars 1396, Jehan Alorge, à qui on avait donné les fonctions de *Visiteur et regardeur des ouvrages de la Fortification.*

[2] Les registres des délibérations du conseil s'arrêtent le 22 septembre 1398, et ne reprennent que le 29 décembre 1404.

[3] A. M., Tiroir CCCCX, 3. *Pièces justificatives*, deux. partie.

est contresigné par Guillaume de Gaugy et Gautier Campion, conseillers.

Jehan d'Orléans était alors très mal avec la ville. Une circonstance de la construction de la porte Martinville avait soulevé, entre le conseil et le lieutenant du capitaine, une grave discussion. L'ancienne porte ayant été démolie avant que la nouvelle fût construite, la ville avait fait faire une maison de bois pour y loger un gardien. Jehan d'Orléans s'empare de cette baraque, en force l'entrée malgré l'opposition des conseillers, et y établit, contre leur gré, un certain Robert Doré [1]. Le procureur de la ville [2] est chargé de venger cette offense et de sauver les droits des bourgeois de Rouen. Par lettres de Charles VI, du 22 avril 1400, relevées en l'Échiquier, exécutées le 29 avril par le lieutenant général du bailli, et exploitées le 12 mai, par Robert Roussel, sergent à masse de la ville, les bourgeois sont

[1] Dans le registre de l'Échiquier de 1400, Robert Doré est qualifié de *Portier de la porte Martinville*

[2] Les fonctions de *Procureur général de la ville* étaient alors remplies par Jehan Le Tavernier, nommé le 3 mars 1391. Il avait 50 livres de gages par an, et 20 sous par jour quand il allait en voyage. En 1409, comme la ville avait beaucoup de procès, et qu'un seul procureur n'y pouvait suffire, on lui adjoignit Jehan de Villeneuve. Jehan Le Tavernier était encore procureur de la ville en 1412. (A. M.)

provisoirement réintégrés dans la possession des clefs de leur maison [1].

Cependant, l'affaire n'était pas terminée, car cette petite contestation dura encore huit petites années, et ne fut jugée qu'à l'Échiquier de Pâques de 1408 [2].

Les bourgeois prétendaient que, entretenant « à leurs coûts, frais et dépens, les clôtures, « portes, murailles, tours et forteresses de la « ville », il leur appartenait de connaître les personnes qui demeuraient « ès portes et forte- « resses », et particulièrement ceux « qui gar- « daient de nuit les clefs d'icelles, et s'ils étaient « loyaux et suffisants pour la garde et sûreté d'i- « celle ville et des habitants d'icelle. »

Jehan d'Orléans, de son côté, objectait que c'était à lui qu'il appartenait, par ses fonctions, de « faire faire guet et garde par toute la ville, clôture, « portes et autres *fermeures,* et que de ce il était « en bonne saisine et possession. » Il revendiquait donc le droit d'employer à cet office qui bon lui semblerait [3].

[1] A. M., Reg. U—2, 74 v. et 75 r. *Pièces Justificatives*, prem. part., n° 4. — Farin (1, 26) place la construction de cette baraque en 1405, comme celle de la porte.

[2] A. M., ibid. *Pièces justificatives*, prem. part., n° 4.

[3] Je ne sais si ce fut cette affaire qui indisposa la ville contre Jehan d'Orléans, mais il paraît avoir existé entre ce lieutenant et

La cour tourna la difficulté en décidant que l'affaire serait regardée comme non avenue, que tout le procès serait mis au néant, et que chacune des parties conserverait ses droits et prérogatives comme devant.

Quelques jours avant la tenue de l'Échiquier, la ville, qui était en possession de la garde de Martinville, avait manifesté l'intention de ne pas pousser plus loin ses poursuites[1].

En 1404, le roi, cédant aux supplications des habitants de Rouen, consentit à contribuer aux dépenses de la porte Martinville et aux travaux des fortifications, le tout évalué à 20,000 livres. Rouen était alors dans la plus triste situation.

le conseil une certaine mésintelligence. Après la mort de Guillaume de Bellengues, Guillaume de Crasmesnil, son successeur, ayant choisi un autre lieutenant, Jehan d'Orléans réclama ses gages pour les vingt années pendant lesquelles il avait exercé, y compris les six mois d'intérim qui s'étaient écoulés depuis la mort de l'ancien capitaine jusqu'à l'installation de son successeur. La ville répondit à sa requête, qu'il eût à se faire payer par les capitaines qui l'avaient employé, et qu'elle ne lui donnerait rien [6 août 1410]. Puis, par une délibération suivante [11 août], elle accorde 100 livres de gages au bailli Caradas Des Quesnes, pour avoir remplacé le capitaine pendant les six mois d'intérim. Jehan d'Orléans fut rétabli dans ses fonctions de lieutenant par Antoine de Craon, le 6 octobre 1411; il l'était encore le 15 novembre. Le 22 janvier 1412, Jehan de Tournebu occupe les fonctions de lieutenant de Antoine de Craon. (A. M).

[1] A. M., Registre A, 1404—1408, 142 r.

Les bourgeois avaient exposé au roi que la ville était épuisée par la taxe de 40,000 livres qu'on venait de lui imposer, pour contribuer à défendre la France contre les attaques de Henri de Lancastre, soi-disant roi d'Angleterre. Une grande partie des maisons de Rouen étaient inhabitées et tombaient en ruine, par suite de la misère publique et de la dépopulation. Les suppliants faisaient valoir la nécessité où ils étaient de construire une porte à Martinville, et de réparer les murailles. Charles VI leur accorda, par lettres du 5 juin, 6,000 livres à prendre sur ce que lui devaient les collecteurs. Jehan de Cormeilles, receveur des aides pour le roi, à Rouen, étant en retard sur cette somme de 1260 livres, le roi, par lettres du 25 juillet [1], qui confirment les précédentes, lui fit signifier qu'il eût à s'acquitter, et donna au conseil le droit d'exercer contre lui la contrainte, soit par la saisie de ses biens, soit par corps.

[1] A. M., tiroir CLII. *Pièces justificatives*, prem. part., n° 5.
Nonobstant les ordres du roi, la ville ne toucha jamais les 6,000 livres qu'il lui avait octroyées, car je lis l'article suivant dans la reddition des comptes de Pierre Hermen, receveur : « Item, lui est deu pour la fin et conclusion de son « compte, du *don de vj m. livres dont la ville n'a eu que* « *v m.*, fait par le Roy notre seigneur à ladite ville, pour em- « ployer en la repparacion de la forteresse de ladite ville, etc. » (A. M., Reg. A, 1404-1408, 34 r.)

Les travaux paraissent avoir été suspendus pendant plusieurs années. La ville était dans un état de détresse qui ne lui permettait pas de les continuer, malgré l'urgence qu'il y avait à fortifier une place exposée à la fois aux attaques des partis qui se disputaient la France, et à l'invasion des Anglais qui la convoitaient. Le don du roi permit de les reprendre.

Le 18 janvier 1405 [1], Guillaume Le Conte annonça au conseil que deux batelées de pierres, sur trois qu'il était allé acheter, à Andrésy, Méry, l'Isle-Adam, S. Leu *de Cerens* [d'Essérent], et autres lieux, étaient arrivées au port de Rouen. L'ordre fut donné de les débarquer au pré de Martinville.

Ce pré était occupé depuis plusieurs années par des matériaux de construction. La ville s'était sans façon emparée de l'emplacement le plus commode pour ses chantiers. Aussi, Martin Boutecar, fermier d'un pré appartenant à un particulier, éleva-t-il de justes réclamations [16 novembre]. Depuis huit ans, on avait usurpé une demi-acre de sa prairie, pour « y décharger la « pierre pour les ouvrages de la porte Martain-

[1] A. M., Reg. A, 1404-1408, 3 r. Je dois avertir que j'ai adopté le nouveau style pour toute ma chronologie. Dans le registre, cette délibération est de 1404.

« ville ». Il demandait une indemnité de 60 sous par an, prix de son fermage; mais il rabattit beaucoup de ses prétentions, et tint la ville quitte de tout pour quatre livres[1].

Les matériaux de construction arrivaient par eau, de la Seine à la chaussée de Martinville. L'Aubette se divisait, comme elle le fait encore, à son entrée dans la ville. Un cours d'eau passait sous le pont-levis de la porte, et, suivant le fossé jusqu'à la tour Quarrée, rejoignait la rivière à sa sortie des murs, pour aller avec elle se jeter dans le fleuve, au pied de la tour Guillaume-Lion.

Une écluse cachée sous une épaisse galerie voûtée, qui communiquait avec la tour d'Aubette[2], permettait à la garnison de cette tour de remplir les fossés d'eau, quand les circonstances l'exigeaient.

---

[1] A. M., ibid., 37 r.

[2] « Item avec. icelle tour fault fonder un mur de dix piés « d'espoisse et de dix piés de hault, dont il y aura six piés en « masse et iiij piés de creux, c'est assavoir : troiz piés d'es- « poisse d'un costé et troiz piés d'espoisse d'autre costé, et iij piés « de creux depuis les vj piés jusques à iiij piés de creux, et de « x piés de lonc jusques à *l'esventaille* [l'écluse]; desquielx x « pieds aura sept piés de creux en sa longueur, depuis la tour. « Et y aura une huisserie qui partira de la tour pour aler à une « escluse qui y sera; et si y aura deux arbalestrières d'un costé « et d'autre, pour veoir en ladite allée, etc. » (*Devis de la tour d'Aubette*. A. M., Reg. A, 1394-1395, 44 r.)

Pour conduire ainsi ce bras de rivière le long des murailles, on avait dû le détourner, mais le lit de l'ancien ruisseau existait encore et se nommait la vieille Aubette [1]. Il partait du milieu du fossé, et allait tout droit à la Seine.

C'était certainement ce ruisseau qu'on avait rendu navigable, sauf à en barrer le cours, pour maintenir l'eau dans les fossés, lorsque la ville menacée avait besoin de déployer tous ses moyens de défense.

Le gouverneur de la forteresse, Jehan Alorge, y avait établi une *flette* [2], en 1396 [3], et, l'année suivante [4], lorsqu'on fut décidé à commencer les travaux de la nouvelle porte, on s'occupa d'en rendre la navigation plus facile.

Le 3 juin 1397, Jehan Le Fournier et Jehan Pipet, pionniers, s'engagèrent à donner au fossé une largeur de 24 pieds d'un bord à l'autre, et de 14

---

[1] « ..... Un fossé, ou pré de Martainville, qui vient de la *vieille Aubette*. » (A. M., Reg. A, 1396-1398, 39 r.) La vieille Aubette existait encore en 1606; on la retrouve sur un plan de cette année. (A. M., Carton des Plans.)

[2] Batelet. Cette flette avait 24 pieds de long sur 5 environ de large. Au mois de juin 1396, on en fit faire une neuve qui coûta 10 livres. *Pièces justificatives*, deux. part.

[3] A M., Reg. A, 1396-1398, 3 v.

[4] Farin ne parle que du second ouvrage, qui fut fait en 1405, comme on le verra tout à l'heure, et croit que c'est à cette époque seulement que la porte fut commencée.

pieds au fond, sur 8 pieds de profondeur. Le prix fut de 60 sous par perche de 24 pieds quarrés [1].

C'est par ce bras de rivière que les pierres achetées par Guillaume Le Conte furent apportées à leur destination.

Trois mois plus tard, on reprit les travaux avec activité [2]. Le 26 avril 1405, un marché fut passé avec Colin Rousseau, maçon de Paris, pour l'achèvement de la porte Martinville, sur le devis dressé par Jehan de Bayeux [3].

L'état déplorable dans lequel on avait laissé ce

---

[1] A. M., Reg. A, 1396-1398, 39 r. *Pièces justificatives*, deux. part.

[2] Le personnel du conseil était presque entièrement changé; Hue de Donquerre avait remplacé comme bailli Jehan de la Tuille, et les conseillers étaient Guillaume de Gaugy, Michel Du Tot, Roger Mustel, Jacques Filleul, Robert Alorge et Ricart de Sommery.

[3] Reg. A, 1404-1408, 13 r. et s. — Cette pièce est conservée dans le registre. Farin, qui a certainement eu les archives municipales à sa disposition, les a explorées avec tant de légèreté et si peu de discernement, qu'il prend le devis du premier étage pour celui de la porte entière. C'est ce qui lui a fait commettre la grosse erreur que nous avons signalée plus haut.

Parmi les détails curieux dont abonde ce document, il en est un qui ne sera pas sans intérêt pour les archéologues; c'est qu'on y trouve le mot *augive*, qu'on croyait jusqu'ici n'avoir été employé que beaucoup plus tard. Et, à ce propos, les amateurs ne seront peut-être pas fâchés d'apprendre que cette expression était déjà en usage à une époque antérieure de quelques années. Nous avons rencontré l'*ogive* dès 1394, dans le devis de la tour d'Aubette. On remarquera que l'orthographe n'est pas la même.

monument est constaté par les détails de ce qu'il y avait à faire pour l'achever. Le rez-de-chaussée n'était pas entièrement terminé ; les voûtes commencées étaient restées ouvertes ; les pierres toutes taillées gisaient abandonnées sur le sol. Cependant, une partie était habitable, puisque Gillet Roussignol, tailleur de pierres, qui avait travaillé pour les fortifications, y obtint un logement le 5 avril [1].

Colin Rousseau devait d'abord finir le rez-de-chaussée ; une somme de 20 livres lui était accordée pour cette tâche. Puis, sur l'*enrasement* du rez-de-chaussée, il devait élever un étage de 12 pieds de hauteur environ, qui lui serait payé 6 écus [2] ou 6 livres 15 sous la toise [3]. Le conseil,

---

La première s'accordait mieux avec l'étymologie allemande qu'on prête à ce mot (*aug*, œil); mais c'est la seconde qui a prévalu. Roquefort a omis *l'ogive* dans son glossaire.

Voir le devis donné en entier aux *Pièces justificatives*, deux. part.

[1] A. M., Reg. A, 1404-1408, 10 v. Il prêta serment entre les mains du capitaine, qui avait contribué à lui faire obtenir cette faveur.

[2] L'écu d'or, selon Leblanc, valait, en 1405, 22 s. 6 d. ; ce qui fesait 6 livres 12 s. et demi, mais on lui compta 6 l. 15 s. pour 6 écus. En 1397, l'écu valait aussi 22 s. 6 d. (A. M., Reg. A, 1396-1398, 105 r.)

[3] Le prix que l'on payait aux maçons entrepreneurs des ouvrages de la ville, n'était ordinairement que celui de la main-d'œuvre. La ville leur fournissait les machines, les matériaux et la pierre toute taillée.

qui était pressé, ne lui donna que douze jours pour se mettre à l'œuvre, et se réserva la faculté de lui faire faire, aux mêmes conditions, un second étage de 16 pieds, qui ne paraît pas avoir été construit.

Il devait y avoir au premier étage quatre arbalêtrières, et, dans chaque tour, deux *trous ronds* pour les canons : l'un au front de devant, sur la chaussée, l'autre sur le flanc qui regardait la porte. Des machicoulis défendaient l'entrée du pont et de la *planquette*[1].

Le fossé par lequel les matériaux arrivaient, ne tarda pas à se remplir de vase. Le 26 juillet, Pierre Dutrayt, Guerart Harenc et..... Dubosc, pionniers, s'engagèrent à le curer sur une longueur de 25 perches, pour le prix de 50 livres[2].

Quoique la porte Martinville fût encore en construction, elle était déjà armée. Des alertes continuelles tenaient la ville en émoi. Sur l'ordre du capitaine, des munitions et des armes avaient été mises à toutes les portes [septembre 1405], et l'armement de la porte Martinville consistait en un martinet à roue, avec son croc, et un canon.

---

[1] La *planquette* était un petit pont-levis qui servait pour la poterne.

[2] A. M., Reg. A, 1404-1408, 23 v. *Pièces justificatives*, 2º partie.

Il y avait cinquante gros traits pour le martinet[1], et trois douzaines de traits pour le canon[2], tous « *empanés* de laiton. »

Cependant, au bout d'un an, Colin Rousseau était mort sans avoir achevé sa tâche. Ce fut le 13 avril 1406 que la ville arrêta ses comptes avec sa *déguerpie* [veuve]. On avait nommé quatre experts: deux maçons jurés du roi, de Paris, Jehan de Bayeux et Jehan Salvart, maçon, maître des œuvres de Notre-Dame de Rouen[3]. D'après

---

[1] Du Cange (verbo MARTINETUM) définit le martinet une machine de guerre propre à lancer des pierres. On voit que le martinet lançait aussi des traits.

[2] On a reproduit, dans le t. IV de la Bibliothèque Spencérienne, le fac-simile d'une gravure de l'ouvrage de Valturius (*De Re militari*, 1472), qui représente un canon à trait. Le trait est gros, court et empenné.

[3] « Salvart (Jean, Jensson, Jesson) succéda, le 23 mars 1398, à Jean de Bayeux, comme maître maçon de la Cathédrale de Rouen.

« Il recevait, à ce titre, 16 livres par an, payables en 4 termes, et, lorsqu'il travaillait de sa personnel, 5 sous par jour, en été, et 4 sous 6 deniers, en hiver.

« Plus tard, il paraît qu'il fut employé par les conseillers échevins de Rouen, en qualité de maître juré des œuvres de maçonnerie de la ville.

« Ce fut à lui, spécialement, que Henri V confia, en 1420, la construction du château qu'il avait résolu d'élever à Rouen, et qui prit, depuis, le nom de *Vieux-Palais*.

« En 1430, Jean Salvart, sur l'ordre du chapitre, agrandit les hautes fenêtres du chœur de la Cathédrale, afin de jeter plus de jour dans cette partie de l'église. Il s'engagea, à cette occasion,

leur rapport, l'étage fini devait avoir 13 pieds 3 pouces d'élévation, et présenter une surface de 162 toises 2 pieds 1 pouce quarrés, ce qui, à 6 livres 15 sous la toise, faisait 1094 livres. Colin Rousseau avait fait, de plus, en dehors du devis, divers travaux de sculpture montant à 156 livres; total, y compris les 20 livres pour l'arrasement du rez-de-chaussée, 1270 livres. Sur cette somme, la ville avait payé 1230 livres; restaient dues 40 livres. La veuve promettait d'accomplir les conditions du marché de son mari [1].

Mais il ne paraît pas qu'elle ait tenu son enga-

disent les registres capitulaires, par la *foy de son corps*, à réparer, *à ses propres coûts*, le dommage qui pourrait en résulter pour la vieille maçonnerie. Ces fenêtres existent encore aujourd'hui, et peuvent donner une idée du talent de Jean Salvart, et du style en usage à cette époque.

« Jean Salvart figure, dans les Registres capitulaires de la Cathédrale, à la date de 1438, comme recevant une pension de 12 livres; ce qui peut faire supposer que l'âge et les infirmités l'avaient fait mettre à la retraite. En effet, en supposant qu'il eût 25 ou 30 ans, lors de son admission à la maîtrise de la Cathédrale, en 1398, il devait être entré dans la vieillesse à l'époque dont nous parlons.

« Il paraît, cependant, qu'il continua à être employé par la ville; en 1447 seulement, il était remplacé comme maître juré des œuvres de maçonnerie : la mort venait de frapper Jean Salvart. »

Je dois cette note à la complaisance de M. Deville, qui a mis d'ailleurs à ma disposition tous les documents qu'il possède avec une générosité et un empressement dont je le remercie bien sincèrement.

[1] A. M., Reg. A, 1404-1408, 44 v. *Pièces justificatives*, 2ᵉ partie.

gement, car, le 7 août, le conseil adjugea à Guillaume Moignet, dit Le Camus, la tâche de maçonnerie à faire pour terminer le premier étage de la porte Martinville[1]. Le prix de 200 écus [225 liv.] et 40 sous, pour « le vin du marché », auquel cette adjudication lui demeura, explique suffisamment pourquoi la veuve de Colin Rousseau, qui n'avait plus que 40 livres à recevoir, laissa la ville s'arranger comme elle l'entendrait. Le marché de Moignet fut passé devant Jehan Tavel, vicomte de l'Eau de Rouen, en l'absence du bailli.

Il devait faire trois assises de maçonnerie, de un pied chacune, et *agréer* les baies des fenêtres, les cheminées et les escaliers. Ces escaliers n'avaient pas encore de marches; la pénurie de la ville était si grande, qu'elle manquait de pierres pour les tailler. Il paraît, d'ailleurs, que cette partie essentielle du monument ne fut pas considérée par le conseil comme étant d'une nécessité bien urgente, puisque les marches des *wys* [vis, escalier] ne furent comprises que conditionnellement dans le marché de Moignet[2].

---

[1] A. M., ibid, 56 r.

[2] A. M., ibid., 56 r. et v. « Et est mise à pris à rabays par « Guillaume Moignet dit Le Camus, à ij ^{c} lxx l. t. sanz faire « les marches, et iij ^{c} l. tournois se il fait les marches qui « y fallent.... » Moignet mit le prix à 200 écus, « sans faire les « dites marches des wys. »

J'ai déjà dit que les portes des villes étaient toujours mises sous la protection divine. Une figure de pierre, quelquefois celle de Dieu lui-même, le plus souvent celle de la Vierge ou de quelque saint vénéré dans le pays, nichée sur le front extérieur, entre les deux chaînes du pont-levis, opposait aux assaillants sa pacifique intervention. Cet usage ne fut pas oublié dans le plan de la porte Martinville, et Guillaume Moignet eut à faire trois tabernacles destinés à recevoir les statues des saints dont on jugerait à propos d'invoquer le patronage [1].

Au mois d'octobre 1406, on se prémunit contre les intempéries de la mauvaise saison qui approche. Deux manœuvres se chargent de mettre à l'abri et de ranger, dans la *loge aux maçons*, toutes les pierres qui étaient dans le pré de Martinville, moyennant un salaire de 10 sous par cent. On achète, en même temps, pour le prix de 20 sous, sept cares de foin, destinées à couvrir les ouvrages commencés [2].

---

[1] Il n'est pas question, dans ce devis, d'un travail qui lui fut payé à part. On donna à G. Moignet 40 livres, pour sa peine « d'avoir taillié les vousures et huisseries des huis et herbalestriè- « res du premier estage de la porte Martainville. » (A. M., Reg. A, 1404-1408, 111 r.)

[2] A. M., ibid., 62 v. La *care* était de 22 bottes, comme aujourd'hui. Du Cange (édition de Henschel), fait dériver care de *carea* ou *careia*, charretée. Le mot *care* n'est pas dans le glossaire de Roquefort. *Pièces justificatives*, deux. part.

Au retour de la belle saison, la porte Martinville était terminée, car le conseil s'occupa de ses abords. La construction de la tête du pont-levis et de l'*esponde* [1], qui permettait aux gardes de la porte, au moyen d'une écluse, d'inonder à volonté les prairies, est confiée, le 14 mars 1407, à Guillaume Moignet. Pour la tête du pont qui devait se raccorder avec le pavé de la chaussée par un dallage, et se composer de trois ou quatre assises, la ville voulait lui donner 50 sous par toise; Guillaume Moignet en demandait 60; mais il se soumit à ce que déciderait le conseil, quand son ouvrage serait fini. L'esponde, qui se liait à la porte et à la tête du pont, et qui était aussi formée de trois ou quatre assises terminées en dos d'âne, était payée 4 l. 10 s. la toise. La ville restait chargée de faire vider la place et piloter à ses frais, s'il en était besoin; de plus, elle fournissait tous les matériaux [2].

L'écluse fonctionnait certainement avant cette époque; elle avait dû être employée comme moyen de défense, lors de l'établissement de la première porte Martinville sur l'Aubette.

---

[1] L'*èsponde* était la maçonnerie sur laquelle on établissait l'écluse.

[2] A. M., ibid., 81 r. *Pièces justificatives*, deux. part.

Voici à quelle occasion j'ai pu recueillir quelques détails sur l'effet qu'elle produisait.

La ville avait souvent maille à partir avec le couvent de Sainte-Catherine [1]. Le pavage, les moulins, les prises d'eau, les redevances, étaient autant de sujets de dispute de la part des religieux, qui semblaient rechercher avec empressement des prétextes pour résister aux justes prétentions du conseil. Les points de contact entre ces deux puissances rivales étaient trop nombreux pour qu'elles fussent long-temps en paix, et des relations de bon voisinage n'ont jamais pu s'établir entr'elles. Le conseil soutenait ses droits avec fermeté, les religieux résistaient avec entêtement, et, de plus, ils nourrissaient contre la ville une rancune implacable et des désirs de vengeance proportionnés aux torts multipliés qu'ils avaient à se reprocher.

Une fois, ne pouvant pas triompher au grand jour, ils résolurent de frapper leurs ennemis dans l'ombre. C'était au mois de mai 1406. Les moines descendent à minuit de leur montagne,

[1] Elle n'était pas dans de meilleurs termes avec les couvents de Saint-Ouen, du Bec, de Fécamp, et le chapitre de la cathédrale. Tous ces établissements religieux ne supportaient qu'impatiemment les charges d'une mitoyenneté gênante, et entraînaient à tout propos la ville dans de nombreux et interminables procès.

arrivent sans bruit jusqu'à la porte Martinville, rompent l'écluse qui retenait l'Aubette dans son lit, et démolissent une partie du pont de la porte. La sentinelle dormait sans doute, au moment de cette insolente expédition.

Le lendemain matin, quel dut être l'ébahissement des bourgeois qui montaient la garde, lorsqu'ils virent les résultats désastreux de leur négligence ! L'Aubette, au lieu d'entrer dans la ville, comme la veille, s'en allait à grands flots dans la Seine par les fossés. Les moulins manquaient d'eau, et comme les moines, par un raffinement de malice, avaient choisi le moment où le curage de Robec était sur le point d'arrêter aussi les moulins qu'alimentait cette rivière [1], la rupture de l'écluse de la porte Martinville n'allait à rien moins qu'à affamer Rouen.

Toute la ville est en rumeur, le conseil est convoqué. Jehan Ligier, lieutenant général du bailli, le préside; Jehan d'Orléans y assiste, avec les conseillers Michel Dutot, Simon du Val-Richer, Henri Gueloquet et Roger Daniel [2]. Deux avocats du roi et trois bourgeois sont aussi présents.

[1] C'était quelques jours avant la Pentecôte. L'usage de curer la rivière de Robec pendant la semaine de la Pentecôte, est encore en vigueur.

[2] Ces noms et tous ceux que je citerai dans le cours de ces notes, sont publiés avec une intention qui n'est pas difficile à

Là, il est résolu que les coupables seront recherchés et mis en prison, si on peut les saisir. On signale nominativement un certain moine de Sainte-Catherine, *dant* [dom] Jehan Legrant, chef audacieux du complot, à qui on espère arracher les noms de ses complices. Les dommages seront promptement réparés, et si une nouvelle tentative de destruction était faite, les gens de la ville, et particulièrement les meûniers voisins, sont chargés de crier *haro!* pour faire respecter les

comprendre. C'est un hommage dû à la mémoire de ceux de nos concitoyens qui ont pris, dans ces temps éloignés, quelque part à la direction des affaires de la ville ; c'est une satisfaction que je veux donner aux familles qui peuvent s'enorgueillir de porter ces noms honorables, une consolation que je suis heureux d'offrir à celles que les vicissitudes de la fortune ont fait déchoir du rang qu'elles occupaient autrefois. Ces actes de réhabilitation sont un des devoirs les plus sacrés que mes fonctions m'imposent, et je ne laisserai jamais échapper l'occasion de le remplir.

Il y a une petite remarque à faire à propos du nom de Roger Daniel. Les caractères cursifs de nos anciens registres, écrits le plus souvent par un greffier pressé d'en finir, ne sont pas toujours très faciles à déchiffrer, et c'est surtout dans les noms propres qu'ils offrent quelquefois de grandes obscurités. Ainsi, personne ne pourrait dire si, au lieu de *Daniel*, il ne faut pas lire *Daviel*, nom d'une famille qui existe encore. On peut fort bien avoir traduit *n* par *u*, c'est-à-dire par *v*, ces trois signes étant parfaitement identiques : ces altérations de noms sont très communes, et plusieurs familles, par exemple, ont changé en *Lefebure*, leur nom de *Lefebvre*, et en *Apuril* celui d'*Avril* [Avril]. Je n'ai rien pour appuyer cette hypothèse, sinon que telle est mon opinion, ce qui est en effet un peu moins que rien.

droits du conseil. Enfin, en ce qui touche
« l'injure et offense faite par lesdits religieux à
« ladite forteresse, l'information parfaite, les
« religieux en seront *approchés.* » Le procureur
du roi et la ville s'associèrent pour exercer les
poursuites [1].

Je ne connais pas le dénouement de cette
contestation.

L'action de cette écluse, qui rejetait dans les
fossés les eaux de l'Aubette, était combinée avec
celle de la tour Quarrée et plusieurs autres, au
moyen desquelles on faisait refluer les eaux dans
les prairies et les marais qui longeaient les fortifications, des deux côtés de la chaussée de Martinville, depuis la Seine jusqu'à Robec.

Il y avait alors [1407] beaucoup de réparations
à faire aux murailles, du côté de Martinville.
Entre la tour du Colombier [2] et la porte, 25 perches étaient à construire. Philipot de la Rue, dit

---

[1] A. M., Reg. A, 1404-1408, 47 v. *Pièces justificatives*, prem.
part., n° 6.

[2] A. M., ibid., 91 v. Les restes de cette énorme tour, qui
était une des parties les plus importantes des fortifications, se
voient encore à l'extrémité de la terrasse de l'hospice général,
non loin de l'endroit où la Robec entre dans la ville. Le pan de
mur qui la liait à la rivière est aussi resté debout. Il en sera
question dans ma notice sur la porte Saint-Hilaire, qui doit
suivre presque immédiatement celle-ci.

Moriaux, entreprit le transport des pierres achetées au Val-des-Leux[1], et dont une partie était destinée à la porte ; il avait 67 sous 5 d. pour chaque batelée de 45 tonneaux, déchargée au pré de Martinville [23 avril]. Pour cela, il loua le bateau et la flette de la ville, pour un an, au prix de 18 livres[2].

Les pieux pour pilotis, d'une longueur de 7 à 8 pieds, coûtaient un peu moins de 3 livres le cent, et on payait 5 livres par cent pour les faire ficher en terre prêts à recevoir la maçonnerie, non compris le creusement du fossé des fondations[3].

Au mois d'août, on était en train d'enfoncer le pilotage de la tête du pont, lorsqu'il arriva un

---

[1] On sait que les carrières du Val-des-Leux ne sont autres que celles de Caumont. Nous trouvons, dans les *Annonces, affiches et avis divers de la Haute et Basse-Normandie*, du 7 janvier 1763, l'annonce suivante :

« A VENDRE. La terre du *Val-des-Leux*, sise à Saint-Pierre-
« de-Manneville, à trois lieues de Rouen et à une de la Bouille.
« Cette terre est un fief noble, relevant de la baronnie de Mauny,
« et en coutume générale. Elle consiste en un château, de très
« belles cours, jardin, promenades au bord de la rivière de Seine,
« dont elle a tous les agréments, sans en recevoir les incommo-
« dités ; et de très belles masures, prairies, terres labourables,
« bois-taillis, oseraies, *carrières*, et un passage qui en porte
« le nom. »

[2] A. M., Reg. A, 1404-1408, 89 r. *Pièces justificatives*, deux. part.

[3] A. M., ibid., 101 r. et v. *Pièces justificatives*, deux. part.

accident. Etienne Levallois, *varlet de bras* [manœuvre], étant occupé à placer un pieu, le bélier lui tomba sur la main et lui broya les doigts [1]. La ville lui donna une *pleine hanse* [2] pour l'aider à se faire guérir. Le 27 mai 1408, il était guéri, et on lui accorda une autre hanse pour payer Jehan de Paris, son *mire* [médecin], qui l'avait soigné [3].

Dans l'état de gêne où était la ville, elle avait tant de difficulté à se procurer des matériaux, qu'elle avait été obligée d'emprunter 46 pierres aux Carmes, « lesquelles furent employées à la « maçonnerie des brayes [4] de la porte Martain- « ville. » On rendit à ces religieux le reste de ce qui leur était dû sur cet emprunt, le 20 septembre de l'année suivante [1408]. Rogerin Mustel,

---

[1] A. M., ibid, 109 r. « Dont tous sez doiz furent *estochés* et « moulus. »

[2] Droit prélevé sur les marchandises qui arrivaient à Rouen, par eau, et dont le produit était destiné à soulager les malheureux, et particulièrement à aider les filles pauvres à se marier. Il y avait un *Receveur des hanses* ou *Hansier*, et c'était ordinairement lui qui payait celles que la ville accordait, et qui étaient toujours données *pour Dieu et en aumône*. La hanse était de trois livres.

[3] A. M., Reg. A, 1404—1408, 148 v.

[4] Les *Brayes* étaient une espèce de bastion placé en avant des portes. Le père Daniel (*Histoire de la Milice française*, 1, 603) en donne cette définition.

commis au gouvernement de la forteresse, assista à cette restitution[1].

Au mois d'octobre 1407, les travaux confiés à Guillaume Moignet n'étaient pas encore finis, et pourtant, au mois d'avril suivant, il fallut les recommencer. Les grandes gelées, les grosses eaux et la mauvaise qualité des pilotis, avaient contribué à ruiner les brayes et la tête du pont. Guillaume Moignet fut chargé de les démolir aux dépends de la ville [1er avril 1408][2].

Cette même année, le pont-levis fut mis en état de servir. Des nouvelles *merveilleuses*, apportées à Rouen, y jetèrent une grande inquiétude. Le conseil se réunit le 11 novembre, pour aviser, sans bruit, aux précautions qui pouvaient mettre la ville à l'abri d'une attaque ou d'un mouvement. L'assemblée se tint devant Jehan Davy, bailli de Rouen, en présence du capitaine Guillaume de Bellengues[3]. Les mesures les plus énergiques et les plus actives furent prises « sans esclandre et

---

[1] A. M., Reg. A, 1404-1408, 161 v. Rogerin Mustel, fils du conseiller Roger Mustel, avait été nommé *Gouverneur de la Forteresse*, le 2 novembre 1407, à la place de Guillaume Leconte, qui fut commis au *Pontage*.

[2] A. M., ibid., 141 r.

[3] A. M., ibid., 170 r. et v. *Pièces justificatives*, prem. part., n° 7.

« le plus secrètement possible. » La garde des portes, le guet, l'armement des bourgeois et des gens d'église [1], la surveillance des étrangers, furent organisés en un moment. Le conseil envoya des messagers à Paris, pour suivre de près la marche des événements. Parmi les dix articles dont se compose cette délibération, il y en a un ainsi conçu : « Item, il fut ordonné que les ponts-levis « des portes du pont de Seine et de Martainville « fussent tantôt faits chéants et fermants. »

Rouen était alors dans la position la plus affreuse. Voici le lugubre tableau de l'état auquel se trouvait réduite la « métropolitaine du pays « et duché de Normandie, » jadis si florissante, tracé dans une charte de Charles VI, avec toute la tristesse que pouvait inspirer à ceux qui gou-

---

[1] Les gens d'église n'étaient pas plus exempts que les autres de contribuer à la défense de la ville, et, dans les guerres du moyen-âge, ce n'était pas le clergé qui fournissait les soldats les moins braves et les chefs les moins distingués. Dans les cas urgents, le conseil savait fort bien mettre à contribution les maisons religieuses qui se trouvaient dans sa circonscription. Le 22 juillet 1411, par exemple, il prit la délibération suivante : « Délibéré fu que l'on envoyroit quérir les charètes des abbayes et « prieurés qui ensuivent, c'est assavoir : de l'abbaye de Saint-« Ouen, du prieur de la Magdaleine, de Saint-Lô, de Saint-Amand, « de Saint-Gervaiz, du Mont-aux-Malades, de Grant Mont et du « Pré, et des autres qui aroient charettes en ladite ville et « banlieue, pour charier la pierre qui fault sur les murs, et « autres choses, pour deffence de la ville. » (146 v.)

vernaient sous son nom, la diminution notable dont la détresse de notre ville frappait leurs revenus : « Puis aucun temps en ça, icelle ville a
« été et encore est moult diminuée et dépeuplée
« (en ce), les maisons d'icelle démolies, chues
« et tournées en ruine, et font chaque jour, et
« la marchandise comme de tout déchue, tant
« pour l'occasion des guerres, des mortalités...
« comme aussi pour le fait des grandes charges de
« réparations, fortifications et autres qui ont été
« en notre dite ville, desquelles les demeurants
« en icelle ont été si grévés, que les aucuns s'en
« sont fuis et absentés, tellement que, en toutes
« les paroisses de ladite ville, a une grande partie
« des maisons et édifices chus et vides, et sont
« en péril de choir, par quoi notre domaine et
« nos autres droits en sont et seroient de moindre
« valeur ; les bourgeois à qui les héritages sont,
« et qui les soutiennent à grands frais, en péril
« d'être exilés et notre dite ville défuie des mar-
« chands et autres gens[1]. »

Il n'est pas étonnant, au milieu d'une telle misère, que les reconstructions ne fussent pas encore achevées l'année suivante. Le conseil décida le 18 mars 1409[2] qu'on travaillerait, sans

---
[1] A. M., Reg. A—38, 125 v. et s.
[2] A. M., Reg. A, 1404—1408, 193 r. et v.

retard et sans relâche, pour les *encaperonner*[1], en attendant que maître Jehan de Bayeux, qui était absent, fût de retour pour tracer les fondements de la barrière de la porte. Guillaume Moignet est encore chargé de cette besogne. Rogerin Mustel lui remit le devis des brayes [27 mars][2], dont les murs devaient être crénelés [prix 36 liv.], et, quelques jours plus tard [10 avril][3], celui des espondes, qui devaient être payées 10 écus [11 livres 5 sous].

L'ouvrage est poussé avec vigueur. Le conseil achète à Guillaume Le Cauchois, *carrieur*, deux pierres de grès, pour paver les seuils de la porte Martinville, de 12 pieds de long sur 14 à 15 pouces de hauteur et autant de largeur, au prix de 6 livres les deux, livrables avant la Saint-Jean prochaine. Le Cauchois devait décharger ces pierres au quai de Rouen, ou au pré de Martinville, si son bateau pouvait remonter jusque-là[4].

Il y avait, près de la tour du *Kay-Lyon* [Guillaume-Lion], et sur le Petit-Quai[5], de la pierre

---

[1] Enchaperonner.

[2] A. M., Reg. A, 1408—1411, 6 v.

[3] A. M., ibid, 10 r. et s. Ces devis étaient encore faits par Jehan de Bayeux.

[4] A. M., ibid., 23 r. *Pièces justificatives*, deuxième partie.

[5] A. M., ibid., 16 r. Il y avait une rue du *Petit-Quai*, qui est devenue depuis la rue du Plâtre.

arrivée des carrières de l'Isle-Adam. Jehan Sahurs, voiturier, les transporte à la garde du Colombier et à la porte Martinville, pour 16 livres tournois, et 10 sous de vin.

L'absence de Jehan de Bayeux se prolongeait; il fallait le remplacer, au moins provisoirement; Guillaume Moignet, dont la ville avait pu apprécier la capacité, fut nommé *Visiteur et Maître des œuvres de maçonnerie,* par intérim [28 juin 1409], aux gages seulement de 3 sous par jour quand il serait employé.

Le 7 décembre, le conseil assemblé devant le bailli, Caradas des Quesnes[1], nomma les gardiens de toutes les portes de Rouen. Pour la porte Martinville, ces fonctions furent données à Lambert Le Croisié et Raoul Le Jouvin, de la paroisse Saint-Maclou, qui jurèrent « de bien et « loyalement garder les clefs, au bien, honneur « et profit du Roi et des habitans de la ville. »

Tous ces travaux aux portes et aux fortifications avaient été faits sous l'impression de la crainte que les Anglais inspiraient en Normandie.

---

[1] A. M., Reg. A, 1408—1411, 61 v. Il avait succédé, en avril 1409, à Jehan Davy, nommé chancelier d'Orléans. On voit encore la maison de cette famille, dans la rue de la Savonnerie, au coin de la rue de la Tuile. Elle est indiquée, dans le *Manuscrit des Fontaines*, sous le nom de *maison Caradas*.

En 1410, ces terreurs devinrent plus vives[1], et Rouen se mit en défense comme s'il eût été menacé d'une attaque immédiate. Le 4 août, le conseil fut réuni pour délibérer sur les mesures que commandait le salut de la ville[2]. Caradas des Quesnes présidait cette solennelle assemblée. Le procureur du roi, Robert de Croismare; Jehan de Germini, lieutenant du capitaine[3]; Roger Mustel, Guillaume Toulousen, Jehan Le Clerc, conseillers[4]; Jehan de Villeneuve, l'un des procureurs généraux de la ville; Henry Rousselin, receveur, prenaient part à la délibération, soit par leur vote, soit par leurs conseils.

Le lieutenant du capitaine fut chargé d'aller visiter les portes, leurs ponts-levis, leurs herses, leur *artillerie*[5], afin de s'assurer de ce qu'il y

---

[1] Il semblerait que Dieppe fut exposée à un danger pressant, puisque, le 29 juillet 1410, la ville de Rouen lui prêta 2,000 traits. J. Le Cauchays [Cauchois] en donna un reçu, par lequel il se reconnut personnellement responsable de ce prêt, et qui fut remis entre les mains de Rogerin Mustel. (A.M., Reg. A, 1408-1411, 100 v.)

[2] A. M., ibid., 101 v. et s.

[3] Le capitaine de Rouen était alors Guillaume de Crasmenil, dont les lettres avaient été entérinées le 13 mars 1410.

[4] Les trois conseillers absents étaient Simon du Val-Richer, Henry Gueloquet et Colin de Baudribosc.

[5] Le mot *artillerie* avait alors un sens plus étendu qu'aujourd'hui, et comprenait toute espèce d'armes et de munitions.

avait à faire pour les mettre en état de soutenir un siége. L'ordre fut donné d'inspecter les bourgeois par dizaine; ceux qui ne seraient pas armés seraient contraints, par serment, de se procurer des armes. On délibéra que les brèches des murailles seraient réparées, que l'on ferait faire, en toute hâte, des fallots, des mèches, des fûts de lances et de la poudre à canon, et que l'on mettrait quatre lances à chaque porte, sous la garde des portiers, qui en répondraient.

La visite des portes fut faite le jour même. Jehan de Germini était accompagné de deux conseillers, de l'un des procureurs, du receveur, du maître charpentier, du maître maçon et du commis au gouvernement de la forteresse.

Il n'y avait que fort peu de chose à faire à la porte Martinville, qui était toute neuve. On notait seulement pour mémoire qu'il fallait « barrer de « très bonnes barres la porte et le *viquet* [gui-« chet] », et réparer un trou qui venait d'être fait à la palissade voisine, du côté de la Seine [1].

Le 27 janvier 1412, on fit faire un manteau de planches, pour mettre le guet à couvert, et une barrière le long de l'écluse sur la chaussée [2].

---

[1] A. M., Reg. A, 1408—1411, 103 r.

[2] A. M., ibid., 171 r.

Le moment est venu où les renseignements vont nous manquer. Les Anglais approchent de notre ville ; dans quelques années, elle va leur appartenir. Or, pendant cette période si terrible, aucuns vestiges ne restent des délibérations du conseil. Soit que, dans un mouvement d'indignation patriotique, les bourgeois, après l'expulsion de leurs ennemis, aient fait disparaître les traces de leur servitude, soit que les Anglais eux-mêmes, chassés de nos murs, aient emporté, pour les conserver, les témoignages de leur longue domination [1], soit, enfin, que quelques traîtres aient voulu anéantir les preuves qui pouvaient les accuser, toujours est-il que les registres des délibérations du conseil, pendant l'époque anglaise, manquent complètement dans le dépôt des Archives municipales [2].

Nous avons épuisé tous les documents qui se rattachent à la construction de la porte Martin-

[1] Nous aimons à nous arrêter à cette supposition, et nous ne perdrons jamais l'espoir de retrouver un jour le trésor que nous avons perdu. M. Way, directeur de la Société des antiquaires de Londres, a bien voulu nous offrir, avec cet aimable empressement et cette obligeance parfaite qui lui acquièrent à l'instant la sympathie de tous ceux qui ont des relations avec lui, de faire des recherches dans les différents dépôts de Londres, que nous supposons pouvoir renfermer nos registres.

[2] Le vi⁰ registre finit le 29 février 1411 [vieux style], et le vii⁰ commence le 16 avril 1447.

ville. Un seul reste encore, qui clot cette longue série de détails, dont nous prions nos lecteurs de nous pardonner l'aridité.

On se souvient que, dans le devis de l'étage supérieur de la porte Martinville, figuraient trois tabernacles destinés à recevoir les effigies des saints que la piété municipale jugerait à propos d'y placer. Au milieu des préparatifs d'un siége qui paraissait imminent, le capitaine de la ville[1] s'était préoccupé de mettre cette porte, comme toutes les autres, sous la protection des canons, des martinets, des arbalètes et des lances dont il avait pu disposer; mais ni lui, ni le conseil, n'avaient songé à appeler sur elle la protection de Dieu.

Les tabernacles restaient donc inhabités, lorsque, le 11 février 1412, les conseillers[2] étant assemblés sans le bailli ni le capitaine, maître Jehan Lescot[3], *ouvrier d'ymages,* vint leur présenter une requête. Quelqu'un l'avait chargé de demander au Conseil la permission de faire faire, à ses dépens, « à la porte Martainville, en la

---

[1] Antoine de Craon.

[2] Robert Alorge, Roger Mustel, Henry Gueloquet, Colin de Baudribosc, Guillaume Dubosc, Jehan Marguerie et Robert Des Hayes.

[3] L'architecte du Louvre se nommait Pierre Lescot.

« forteresse de ladite ville, au-dehors d'icelle, où
« sont trois espaces pour asseoir trois images »,
les statues qui devaient remplir ces niches si
long-temps désertes. La personne qui accomplissait cet acte de dévotion ne voulait pas être connue. Elle priait seulement le conseil de prêter
aide à Jehan Lescot pour le placement des images,
lorsqu'elles seraient sculptées.

On mit, dans le tabernacle du milieu, la sainte
Trinité, dans l'une des niches latérales, la sainte
Vierge, et, dans l'autre, sainte Catherine, qui,
du haut de sa montagne, veillait déjà sur la ville
comme une sentinelle avancée. Les supports des
trois statues étaient ornés d'écussons : celui du
milieu portait les armes du roi, et les deux autres,
les armes du duché de Normandie et de la ville
de Rouen [1].

Enfin, notre forteresse, solidement assise sur
ses fondements, dresse avec fierté dans les airs les
créneaux de ses tours et les pointes aiguës du
triple toit qui la couronne. Maintenant que nous
pouvons la contempler dégagée de tout cet encombrement de plans, de devis, de matériaux et
d'ouvriers, du milieu duquel je viens de la tirer

[1] A. M., Reg. A, 1408—1411, 173 v. *Pièces just.*, prem. part., n° 8.

à grand'peine, nous allons nous occuper de sa position et de ses alentours.

La porte Martinville n'était pas placée perpendiculairement à l'axe de la rue sur laquelle elle s'ouvrait. Elle en déviait, du côté de la Seine, par un angle de 11 degrés. Ses flancs s'appuyaient, au midi, sur la maison n° 3, et au nord, sur la maison n° 14 de la rue Martinville.

Le corps de la porte avait à peu près 6 toises de profondeur sur 11 de largeur; ses deux demi-tours, d'un rayon de 2 toises, étaient séparées par un espace de 15 pieds, que remplissaient la grande porte, de 9 pieds d'ouverture, et la poterne qui touchait à la tour de gauche [1].

Je n'ai pu déterminer sa hauteur. Elle a varié, sans doute, par suite des réparations et des additions que ce monument a dû subir. Celle que donne la *Clio Rothomagensis* serait, si les proportions du dessin sont exactes, de près de quarante pieds, ce qui supposerait un second étage dont je n'ai pas trouvé le moindre indice.

Une description rapide de la partie des fortifications qui formait le front de défense de la

---

[1] Ces dimensions ont été prises sur un *Plan des Casernes et de la porte Martinville*, dressé en 1782, par l'ingénieur Cessart (A. M., tiroir CLII), et sur un autre *Plan de la porte Martinville et de ses environs*, de 1767. (A. M., Carton des Plans.)

ville, du côté de l'est, et dont la porte Martinville était un des principaux forts, ne sera ici ni sans utilité ni sans intérêt. Cette ligne, qui composait un système complet, s'étendait depuis le quai jusqu'au ravelin de Saint-Hilaire.

La tour Guillaume-Lion, baignée par les flots de la Seine et de l'Aubette réunis, interceptait les communications entre les quais et les prairies, et rendait inutile toute tentative d'attaque de ce côté. Le lion colossal que l'on voyait sous ses créneaux, majestueusement assis, la queue roulée autour du corps, et regardant en pitié la rage impuissante d'un roquet qui s'élance contre lui, n'était pas une de ces bravades ridicules ou grossières dont les architectes ornaient si souvent les murailles des forteresses : c'était l'expression poétique et vraie de sa force [1].

En partant de la tour Guillaume-Lion, le mur

---

[1] Cette sculpture se voit encore à l'entrée de la rue des Espagnols, sur la façade de derrière de la maison de M. Hauguet. On ne saurait trop féliciter cet honorable citoyen d'avoir eu l'heureuse idée de la conserver, lorsqu'il fit démolir, pour élever de nouvelles constructions, la tourelle ruinée de l'escalier de la tour Guillaume-Lion. Ce n'est pas sans étonnement que j'ai vu quelques hommes beaucoup plus versés que moi dans les études archéologiques, hésiter sur le sens de cet emblème. Il y avait là de quoi décourager un antiquaire timide et indécis, qui a le défaut, aussi rare qu'impardonnable chez un antiquaire, de douter de son infaillibilité. Cependant, pour cette

côtoyait le cours de l'Aubette, jusqu'au pont de pierre, tournait à angle droit au point où la dernière enceinte avait été entée sur la précé-

fois seulement, et par une exception qui ne tirera pas à conséquence, je persiste obstinément dans mon interprétation.

Les fanfaronnades de ce genre, énergiquement formulées par le ciseau du sculpteur, étaient, ainsi que je viens de le dire, très communes autrefois; mais elles n'étaient pas toujours d'un goût irréprochable. On en trouve un exemple dans le bas-relief du commencement du xvie siècle, qui décore le front d'une tour basse, située sur la Seille, à gauche de la tour aux Allemands, à Metz. Il représente un soldat messin qui s'est placé, pour braver les ennemis, dans une position difficile à décrire. Ce soudard mal élevé, dont le haut de chausse est dans le plus grand désordre, tourne le dos au spectateur, et courbe en avant la partie supérieure de son corps, avec tant de souplesse, que son visage se montre entre ses deux jambes écartées. Mais cette figure renversée n'occupe que le second plan ; elle est dominée par un autre objet, qui, sauf votre respect, la surpasse de beaucoup en ampleur et en embonpoint, et dont l'exhibition insolente porte aux assaillans le plus cynique et le plus insultant défi. Le dessin de cette sculpture, exécuté par M. de Saulcy, m'a été communiqué par mon bon ami André Pottier, dont les notes si riches, si variées, si curieuses, sont au service de tout le monde.

Je citerai encore un personnage qui orne la porte par laquelle on entre à Bergheim, en venant de Ribeauvillé. Celui-ci, retroussant la partie postérieure de son pourpoint, se contente de désigner aux assaillans, par un geste expressif fort usité dans la mauvaise compagnie, l'objet que le soudard étale complaisamment au grand jour.

Tout cela ne vaut pas notre lion, opposant aux boulets la dignité calme et le superbe dédain que lui inspire le sentiment de sa puissance, et qui traduisent si fidèlement le nom et la solidité de la tour imprenable de Guillaume-Lion.

dente¹, ét rencontrait à quelques pas la tour Quarrée, dont les feux se croisaient avec ceux de la tour Guillaume-Lion, et balayaient le cours de la Seine. Après la tour d'Aubette, les murailles, pour aller se relier à la porte, suivaient, à une seule déviation près, le mur qui borde un des côtés de la rue du Rempart-Martinville ².

¹ Cet'angle de mur a été démoli, il n'y a que quelques jours. On peut voir plusieurs pans de l'ancienne muraille, qui donnent sur le chantier de M. Carpentier, tant derrière le bâtiment appelé, je ne sais encore pourquoi, la *Tour aux Normands*, que de chaque côté de la tour d'Aubette.

L'avant-dernière enceinte de Rouen est tracée par les rues des Espagnols et du Ruissel. Lors du dernier agrandissement, on fit partir la ligne des nouvelles fortifications du point de jonction de ces deux rues, et le chemin des murs est devenu, depuis, la rue du Rempart-Martinville.

² Il y a à Rouen plusieurs rues du Rempart. Celle de Martinville se distingue par son orthographe ; le peintre chargé de calligraphier, sur un fond jaune encadré de bleu, les noms de nos rues, a jugé à propos d'écrire rue du *Rampart*.

Ce n'est pas la seule bévue dont se soit rendu coupable cet artiste, qui n'a pas toujours justifié la confiance illimitée que l'autorité municipale paraît avoir eue dans ses connaissances grammaticales et étymologiques. Il est surtout une de nos rues dont l'appellation surannée l'a mis dans un étrange embarras, c'est celle du *Papegaud*, qui va de la rue Saint-Vivien à la rivière de Robec. L'administration n'ayant pas eu la précaution de lui indiquer les glossaires dans lesquels il aurait trouvé la signification du mot *papegaud*, et ayant négligé de lui apprendre que la rue devait certainement son nom à l'enseigne d'une auberge voisine qui représente un *perroquet* [maison rue Saint-Hilaire, n° 85], le malheureux peintre resta plongé, en face de ce mot incompréhensible, dans la plus cruelle incertitude ! Ce-

En quittant la porte, elles arrivaient, le long de la rue des Prés, aux bâtiments de l'Hospice général, passaient derrière l'église actuelle, et, après avoir décrit une courbe un peu rentrante, s'avançaient, par la terrasse du jardin, jusqu'à la tour du Colombier [1].

Ici, la ligne se brisait brusquement, laissait les batteries de cette forteresse libres de foudroyer dans toutes les directions les abords de la ville, se repliait un peu sur elle-même, et, franchissant la rivière de Robec, liait la tour du Colombier à la porte Saint-Hilaire [2].

pendant, son esprit inventif lui suggéra, pour en sortir, un expédient fort ingénieux ; ce fut d'écrire ce nom de plusieurs manières différentes, et de se fier à la providence pour lui en faire rencontrer, dans une de ses combinaisons, la véritable orthographe. Mais la providence ne se mêla point de cette affaire ; elle abandonna l'artiste aux caprices du hasard, et son pinceau, fourvoyé par une inspiration malheureuse, a tracé, à trois coins de la rue, rue du *Pas-de-Gaud*, et au quatrième coin, rue du *Pategaud*, de sorte qu'il ne reste plus de place pour le *Papegaud*.

[1] Cette portion des murs est en grande partie conservée, du moins dans les assises inférieures. On en voit un pan considérable dans un établissement de blanchissage, situé à l'encoignure de la rue des Prés et de la rue Martinville. Le mur tout entier de la terrasse du jardin de l'Hospice est le mur même des fortifications, baigné autrefois par le trop-plein de la Robec, que l'on a détourné pour lui faire suivre la ligne des boulevards.

[2] J'ai déjà signalé l'existence des ruines de la tour du Colombier et de la muraille qui va de cette tour à la rivière de Robec. (Voir la note 2, page 59.)

Enfin, au-delà de cette porte, elle montait, par une marche oblique et un peu rétrograde, et regagnait le ravelin qui terminait ce front de défense du côté de la campagne, comme la tour Guillaume-Lion du côté de la ville [1].

Devant ces remparts et ces fossés s'étendaient, depuis le fleuve jusqu'à la tour du Colombier, les marais qui en défendaient l'approche par un obstacle naturel et invincible. Divisant en deux parties inégales ces terrains tourbeux que la Robec et l'Aubette couvraient de leur mille bras, et que les eaux de la Seine envahissaient fréquemment, la chaussée de Martinville donnait seule accès dans nos murs, du côté de Paris.

Qu'on me permette de dire ici quelques mots de cette chaussée, dont l'histoire est étroitement liée à celle de la porte qui lui devait toute son importance. Que si, cependant, quelques esprits chagrins me cherchaient chicane sur l'opportunité de cette digression, je leur ferais observer que ces notes ont l'avantage d'être assez décousues et suffisamment incohérentes pour

---

[1] Voir le plan. — *Ravelin* est regardé aujourd'hui comme synonyme de *demi-lune*. Cependant, on établissait autrefois une légère différence entre ces deux ouvrages.

qu'il n'y ait point à craindre qu'aucune irrégularité de composition puisse en rompre la liaison ou en troubler l'harmonie.

J'ai supposé à la chaussée de Martinville une origine aussi ancienne que celle des premières fortifications de Rouen[1]. Cependant, si l'on me demandait des preuves, je serais fort embarrassé d'en fournir, car ce n'est qu'à la fin du xii° siècle que je trouve son existence constatée en termes positifs.

Le 10 juin 1195, Richard Cœur-de-Lion donne à Geoffroy du Val-Richer, bourgeois de Rouen, pour le récompenser de ses services, un moulin situé *sur la chaussée de Martinville*[2].

Il paraît que, vers cette époque, un ouvrage avancé défendait la tête de cette chaussée auprès du mont Sainte-Catherine. Le moulin de la *Bretèque*, qui portait déjà ce nom au commence-

---

[1] Voir page 14. — M. l'abbé Cochet, dont les études spéciales rendent l'opinion très grave en cette matière, reconnaît positivement, dans la chaussée de Martinville, la voie romaine qui allant de Lillebonne à Paris, traversait Rouen par le Mont-aux-Malades, la rue Cauchoise, la Grande-Rue, la rue Saint-Romain et la rue Martinville.

[2] A. M., Tir. CCCLIV, 1. « Sciatis nos dedisse dilecto et fideli « nostro, Galfrido de Valle Richerii, civi nostro de Rothomago, « pro hommagio et servicio suo, sedem unius molendini et aquam « ad illud molendinum, hereditariè habendum, apud Rothomagum, *in calceia nostra de Martinvilla*. » (Vidimus de 1388.)

ment du xiiie siècle[1], et qui n'était qu'à une petite distance du moulin de la chaussée, indique assez le voisinage d'une fortification.

L'acte de cession de ces deux moulins à la commune de Rouen, par la famille du Val-Richer, [janvier 1282], précise la position des retranchements. Vincent du Val-Richer et Jehan, son neveu, cédèrent à la ville, avec plusieurs autres propriétés, moyennant une rente de 200 livres, le moulin de la *Bretêque*, et un autre moulin, situé « au bout de la chaussée de Martinville, « par-devers Sainte-Catherine, en la paroisse « Saint-Paul », dont les dépendances sont bornées d'un côté par le *Chemin le Roy*, de l'autre par l'Aubette, « jusques au mur de la *Barbacane* « d'un bout, et le fossé de l'autre[2]. »

---

[1] « Concessi et tradidi Johanni de Valle Richerii et Gaufrido « fratri suö, molinum meum quod habebam juxta Rothoma- « gum, quod vocatur molinum de *Brestequiâ*. » (A. M., ibid. Charte originale du mois de septembre 1232, de la cession faite par Bernard Commin à Jehan et Geoffroy du Val-Richer.)

Une *bretêque* était un ouvrage fortifié. Voir Ducange, verbo Bretachiæ, et Roquefort, au mot Breteche.

[2] « A tous cheus qui ches présentes lètres verront et orront, « le baillif de Roen saluz. Sachiés que par devant nous furent « présens Vinchent du Val Richier et Johan du Val Richier son « neveu, citéens de Roen, reconnurent de leur bonne volenté « que il avoient baillié et otrié en perpétuel héritage au mère « et as pers de la commune de Roen, un molin qui est appelé « *le molin de la Bertesques*, qui siet en la paroisse Sein Pol

Ces deux moulins existent encore, et l'on peut voir, à peu de chose près, en quel lieu s'élevait la Barbacane[1], destinée à protéger la communication entre la ville et la côte Sainte-Catherine, et à couper, au besoin, la route de Paris[2].

Une étude attentive des lieux m'a permis de suivre avec certitude cette ancienne route. Elle

« jouste Roen, si comme il se pourporte ou lonc et en lé ovec
« toutes les apartenanches et les droictures que ledit molin a.
« Item un molin que il avoient *au bout de la cauchie de Martin-*
« *ville*, par devers Seinte Katherine en la paroisse devant dite,
« ovec toutes les mèsons et une vuide pièche de jouste, assises
« entre le *chemin le Roy* d'un côté et le fossé de l'autre, si
« comme ledit molin et lesdites mèsons et ladite vuide pièche
« se pourportent du bout de ladite cauchie et de l'iaue d'aubete a
« un bout jusques au *mur de la Barbacane* et le fossé à l'autre
« bout et ovec toutes les appartenanches et les droitures et les
« franchises que ledit molin a, etc. » (A. M., Tir. CCCLIV, 1. Original.)

La *Barbacane* était un avant-mur qui formait la tête des travaux de défense des villes. Le château du pont de Rouen a conservé le nom de *Barbacane*, parce qu'il remplaçait un ouvrage de ce genre.

[1] Le premier, que l'on nomme encore moulin de la *Bretèque*, est au n° 21 de la rue Préfontaine. C'était un moulin à couteaux. Le second, qui occupe le n° 56 de la même rue, est connu sous le nom de moulin *du Val-Richer*, ou moulin *Alorge*, parce qu'en 1391 et en 1407, Simon du Val-Richer transporta à Robert Alorge la plus grande partie de la rente qu'il avait à prendre sur ces moulins. (A. M.)

[2] La nécessité d'une défense sur ce point a toujours été sentie, car c'est là que Villars établit, en 1591, la fameuse tranchée des Capucins.

est très fidèlement tracée par les rues du Mont-Gargan et de Sainte-Marguerite, et monte sur le plateau de Bonsecours en longeant l'extrémité est du bois Bagnère, où on la reconnait parfaitement, malgré les éboulements séculaires qui l'ont réduite aux proportions d'un étroit et impraticable sentier[1].

Sans savoir au juste la date du changement qui fut opéré dans la direction de ce chemin, on peut cependant affirmer que c'est au commencement du xve siècle qu'il a été transporté sur le flanc droit de la côte Sainte-Catherine, où il passe encore aujourd'hui[2]. On en verra la preuve dans les faits suivants :

[1] Les personnes qui n'ont point observé les transformations que le temps fait subir aux antiques voies de communication, auront, je le sais, beaucoup de peine à se persuader que la sente rocailleuse et ardue qui borde le bois Bagnère ait jamais été le chemin primitif de Paris à Rouen Comme je sais fort bien aussi que mon affirmation ne saurait suffire pour les convaincre, j'ai eu la précaution de me faire assister, dans mes explorations, de deux auxiliaires dont l'opinion est d'une autorité décisive. MM. André Pottier et Chéruel n'ont pas hésité, après un mûr examen, à se ranger à mon avis.

[2] Cette nouvelle route, après avoir tourné à Saint-Paul, suivait d'abord la route actuelle. Elle a laissé deux traces de son ascension sur le plateau de Bonsecours. Je crois retrouver l'une dans le sentier qui gravit la côte à gauche de la route, et l'autre dans le roidillon que prennent les piétons pour éviter le dernier détour. L'escarpement de ces sentiers dont on se sert comme

En 1408, on faisait repaver la chaussée de Saint-Paul, près des jardins du cellier de Sainte-Catherine [1]. C'était le nouveau chemin de Paris. Quelques jours plus tard, le conseil délibère que l'on dépavera l'ancien chemin de Paris, « qui part « de la croix de Sainte-Catherine, au pied du « mont, à aller vers les Chartreux et *Ny de* « *Quien,* par lequel chemin on ne va mais et est « tourné ailleurs [2]. » En 1416, cette route ne portait déjà plus le nom de route de Paris; c'était « la route qui va des degrés de Sainte-Catherine « au Nid-de-Chien [3]. »

d'un argument pour combattre cette opinion, se retrouve dans un grand nombre de routes de cette époque, où les chemins étaient presqu'exclusivement fréquentés par les chevaux et les piétons.

[1] A. M., Reg. A, 1404-1408, 143 r. Le pavage coûtait 4 sous la toise carrée, de main d'œuvre. Aujourd'hui il coûte 1 franc 50 centimes. La différence est beaucoup moins grande que celle du prix du marc d'argent, qui est de 6 livres 13 sous à 55 francs.

[2] A. M., Reg. A, 1404-1408, 144 r.

[3] A. M., Reg. T—1, 45 v.—La croix de Sainte-Catherine était placée sur le bord de la route, auprès des degrés dont on voit encore les ruines dans la rue du Haut-Mariage. Les degrés de Sainte-Catherine, par lesquels on allait de l'Aubette à l'Abbaye, ont été construits en 1310, par Enguerrand de Marigny (Farin, III, 87.) — Le monastère des chartreux, dont il ne reste presque plus rien, était dans la vallée de Darnétal, sur le bord de la Robec. Un des côtés de la rue de la Petite-Chartreuse est formé par son mur de clôture. Fondé en 1384, ce couvent fut réuni, en 1682, à celui de Saint-Julien. Toussaint Duplessis dit qu'il fut entièrement

La chaussée de Martinville était très exposée aux inondations. Les marais dont j'ai parlé, et que recouvrent aujourd'hui la Caserne, le quartier de la Nitrière et de l'ancien Jardin-des-Plantes, le Champ-de-Mars, le cours de Paris et le chantier du Pré-au-Loup, ne s'élevaient que fort peu au-dessus du niveau moyen de la Seine, qui les submergeait à la moindre crue de ses eaux[1].

détruit en 1703. Cependant, il est certain que, jusqu'à la révolution, un religieux de Saint-Julien vint régulièrement y dire la messe. — Le hameau du Nid-de-Chien est trop connu pour que j'aie besoin d'en rien dire.

[1] J'ai encore à rectifier ici une de ces altérations qui dénaturent si fréquemment les noms de nos rues et de nos places. On appelle généralement le chantier qui sépare le cours de Paris de la Seine, *Pré-aux-Loups*. Cette dénomination a donné naissance à une collection très variée d'histoires de loups, au moyen desquelles on cherche à l'expliquer. Voici le fait qui n'a rien de merveilleux ni de terrible, et auquel les loups sont complètement étrangers. Un pré, qui s'étendait depuis les murailles de la ville jusqu'à la Seine, avait été fieffé à la fin du XVIe siècle, à un brave homme, nommé *Le Loup*. Or, l'usage de décliner certains noms propres, conservé jusqu'à nos jours en Normandie, existait déjà à cette époque, et le pré qu'occupait Le Loup fut désigné par la voix publique, qui méprise souverainement les règles de la grammaire, sous le nom de *Pré-au-Loup*. Je réclame de toutes mes forces contre l'erreur qui a enlevé à cet honnête fieffataire les bénéfices d'une célébrité due au hasard comme tant d'autres que nous entourons de nos respects et de notre admiration, et je demande formellement qu'on rétablisse, au moins dans les actes officiels, le véritable nom du *Pré-au-Loup*.

Remarquons en passant que la manie de décliner les noms propres a été poussée, à l'égard de Le Loup, jusqu'à son application la plus rigoureuse, car on appelait sa femme *La Louve*.

En 1280, la Seine monta si haut, que l'eau passait de six pieds par-dessus la chaussée [1].

On a déjà vu qu'en 1342, le fleuve s'était avancé jusqu'à la porte du Pont-Honfroy [2]. La chaussée de Martinville était couverte de ses flots, au point que plusieurs personnes ayant essayé de passer à cheval, furent entraînées dans les prairies, et ne durent leur salut qu'aux bateliers qui leur portèrent secours [3].

En 1497, le jour des Rois, la Seine s'éleva à trois pieds au-dessus de la chaussée, et pénétra dans la ville jusqu'à la maison du Bras-d'Or, au bout de la rue de la Vigne. « Et fallait entrer en

---

[1] « ...... Alveus Sequanæ tribus pedibus ascendebat supra « calceyam versus sanctum Matheum et sex pedibus super *calceyam de Martainvilla.* » (*Chron. Eccl. Roth.*, apud *Chronicon triplex et unum.*) L'orthographe de *Martainvilla* est du xvie siècle, époque de la transcription de cette chronique.—Le domaine de Saint-Mathieu était l'endroit même où ont été établies, depuis, les religieuses Emmurées ; ainsi, la chaussée de St-Mathieu est devenue la rue St-Sever.

[2] Page 21.

[3] « An. M. CCC. XLII. Tantum innundavit fluvius Sequanæ « circa Rothomagum, quod aqua superavit *calceyam de Mar-« tainvilla*, et multi equitantes, volentes et presumentes transi-« re, cum equis suis ceciderunt à parte prati, sed Dei gratiâ « fuerunt liberati auxilio nautarum. » (*Chron. S. K.*, apud *Chronicon triplex et unum.*)

« charrettes ou par bateaux, pour sortir hors la
« porte Sainte-Catherine[1]. »

Je ne me rapprocherai pas davantage des temps modernes. Il n'est personne à Rouen qui n'ait été témoin d'inondations pareilles; elles n'ont cessé qu'après l'élévation des quais.

J'ignore à quelle année il faut reporter le pavage primitif de la chaussée de Martinville, mais on la fit repaver en 1392. Cette réparation était très urgente, puisque Jehan Le Cauchoys, paveur, fut prévenu, le 13 octobre, de s'y mettre dès le lendemain[2]. Ce pavage devait être fait aux dépens de qui il appartiendrait. Or, un tiers de la dépense était dû par les religieux de Sainte-Catherine, et un tiers par les religieux de Saint-Ouen, à cause des propriétés que ces deux couvents possédaient sur le bord de la chaussée. Mais c'était un impôt qu'ils n'acquittaient pas de bonne grâce, car le bailli dut leur faire signifier, le 16 octobre 1397, par le sergent Guillaume

---

[1] *Pièces justificatives*, première partie, n° 12. — Taillepied, 1587, 225-227. La porte *Sainte-Catherine* est la porte du *Pont-Honfroy*, qui a existé encore, au moins en partie, long-temps après cette inondation. La maison du *Bras-d'Or* n'a pas disparu; cette enseigne brille toujours du même éclat dans la rue Martinville, vis-à-vis de la rue de la Vigne.

[2] A. M., Reg. A, 1390-1393, 105 v.

Toulousen, qu'ils fissent diligence de paver leur contingent, sous peine de voir leurs biens saisis[1].

En 1398, la chaussée fut refaite à neuf[2]. On doit croire que c'est à ce moment que l'on commença à soutenir les terres par un talus de maçonnerie. Le 27 mai 1408, ce talus étant en fort mauvais état, on fit reconstruire tout le côté qui regardait la Seine, depuis l'écluse du moulin jusqu'au pont de la porte. Le marché fut adjugé, au rabais, à Guillot Le Rebours, maçon, au prix de 30 sous la toise. La dépense devait être payée, comme celle du pavage, un tiers par le couvent de Sainte-Catherine, un tiers par l'abbaye de Saint-Ouen, et un tiers par la ville[3].

Le 6 octobre 1409, on fit hausser la chaussée, tant en dedans qu'en dehors de la ville. Jehan Lemire, sablonnier et voiturier, entreprit les remblais au prix de 5 livres 12 sous 6 deniers pour cent *benellées* [banelées] de sable, « bonnes « et suffisantes[4]. »

---

[1] A. M., Reg. A, 1396-1398, 46 v.

[2] A. M., Reg. A, 1396-1398, 63 v. Un charpentier ayant eu le bras cassé par le bélier qui enfonçait les pieux, le conseil lui alloua 10 livres.

[3] A. M., Reg. A, 1404-1408, 149 r. et 153 v. Reg. T—3, 42 r.

[4] A. M., Reg. A, 1408-1411, 51, v. Cent banelées de sable valent aujourd'hui 300 francs.

Il est très probable que cet exhaussement fut définitif. Les maisons anciennes, qui m'ont servi de jalons dans ces recherches topographiques, indiquent positivement que le niveau de la rue et de la chaussée de Martinville n'a pas varié depuis plusieurs siècles.

En 1460, on en élargit une partie, afin de pouvoir mieux la surveiller de la porte et de la loge des gardiens qui était près du boulevard. On lui donna 4 toises 5 pieds 7 pouces de largeur[1].

J'ai tenté de faire bien comprendre la position de la porte Martinville. La voilà prête à soutenir les efforts des Anglais, qui ne tarderont pas à se présenter devant nos murs.

Le 14 juillet 1418, le roi d'Angleterre Henri V vint prendre position dans les débris des bâtiments que les Chartreux de Notre-Dame de la Rose avaient été obligés d'abandonner, et le siège commença.

Il ne peut entrer dans mon plan, en supposant qu'il y ait rien dans cette ébauche qui mérite un pareil nom, d'aborder l'histoire de ce mémorable fait d'armes, dont toute la gloire resta aux vaincus. Je dois réserver pour un autre lieu le ré-

[1] A. M., Reg. T—3, 244 r.

cit circonstancié de ce drame si terrible et si grand[1]. Je me renfermerai ici dans la spécialité de ces notes, et je parlerai seulement du petit nombre de faits dans lesquels la porte Martinville a figuré.

Cette porte était, par sa situation, une des plus exposées. Le comte de Salisbury[2] fut d'abord logé vis-à-vis de ses tours, sur le versant du mont Sainte-Catherine, au-dessous de l'Abbaye, qui était encore au pouvoir des Français. Warwick[3], après son expédition de Caudebec, se plaça entre les Chartreux et la montagne, et lorsque la garnison du fort eut été obligée de se rendre par une honorable capitulation[4], après avoir épuisé tous ses

[1] On a énormément écrit, en vers et en prose, sur ce siége célèbre. Parmi les auteurs de notre temps qu'il faut lire, je citerai particulièrement M. Chéruel (*Histoire de Rouen sous la Domination anglaise*); M. Michelet (*Histoire de France*, t. IV), et M. Em. Gaillard (*Précis des Travaux de l'Acad. de Rouen*, année 1834.)

[2] Thomas Montaigu, comte de Salisbury, qui mourut d'une blessure reçue au siége d'Orléans, le 3 novembre 1427.

[3] Richard Beauchamp, comte de Warwick, fils du comte Thomas, né le 28 janvier 1381. Il occupa plusieurs postes très importants, en France, sous Henri V, particulièrement celui de capitaine de Calais. Il entra le premier dans les murs de Caen, prit ensuite la ville de Domfront, et assiégea Caudebec qu'il força à capituler. Pour ces services et pour beaucoup d'autres, il fut créé, sous le règne suivant, comte d'Aumarle [Aumale].

[4] Voir l'*Histoire de Rouen sous la Domination anglaise*, par M. Chéruel, p. 44-46.

moyens de défense, le comte anglais vint s'établir devant la porte Martinville[1].

Elle était défendue par le bâtard de Thian[2], qui, pendant toute la durée du siége, ne cessa de harceler les Anglais et de leur livrer des combats acharnés. Mais je n'ai trouvé dans les historiens le récit d'aucuns des épisodes dont elle a certainement été le théâtre.

Tous les cœurs Rouennais saignent en se rappelant la féroce énergie avec laquelle nos aïeux se défendirent contre les Anglais, et les moyens extrêmes qu'ils employèrent pour prolonger leur résistance, dans l'espoir d'un secours qui ne devait pas arriver. Il n'est aucun de nous dont l'âme n'ait été brisée, au souvenir des 12,000 malheureux qui furent jetés hors de la ville affamée, et abandonnés dans les fossés à toutes les horreurs de la faim et du froid. Or, une grande partie de ces déplorables victimes durent sortir par la porte

---

[1] *Siege of Rouen*, poème anglais, écrit par un témoin oculaire, publié dans les tomes XXI et XXII, de l'*Archeologia*, et traduit par M. André Pottier.

[2] Le bâtard de Thian était un des plus célèbres capitaines de ce temps. En 1417, il commandait Senlis pour les Bourguignons, lorsque le roi de France assiégea cette ville. Il était venu défendre Rouen avec J. de Neufchâtel, A. de Toulonjon et plusieurs autres. Après la prise de la ville, le duc de Bourgogne l'envoya contre le dauphin.

Martinville, dont les abords, coupés par de nombreux ruisseaux, leur offrirent au moins un moyen de soutenir leur existence et d'éloigner, pendant quelque temps, la mort affreuse à laquelle si peu échappèrent[1].

Tant de courage, tant de constance, tant de cruels sacrifices devaient être perdus, et, lorsque, le 19 janvier 1419, Exéter[2] prit possession de Rouen pour le roi d'Angleterre, la bannière de saint Georges remplaça notre glorieux drapeau sur les tours de la porte Martinville[3].

Après cette grande catastrophe, plus de vingt années s'écoulent sans que nous entendions parler de cette porte.

Le 31 octobre 1440, les religieux de Saint-Ouen ayant une contestation avec ceux de Sainte-Catherine, pour des héritages situés à Eauplet, les parties s'assemblent à la barrière du *bosc-le-vert* [boulevard] de la porte Martinville. Une

---

[1] Voir le récit de M. Chéruel et le *Siege of Rouen*. Au moment des pourparlers qui eurent lieu pour la reddition de la ville, il en restait à peine 1,200.

[2] Thomas de Beaufort, troisième fils de Jean de Gand et de Catherine Swinford, créé comte de Dorset, en 1412, par Henri IV, et duc d'Exéter, par Henri V, en 1416. Il mourut à Saint-Edmondsbury en 1426.

[3] *Siege of Rouen*.

accession de lieux est ordonnée, mais Dutot le jeune, qui devait y prendre part, refusa obstinément de sortir de la ville, « par doute et « crainte des brigands et adversaires du Roi notre « Sire »[1]. Le roi *notre Sire* était le roi d'Angleterre, et les *brigands* étaient les Français, qui, déjà maîtres de Louviers, venaient inquiéter les Anglais jusqu'aux portes de Rouen.

Voilà malheureusement tout ce que j'ai pu recueillir relativement à la porte Martinville pendant la domination anglaise. Mais, ce qui adoucit la vivacité des regrets que cette disette de documents pourrait causer, c'est qu'elle nous fait arriver plus vite à l'heure de la délivrance.

L'année 1449 est une des époques les plus mémorables de l'existence de notre ville, et ce n'est pas sans douleur que nous voyons la date du 19 octobre oubliée, ou plutôt complètement mé-

---

[1] Archives départementales. Le mot *bosc-le-vert*, que je trouve aussi dans les registres municipaux, pourrait donner matière à un mémoire considérable, que je me garderai bien de faire, sur l'étymologie du mot *boulevard*. Un grand nombre de savants ont mis à la question une foule de mots de toutes les langues mortes et vivantes, sans pouvoir leur arracher un témoignage convaincant sur la véritable origine de ce substantif. J'espère que les étymologistes m'auront quelque reconnaissance de l'empressement que je mets à leur fournir un nouveau sujet de conjectures, et que mes lecteurs me sauront gré de ce que j'ai la discrétion de ne pas l'exploiter à leur détriment.

connue parmi nous. C'est là un de ces anniversaires que le patriotisme d'une grande cité devrait éternellement consacrer par des pompes solennelles et de religieuses actions de grâce. Le 19 octobre 1449, Rouen redevint une ville française.

Ce fut la porte Martinville qui s'ouvrit la première à ses libérateurs.

Les Anglais, traqués par les habitants, se sont réfugiés dans les châteaux Les bourgeois maîtres de la ville vont au devant des Français, qui accourent pour les soutenir; Dunois commande l'armée; les sires de Brézé, d'Orival, de Blainville, accompagnent le bâtard d'Orléans. Les Français se mettent en bataille à la porte Martinville, et la bannière de France est déployée aux yeux de la population qui couvre les remparts.

Les gens d'église, nobles, bourgeois et manants, viennent apporter à Dunois les clefs de la ville, et Pierre de Brézé [1] entre le premier à la tête de

---

[1] Pierre de Brézé, grand sénéchal de Normandie, fut le premier capitaine de Rouen, après la domination anglaise. Il prit possession le 20 novembre 1449. Le conseil lui donna, par courtoisie, 1,000 livres de gages; mais le procureur général de la ville prit acte de ce qu'on ne lui devait que 100 livres, *jouxte les ordonnances royaulx*. Tué à la bataille de Montlhéry, il fut remplacé le 27 juillet 1465, par son fils Jacques de Brézé, auquel succéda le comte de St-Pol, le 15 décembre 1466. Ce dernier est omis par Farin, dans la liste des capitaines de Rouen. On voit le tombeau de Pierre de Brézé dans la chapelle de la Vierge, de la Cathédrale de Rouen.

cent lances, suivi du sire de Mauny, qui commandait les gens du bailli d'Evreux [1].

Rouen, après avoir été rendu à la France, jouit quelque temps d'une paix si chèrement achetée, et la porte Martinville prit une destination toute pacifique. Mais, si le canon ne grondait plus dans ses tours, si le fracas des armes ne retentissait plus sous ses voûtes, le mouvement incessant des hommes, des chevaux et des charriots dont la route de Paris était toujours encombrée, lui donnait un aspect plein de tumulte et d'animation, qui contrastait singulièrement avec le silence et l'immobilité de sa masse imposante.

De temps en temps, quelque brillant cortége faisait résonner le pont-levis sous ses pas, et jetait, en passant, un reflet de sa splendeur sur la sombre forteresse.

Ainsi, le mardi 27 juillet 1454, au matin, la foule se pressait autour de la porte Martinville, attendant avec impatience un de ces spectacles

[1] Jean Chartier, ap. Godefroy, 176; — Berry, ibid., 443; — — Mathieu de Coucy, ibid., 589. — *Chron. de Normandie*, de 1487, f°⁵ 104—108.

Lorsque les troupes de Dunois, appelées par les habitants, s'étaient précipitées vers la porte Martinville, Robert de Flocques, bailli d'Évreux, avait eu, dans cette mêlée, la jambe cassée par un coup de pied de cheval

qui excitaient si vivement sa curiosité. Un motif tout particulier ajoutait encore à l'empressement de la population. Celui à qui on allait faire les honneurs d'une entrée solennelle était Guillaume d'Estouteville, nommé depuis un an archevêque de Rouen. Le nouveau prélat n'avait été élevé au siége archiépiscopal qu'à la suite d'une élection irrégulière qui entraîna des désordres et des scandales auxquels le peuple de Rouen prit une part active et passionnée.

Après la mort de Raoul Roussel [décembre 1452], les chanoines égarés par ce fatal esprit de discorde qu'on attribue si injustement à l'Église, se divisèrent en deux camps et nommèrent à la fois deux successeurs au prélat qui venait de mourir : Philippe de la Rose, trésorier de la cathédrale, et Richard Olivier, archidiacre d'Eu. Embarrassé de ses deux archevêques, le chapitre, pour se tirer d'affaire, imagina de les inviter à ameuter, chacun dans son intérêt, les corps de métiers et la population; les chanoines s'engageant unanimement à reconnaître pour le véritable élu celui qui, le lendemain matin, serait porté le premier sur le maître-autel de la cathédrale. On devine l'effet que produisit ce singulier moyen de conciliation. Les Rouennais saisirent avec ardeur un prétexte aussi sacré, pour se livrer à leur turbulence, et, au milieu d'une lutte acharnée et d'un effroyable tumulte, Philippe de la Rose fut installé avant son compétiteur sur le pavois que le chapitre avait si étrangement choisi.

L'archidiacre protesta, et prétendit que le triomphe de Philippe de la Rose était entaché d'irrégularité, parce que ses partisans les drapiers, prenant au plus court, l'avaient introduit par la fenêtre, tandis que les compagnons du Vieux-Marché, qui soutenaient Richard Olivier, se morfondaient à la porte où ils avaient passé la nuit pour être arrivés les premiers.

Cependant le chapitre donnant gain de cause au trésorier, sollicita vivement sa nomination et pria même le conseil d'écrire au Pape en sa faveur.[1] Mais l'archidiacre se rendit à Rome, où il céda ses droits à Guillaume d'Estouteville. Philippe de la Rose fut bientôt obligé d'en faire autant, et le cardinal fut nommé le 23 mai 1453[2]. Son arrivée devait donc remuer profondément la masse des bourgeois et des manants[3].

[1] A. M., reg. A, 1453—1471. Délib. du 3 avril 1453, 1 r.

[2] Pommeraye, *Histoire des Archevêques de Rouen*. Taillepied, 1587, 214—217.

[3] Guillaume d'Estouteville était déjà venu à Rouen, en 1452, comme légat du Pape: « Sur ce qu'il fu adverti la venue de très

Guillaume d'Estouteville entra à Rouen par la porte Martinville, à neuf heures du matin, précédé de la députation de soixante personnes, que le conseil avait rassemblée, et qui était allée au devant de lui jusqu'à l'extrémité de la chaussée de Saint-Paul. Le cardinal était entouré de seigneurs qui l'avaient rejoint à Pont-de-l'Arche, et suivi de ses gens et de ses serviteurs[1].

L'imagination de mes lecteurs voudra bien suppléer au laconisme dans lequel s'est renfermé l'historiographe de cette entrée, la première

---

« révérend père en Dieu, monseigneur le cardinal d'Estouteville,
« légat de notre saint père le Pappe, qui devra arriver lundi
« prouchain en ceste ville, sur savoir se l'en yroit a l'encontre
« de lui, lui faire la révérence ou non.

« Délibéré fu aler à l'encontre dudit monseigneur le Cardinal,
« à sa joieuse venue lui faire la révérence de par la ville, jusques
« au nombre de xxx à xl notables personnes, tant officiers que
« bourgeois.

« *Nota.* Que le jour de sa venue, qui fu le premier jour de
« may oudit an iiij^e lij, l'en fut à l'encontre dudit monseigneur
« le Cardinal légat, etc., en grant et notable compaignie, de
« pié, jusques à Saint-Sever.

« Item, incontinent lui arrivé, l'en lui présenta de par ladite
« ville, pour l'onneur d'icelle, en l'ostel de monseigneur l'Arche-
« vesque, où il fut là logé, deux queues de vin excellent, l'une
« de vin de Beaune et l'autre de vin François. » (A. M., reg. A,
1447—1453. Délib. du 27 avril 1452, 118 v.)

[1] A. M., reg. A, 1453—1471, 52 v. Farin ne parle, ni de cette entrée, ni de celle de 1452.

dont les registres municipaux aient retracé quelques circonstances [1].

Plus tard, les greffiers de la ville semblèrent se complaire dans la description de ces solennités, et consignèrent avec une espèce d'orgueil natio-

[1] J'ai voulu voir si les registres du Chapitre de la cathédrale pourraient me fournir les détails que m'ont refusés ceux de l'hôtel de ville, à propos d'une solennité qui regardait plus particulièrement l'église; mais mon espérance a été complètement déçue. J'ai eu, en même temps, le désagrément de ne rien trouver, et la satisfaction de reconnaître que la rédaction des actes de l'autorité municipale l'emportait alors de beaucoup, en style et en intelligence, sur celle des faits et gestes du clergé. Le greffier de la ville a donné peu de chose, mais le greffier du chapitre n'a rien donné du tout. Le récit de la réception faite par les chanoines à Guillaume d'Estouteville, en 1452, n'existe pas; seulement on voit, à la date du 4 mai, que le chapitre envoya au Cardinal une pièce d'écarlate du prix de six écus d'or et demi. Son arrivée comme archevêque de Rouen, en 1454, se compose de deux pages blanches. Il en est de même pour l'élection du successeur de Raoul Roussel, et pour presque toutes les circonstances qui n'offraient qu'un intérêt historique.

Oh! lorsqu'il s'agit des intérêts séculiers, alors la plume capitulaire n'est plus aussi paresseuse! Quand il est question des clefs du trésor [*claves coffri*], ou d'une quittance de quelque minime somme qu'elle puisse être [*passacio quictancie*], ou des arrangements avec le boulanger [*boulengarius*], ou de faire des essuie-mains [*de manutergiis fiendis*] ou de toute autre chose, au bout de laquelle se trouve pour l'église un profit quelconque d'argent ou d'amour-propre, le greffier n'en oublie pas un mot, n'en néglige pas une syllabe. Ainsi, un haut dignitaire de l'église, le cardinal d'Estouteville, arrive à Rouen, et prend possession du siége archiépiscopal; le chapitre n'en dit mot: à quoi bon? qu'est-ce que cela rapporte? Mais, que ce même cardinal

nal toutes les particularités qui pouvaient en faire ressortir l'éclat. C'était une petite satisfaction d'amour-propre que se donnait le conseil, enchanté de la pompe et du bon goût qu'il avait déployés pour la réception d'un prince ou d'un roi. Cependant, il ne faut accuser nos aïeux ni d'une folle prodigalité, ni d'une plate courtisanerie. Ils ne jetaient point étourdiment leurs vœux et leurs hommages. Les rusés commerçants ne se mettaient en frais qu'avec l'espoir d'en tirer un honnête profit, et calculaient, en riant sous cape, l'intérêt que la bienveillance et la protection de ces hauts personnages feraient rendre plus tard à l'argent et à l'enthousiasme qu'ils dépensaient en leur honneur.

J'ai rencontré, à propos de la porte Martinville, un exemple de cette prolixité de détails dont profitent aujourd'hui, comme d'une bonne fortune, ceux qui veulent étudier les mœurs et les usages d'autrefois.

ait l'heureuse idée de fonder, à la Cathédrale, douze obits qui doivent augmenter les revenus de l'église, il n'y a point de danger que la page reste en blanc. Cet acte de générosité sera fidèlement relaté, et les obits obtiendront les honneurs du paragraphe que l'on a refusé au cardinal lui-même. Cette préoccupation exclusive des choses matérielles se manifeste à chaque page, à chaque ligne des registres du Chapitre de la cathédrale de Rouen.

ENTRÉE DU DUC D'ORLÉANS. — 1492.   99

Au mois de mars 1492¹, on attendait à Rouen le duc d'Orléans, à qui Charles VIII, après l'avoir tiré de sa cage de fer, avait donné le gouvernement de la Normandie². L'arrivée de ce prince, annoncée long-temps à l'avance, occupa exclusivement le conseil depuis le 25 janvier jus-

¹ Nous avons encore ici une lacune de vingt ans, dans les registres des délibérations. Celui de 1491 a disparu, et j'ai, sur sa destinée, des indices qui ne peuvent guère laisser espérer qu'il se retrouve jamais.

² L'étude des pièces officielles que j'ai sous les yeux, et dont l'autorité est irrécusable, me fait souvent découvrir des erreurs dans les ouvrages mêmes qui méritent le plus de confiance. Je croirais manquer à ma mission si je négligeais de les rectifier ; le dépôt dont la garde m'est confiée appartient à tout le monde. Ces réflexions sont un peu sérieuses, à propos d'un fait qui n'aurait aucune importance, s'il pouvait y avoir quelque chose d'indifférent dans le plus ou le moins d'exactitude des innombrables détails qui servent à composer l'ensemble des grands travaux historiques.

Godefroy, donnant, dans l'*Hist. de Charles VII* (p. 613), une lettre du duc d'Orléans à ce roi, écrite de Rouen, et qui contient des renseignements précieux sur l'état de la Normandie au moment où il en fut nommé gouverneur, date cette lettre, dont le texte ne porte point d'année, du 9 juin 1491. Il se trompe d'un an. Louis d'Orléans, mis en liberté dans le mois de mai 1491, ne prit possession de son gouvernement que le 12 décembre, par lettres que son chancelier et le duc de Montmorency présentèrent en son nom au conseil. Il ne vint à Rouen qu'au mois de mars 1492, comme on va le voir tout à l'heure ; et, précisément le 8 *juin suivant*, le conseil délibéra qu'il prierait le duc d'écrire au Roi, pour lui demander la mise en liberté de Pierre Le Roux, chanoine d'Évreux, indûment incarcéré à Paris. (A. M.) En effet, le duc écrivit, dès le lendemain, 9 juin 1492,

qu'au 10 mars, et suscita de longs et sérieux débats au sein de cette assemblée dans laquelle le clergé, la noblesse et la bourgeoisie avaient envoyé des représentants. Il ne s'agissait de rien moins que de savoir si on parlerait au duc à pied ou à cheval, et si on lui ferait les honneurs d'un poêle. Trois séances tout entières furent consacrées à la discussion de ces deux points d'étiquette.

Le premier fut résolu en quelques instants.

Le second était bien autrement délicat; aussi fut-il longuement et vivement discuté. On invoqua les précédents: les entrées du comte de Charolais[1],

la lettre que reproduit Godefroy, et qui met sous les yeux de Charles VIII la réclamation du conseil.

Cette rectification n'a sans doute pas une grande valeur, mais elle a le mérite de fixer d'une manière précise la date de la présence du duc d'Orléans à Rouen, et d'expliquer une ubiquité qui aurait pu embarrasser quelques personnes.

[1] Le comte de Charolais [Charles-le-Téméraire], nommé gouverneur de la Normandie au mois d'octobre 1461, vint à Rouen dans la même année. « Le vendredi xixe jour de décembre mil
« iiij^c lxi, M. de Charoloys, fils de M. le duc de Bourgogne, arri-
« va à Rouen, et fu logé au Lion-d'Or, devant la Ronde [Notre-
« Dame-de-la-Ronde, rue Thouret], et fu l'en à l'encontre de lui
« en notable compaignie. De par la ville fu fait le bien venant,
« ainsi que le Roy l'avoit adverti, par ses lettres adressées à ladite
« ville.

« Item, tantost lui arrivé lui furent présentés de par ladite ville,
« iij ponchons de vin, l'un de Bourgogne, l'autre de Paris,
« *Pineul* [Pineuilh?], et le tiers blanc de Beaune.

« Item, depuis donnez iij draps (entiers), de par icelle ville,

du duc de Savoye¹ et du duc de Guyenne² furent citées pour et contre. On offrit même au conseil, comme un exemple à suivre, la brillante

« c'est assavoir : une escarlate, ung drap pers [vert-bleu], et
« un drap gris, des draps fais à Rouen. » (A. M., reg. A, 1453
—1471, 197 v.)

¹ Le duc de Savoie, beau-père de Louis XI, vint à Rouen, je ne sais à quelle occasion, au mois de septembre 1464. « Le jour
« après nommé, xxᵉ dudit septembre, monseigneur le duc de
« Savoie, père de la royne de France, notre très redoultée
« dame, arriva à Rouen, et fust l'en à l'encontre de lui à cheval,
« environ xl notables personnes, ainsi que le Roy le vouloit,
« auquel fu fait présent, de par la ville, d'une queue de vin de
« Beaune et deux pouchons de vin de *Pineil* et un de Tournus. »
(A.M., reg. A, 1453—1471, 220 v. et 222 v.)

² Charles, d'abord duc de Berry, nommé duc de Normandie au mois d'octobre 1465. Son arrivée à Rouen excita une véritable révolte. Les bourgeois, enthousiasmés par la pensée que la Normandie allait redevenir une province indépendante, et irrités contre les Bretons qui accompagnaient le prince et dont la présence les inquiétait, enlevèrent de force leur nouveau duc de l'abbaye de Ste-Catherine, où il s'était arrêté pour attendre le moment de son entrée, et le firent pénétrer en ville sans aucune cérémonie. Voici en quels termes mesurés le prudent greffier de la ville rend compte de cet évènement : « Le lundi aprez
« nommé, xxvᵉ jour de novembre, l'an mil iiijᶜ lxv, Charles, fils
« et frère du Roy de France, à présent duc de Normandie, et notre
« très redoubté seigneur, entra en la ville de Rouen, et print
« la possession de la ville comme duc de Normandie, lequel ou
« paravant estoit duc de Berry, et le dymence au matin ensuivant,
« il vint en l'église Notre-Dame du dit lieu de Rouen, en grant
« et notable compaignie, où là fut dite une notable messe et illec
« fait les solennitez appartenant à duc de Normandie. » (A. M.,
l'id., 241 r.)

réception que la ville de Bordeaux venait de faire au comte d'Angoulême[1], gouverneur du pays bordelais.

Robert Le Lieur[2], avocat du Roi, défendait chaudement le poêle ; il était soutenu par Jean Masselin, doyen de la cathédrale et official métropolitain[3]. Robert Raoulin, sieur de Longpaon, Robert de la Fontaine, sieur de Pissy, le sieur de Fresquiennes et quelques autres, le combattaient vigoureusement. Cette dernière opinion prévalut. Le motif déterminant, qui montre la sage prévoyance du conseil, fut que le duc d'Orléans, ayant la chance de revenir dans notre ville comme roi de France, il fallait lui réserver le poêle pour cette grande occasion[4]. Après avoir recueilli les suffrages, le lieutenant général du Bailli, qui présidait l'assemblée, « dit et conclut
« que, vu les opinions des dessus nommés, la ville

[1] Charles d'Orléans, arrière petit-fils de Charles V et père de François I.

[2] Robert Le Lieur avait vu entrer trois rois.

[3] Pommeraye, *Histoire de la Cathédrale*, donne des détails sur Jean Masselin, qui fut un des bienfaiteurs de cette église.

[4] En effet, après avoir fait une seconde entrée comme duc d'Orléans, le 12 janvier 1498, il revint comme roi de France, le 28 septembre 1508. On croyait d'abord que sa première entrée comme roi aurait lieu au mois de juin 1498, et le conseil, à qui il avait promis de venir à Rouen, après son entrée à Paris, fit même des préparatifs pour le recevoir, mais il ne tint pas parole. (A. M.)

« se passera, pour le présent, de donner poêle
« à monseigneur d'Orléans; mais, en toutes au-
« tres choses, la ville fera audit seigneur le plus
« d'honneur que faire se pourra, et seront les
« rues tendues par côtés, le plus honnêtement
« que il sera possible [1]. »

Enfin, tout étant convenu, Louis d'Orléans fit son entrée à Rouen, par la porte Martinville, le 6 mars, jour du mardi-gras de l'année 1492. Il avait autour de lui l'archevêque de Narbonne [2], l'évêque de Coutances [3], le grand sénéchal de Normandie [4], monseigneur de Noyon [5], le sieur d'Estouteville [6], M. de Bussy [7], et beaucoup d'autres

[1] A. M., reg. A, 1491—1501. Délibérations des 25 janvier, 22 et 24 février, 1 et 3 mars 1492, 26 v. et s.

[2] Georges d'Amboise I. Il ne fut guère que titulaire de l'archevêché de Narbonne, qu'il céda successivement à François Hallé et à Pierre d'Albéra.

[3] Geoffroy Herbert.

[4] Jacques de Brézé.

[5] Guillaume Marofin, évêque de Noyon de 1473 à 1501, qui accompagna six ans plus tard Louis XII à son entrée à Paris.

[6] Jean d'Estouteville, chevalier, seigneur de Torcy et de Blainville, mourut au mois de septembre 1494, et fut inhumé dans la chapelle des Filles de Sainte-Claire. Le portail de ce couvent existe encore dans la rue St-Hilaire, au coin de l'impasse Sainte-Claire. Les registres des délibérations contiennent, sur l'inhumation de ce personnage, des détails très circonstanciés dont Farin n'a reproduit qu'une partie (III, 374).

[7] Frère de Georges d'Amboise I, père de Georges II. Le duc d'Orléans le nomma son lieutenant.

personnages. Devant le duc chevauchaient six à huit pages. Un gentilhomme portait son épée *vêtue*, sur le fourreau de laquelle ses armes étaient brodées. En tête du cortége marchaient trois trompettes et trois chevaux « vêtus à ses « armes, excepté un, qui portait à sa robe la « cote d'armes du Roi. »

Le corps de ville alla à sa rencontre jusqu'auprès du Ménil-Enart. Tous étaient à cheval et en longues robes. Une harangue « faite en très-« bonne et brève substance » lui fut adressée par le lieutenant-général du bailli, Pierre Daré, qui, suivant la décision du conseil, lui parla à cheval, quoique une partie du cortége eût mis pied à terre. Puis, le bailli lui-même, qui conduisait les bourgeois, accompagné de trois trompettes à ses armes, des trente sergents et de plusieurs arbalêtriers de la cinquantaine, se remit en marche vers la ville, sur l'ordre du prince.

Aux environs du prieuré de Saint-Paul, le duc rencontra les quatre ordres mendiants et le clergé des paroisses.

Lorsqu'il déboucha sur la chaussée de Martinville, on lui donna le spectacle d'une inondation : les portiers, qui avaient eu bien soin de revêtir leur plus beau costume, fermèrent les écluses, et l'eau des rivières, refluant dans les prairies, forma un lac immense.

Après qu'il eut passé entre les deux tours de la porte, un autre divertissement lui fut offert. « Près du petit moulin, à l'endroit de *la Crosse*[1], » on avait dressé un tréteau. Là le duc s'arrêta, et on joua devant lui une de ces scènes pastorales et allégoriques auxquelles le goût naïf de nos aïeux trouvait un grand charme, mais qui courraient aujourd'hui le risque de n'obtenir qu'un succès fort contesté.

Le théâtre représentait un parc à moutons. On y voyait quatre bergers « honnêtement habillés, » aux armes du duc d'Orléans, et représentant les quatre lettres de son nom [*Loys*]. Cinq autres bergers, aux armes de la ville, offraient aux spectateurs, sous le voile d'une allégorie transparente, les cinq signes de l'alphabet qui entrent dans la composition du mot *Rouen*. « Au commandement

---

[1] Cette *Crosse* m'a mis l'esprit à la géhenne. Tout préoccupé de la *Crosse* que tout le monde connaît, je me suis évertué longtemps à placer un petit moulin dans les environs du carrefour de ce nom, et j'ai torturé impitoyablement l'itinéraire du duc d'Orléans, pour le faire passer par ce maudit carrefour, en sortant de la porte Martinville. J'y serais encore, si le hasard, prenant pitié de moi, ne m'eût fait découvrir qu'il y avait une enseigne de la *Croche* [Crosse], dans la rue Martinville. (A. M., Comptes de la ville, 1538—1539.)

« d'un grand berger qui là était, » et que je soupçonne fort n'être autre que le fameux berger Rouen[1], les pasteurs de la ville offrirent aux pasteurs du duc le candide agneau, symbole de notre cité. Cette présentation fut accompagnée d'un dialogue qui dut être trouvé fort intéressant, puisqu'on avait pris la peine de le conserver dans un livre. Malheureusement, ce précieux incunable n'est pas arrivé jusqu'à nous[2].

Au milieu du parc s'élevait un pavillon, dans lequel l'auteur avait caché une allusion dont la finesse déroute complètement ma sagacité.

Louis d'Orléans continua ensuite son chemin, mais il ne devait pas en être quitte pour si peu. Le tréteau était ambulant! Arrivé devant Saint-Maclou, le duc trouva la pastorale qui l'attendait au passage, et qui lui fit entendre de nouvelles scènes et de « nouveaux rondeaux. »

Ce n'était pas tout encore: la bergerie, acharnée à sa poursuite, était avant lui près de la Cathédrale, « au coin du tabellionnage », où elle le

---

[1] La tradition du berger Rouen s'est perpétuée dans un de nos plus vénérables monuments; depuis plus de trois cents ans, il garde silencieusement ses moutons immobiles, sous l'arcade de la Grosse-Horloge.

[2] « ..... En disant de beaux mots qui sont écrits en livre « qui sur ce en est fait. » (A.M., reg. A, 1491—1501, 33 r.)

régala encore de plusieurs autres « joyeusetés et « chanteries. »

Enfin, au sortir de Notre-Dame, après que l'archevêque, Robert de Croismare, l'eut reçu au bruit des cloches sonnant à toute volée, et qu'il eut entendu une *proposition* de la bouche de maître Louis de Grouchy, trésorier de la Cathédrale, les bergers quittèrent leur théâtre, et le précédèrent en dansant jusqu'à la rue aux *Oues*[1], où son logis avait été préparé dans l'hôtel de M. d'Estellan[2], près de Saint-Cande-le-Jeune.

Le surlendemain, jeudi, les trois états de la ville rassemblés « en belle ordonnance », allèrent saluer le duc d'Orléans dans son hôtel, et lui firent une « proposition magnifique », divisée en quatre points. Jean Masselin, qui portait la parole, insista particulièrement sur la nécessité de réprimer les excès des gens de guerre qui désolaient la Normandie, et d'alléger le poids des impôts dont cette province était accablée.

Le samedi suivant, le duc d'Orléans se rendit à l'hôtel de ville, et là, en séance, fit répondre par

[1] Rue aux Ours.

[2] Guillaume Picard. Farin le fait bailli, de 1488 à 1502, (1, 299), tandis que Colard de Mouy, à qui Guillaume Picard a succédé, était encore bailli en 1493, comme Farin vient de le prouver lui-même, en rapportant (1, 196) l'ordonnance de cet officier relative à la construction de la salle des Procureurs, qui est datée de cette dernière année. Mais Farin n'y regarde pas de si près.

Denis Lemercier, son chancelier, à la harangue du doyen. Rien de plus touchant que cet échange de discours remplis des protestations les plus tendres d'affection et de dévouement, dont la tradition officielle n'est pas perdue. Si le duc eût fait seulement le quart de ce qu'il promettait dans sa réponse, la Normandie eût joui d'une félicité que l'on envierait encore aujourd'hui.

Le conseil, fidèle à son esprit de calcul, n'avait rien négligé, d'ailleurs, pour gagner la bienveillance du nouveau gouverneur. D'abord, le jour de son arrivée, il était allé, selon l'usage, offrir le vin à son maître d'hôtel. Ce présent consistait en « trois queues de vin vermeil, clairet et blanc. » Il y en avait de toutes les couleurs et pour tous les goûts. Puis, le vendredi, pour appuyer la proposition de la veille, Gueroult de Maromme, Nicolas Préere, Jehan Thorel et Jacques Duhamel, conseillers, et Robert Alorge, procureur de la ville, avaient présenté au duc lui-même, dans sa chambre, « deux grands flacons d'argent « du prix et valeur de quarante-huit à cinquante « marcs d'argent, lesquels étoient émaillés et mis « à ses armes, et au pied d'iceux étoient les armes « de la ville, dorés et appointés honnêtement[1]. »

---

[1] *Pièces justificatives*, première partie, n° 9.
Les procès-verbaux des séances du Conseil dans lesquelles ont été agitées les questions relatives à l'arrivée du duc d'Orléans

Deux ans après, la porte Martinville s'ouvrit devant Georges d'Amboise, qui venait de recevoir presque en même temps les lettres du pape confirmant son élection comme archevêque de Rouen [21 mai 1494], et sa commission de lieutenant pour le Roi et le duc d'Orléans au gouvernement de la Normandie¹. L'empressement que mit le Conseil à l'accueillir à ce double titre, n'était pas parfaitement desintéressé. On considéra que la ville avait obtenu, par l'influence de ce prélat, une réduction de 5,000 livres sur l'emprunt de 20,000 que le Roi lui avait imposé, qu'elle aurait tous les jours besoin de lui, et qu'il serait le « pilier et *adrèche* de tout le pays². »

à Rouen, le récit de son entrée, le compte rendu des démarches que fit le conseil auprès de lui, après son installation dans notre ville, ne remplissent pas moins de dix-huit pages du *Registre des Délibérations*. Je me contente de citer, aux *Pièces justificatives*, les trois pages qui contiennent le procès-verbal de son arrivée à Rouen. Farin et ses continuateurs ne font qu'indiquer cette entrée.

¹ Les lettres du Roi furent lues au conseil dans la séance du 8 septembre. (A. M., Reg. A, 1491—1501, 150 r.)

² « Et par tous a esté délibéré pour les plaisirs qu'il a fait et « fera, luy donner en tel ouvrage que Messieurs les Conseillers « adviseront jusques à xxxj marcs d'argent. » (A. M., ibid., 152 v.) *Pièces justificatives*, prem. part., n° 11. Voir toutes les délibérations relatives à cette entrée, dont Farin n'a pas parlé, non plus que de celle que le même prélat fit comme cardinal, le 20 mars 1498. Il ne fait mention que de son entrée comme légat du pape, en janvier 1501.

Georges d'Amboise fit son entrée par la porte Martinville, le 20 septembre 1494. On lui épargna les *joyeusetés et chanteries* qui auraient offensé la gravité de son caractère. Son arrivée coïncidait fort heureusement avec la nouvelle de la victoire que le duc d'Orléans venait de remporter près de Rappallo, sur l'armée de Don Alphonse, et que Charles VIII avait annoncée par une lettre aux habitants de sa ville de Rouen [1]. Cette circonstance ajouta encore à la joie publique, et rendit plus expansive et plus unanime la manifestation des sentiments de respect et d'enthousiasme qui entourèrent le prélat à son arrivée.

Le cortège alla au devant de lui à cheval, jusqu'au mont de Sainte-Catherine, où une harangue fut prononcée par le seigneur de Longpaon. Georges d'Amboise prit ensuite, à travers les rues que l'on avait tendues à cause de son titre de lieutenant du Roi, le chemin de l'abbaye de Saint-Ouen, qui jouissait, depuis plusieurs siècles, du privilége d'offrir un gîte aux archevêques de Rouen lorsqu'ils venaient prendre possession de leur siège. Il marchait au milieu d'un groupe nombreux de prélats et de seigneurs, parmi les-

---

[1] *Pièces justificatives*, prem. part., n° 10.

quels on remarquait les évêques de Lisieux ¹ et de Coutances ², Louis de Brézé, grand sénéchal de Normandie, depuis la mort de son père ³, et le sieur de Bussy.

L'historiographe, sortant de ses attributions, ajoute ici quelques-unes des circonstances du cérémonial auquel l'archevêque dut se soumettre pour son installation. On me permettra de le suivre dans cette très courte excursion sur le domaine de l'église, et, pour ne point altérer la physionomie de ces détails, je laisserai parler mon vénérable prédécesseur.

« Et le dimanche qui fut xxj^e jour dudit moys,
« parti ledit archevesque dudit lieu de Saint
« Ouen, environ l'eure de huit heures de ma-
« tin à s'en venir à Notre Dame, et vint par la
« porte de *Granpont* ⁴ jusques à Saint Erblant
« tout à cheval, et entra dedens ladite église de
« Saint Erblant, et là se aorna de beaulx orne-
« mens prest à chanter messe. Et, après ce que

¹ Etienne Blosset de Carouge.

² Geoffroy Herbert.

³ Il était fils de Jacques de Brézé, mort le 14 août précédent, et de Charlotte, fille naturelle de Charles VII et d'Agnès Sorel.

⁴ L'archevêque, qui était allé de Saint-Ouen à Saint-Amand, avait sans doute suivi, pour venir à Saint-Erbland, la rue Malpalu et le port.

« ledit archevesque fut prest à chanter sadite
« messe, parti dudit lieu de Saint Erblant et s'en
« vint nulz piez jusques à Notre Dame et là sol-
« lempnellement chanta messe. Auquel lieu et
« à tous vrais confetz et repentans qui assis-
« tèrent à sadite messe et à sa bénédiction qui
« fut faite après sadite messe, *et qui donne-*
« *roient de leurs biens pour entretènement de ladite*
« *église,* fut donné et octroyé par notre saint
« père le Pape très beau pardon. Et quant la-
« dite messe fut dicte, ledit archevesque vint
« moult honnourablement au pupistre hault,
« auquel l'en feist trois bénédicions, l'une droit
« vers les Changes[1], l'autre vers la Calende et
« l'autre vers la porte des *Libraliers*[2]. Et y eust

[1] Cela indique positivement que les *Changes* étaient en face du grand portail de la Cathédrale. La rue du Change actuelle était nommée *les petits Changes*.

[2] Libraires. — Les marchands ou faiseurs de livres occupaient déjà depuis long-temps les boutiques dont était garni ce portail, qui s'était d'abord appelé portail des Boursiers. Le registre capitulaire de 1453 à 1460 contient, à la date du 10 septembre 1457, l'article suivant : « Dictâ die, prefati domini capitulantes
« ordinaverunt quod *librarii de portalicio bursariorum* solvant
« precium pro quo acceperunt eschoppas. » Ce curieux échantillon de la latinité barbare du chapitre de la Cathédrale de Rouen, est suivi d'un autre passage d'un style non moins grotesque, par lequel on apprend que la location d'une de ces échoppes coûtait, par an, 4 livres 10 sous, ce qui équivaut à 30 francs à notre monnaie.

« moult de peuple tant dedans ladite église que
« dehors, assisté à sadite messe et à sa béné-
« dicion[1]. »

Cette affluence extraordinaire qui assiégea la cathédrale et ses alentours, au moment de l'installation d'un prélat dont la mémoire jouit encore dans notre ville d'une si grande popularité, se trouve confirmée dans les registres capitulaires. Le journal du chapitre était rédigé, cette fois, par un greffier moins insouciant que celui qui, un demi-siècle auparavant, trouvait si commode de laisser en blanc tous les procès-verbaux dont la longueur effrayait sa paresse.

Lorsque le chapitre, averti de l'arrivée de l'archevêque, vint le recevoir processionnellement à l'entrée du cimetière de Notre-Dame, donnant vers Saint-Erbland, Georges d'Amboise était tellement serré par les curieux, qu'il lui fut impossible de se mettre à genoux sur les coussins qui lui avaient été préparés. Et, lorsqu'il fut parvenu jusqu'au crucifix du Jubé, où avait été placé un prie-Dieu recouvert d'étoffe de soie, les fidèles l'étouffaient encore, de telle sorte qu'ils ne lui laissèrent pas l'espace nécessaire pour s'agenouiller; comme la première fois, il

[1] A. M., Reg. A, 1491—1501, 155 v.

dut se contenter de faire, en priant, une légère inclination.

Le prélat étant entré nu-pieds dans l'église, devait aller chausser ses sandales dans la chapelle de St-Pierre-St-Paul, mais une foule compacte lui barrait le passage, et force lui fut de se cacher derrière le maître-hôtel pour accomplir ce détail de toilette.

Enfin, le chapitre ne pouvant pas parvenir jusqu'au lieu ordinaire de ses assemblées, se trouva réduit à improviser dans le vestiaire une salle capitulaire, où le doyen, Jean Masselin, procéda à la triple réception de Georges d'Amboise comme chanoine, comme prébendier et comme archevêque.

Le récit du chapitre nous apprend encore qu'une des grosses cloches de Notre-Dame fut sonnée sans interruption pendant la messe de l'archevêque, afin que tous ceux qui n'avaient pas pu pénétrer dans l'église sussent à quel moment elle était célébrée, et profitassent des indulgences promises, moyennant finance, aux ames *généreuses* qui l'entendraient. Au moment de la bénédiction, tout le peuple cria : *Noël !*

Enfin, le doyen, les chanoines, les chapelains, le clergé de la cathédrale, les évêques, les abbés, les seigneurs, les conseillers de ville, tous ceux, en un mot, qui avaient pris part à cette installation, accompagnèrent Georges d'Amboise au manoir archiépiscopal, où la solennité fut terminée par un brillant et somptueux festin [1].

Nous avons maintenant un espace de temps considérable à franchir, pour retrouver dans nos chroniques le nom de la porte Martinville. C'est seulement au milieu des troubles religieux qui remuèrent si violemment notre ville, dans le XVIe siècle, que l'on voit reparaître ce monument.

En 1569, Rouen, en proie, depuis plusieurs années, aux plus cruelles agitations, craignait une surprise de la part des religionnaires qui venaient de recommencer les hostilités. Le conseil prit tous les moyens pour réparer les fortifications qui se trouvaient dans le plus mauvais état. Entre autres travaux, le maréchal de Cossé[2], lieutenant

[1] A. D., Reg. du Chapitre de la cathédrale de Rouen, 1494—1497. — Je n'ai relevé, dans le long passage de ce registre, que les circonstances extraordinaires de la réception de Georges d'Amboise. Le reste n'est que la reproduction d'un cérémonial fort connu. On peut voir à ce sujet l'*Élection de Georges d'Amboise*, par M. Floquet (*Précis de l'Académie de Rouen*, 1837, 168), et l'*Entrée de François de Harlay à Rouen, en* 1616, par De Stabenrath (*Revue de Rouen*, 1839, tome II).

[2] Arthus de Cossé, maréchal de France, vint prendre le commandement de Rouen, comme lieutenant du Roi, au mois de

du Roi, ordonna que l'on élevât deux pointes, l'une en avant de la porte Cauchoise, l'autre en avant de la porte Martinville. Ces deux ouvrages furent tracés par un ingénieur nommé Bellarmate[1].

En 1576, ce bastion n'était pas fini, ou peut-être n'avait-il pas été commencé. Rouen redoutait encore les attaques des ennemis qui se rassemblaient sur la frontière, prêts à profiter de nos discordes pour entrer en France[2]. Les échevins usèrent de tous leurs efforts pour mettre la ville en état de résister. Il paraît que le bastion de Martinville était regardé comme un des travaux les plus essentiels et les plus urgents, car c'est à son achèvement surtout que le conseil consacre toutes ses ressources. Il décide [12 janvier] que l'on emploiera les deniers du pont, du grenier à sel et du domaine, qui se trouveront entre les mains du receveur, aux travaux des fortifications et spécialement au bastion de Martinville. Dans

février 1569. Le 13 juillet suivant, le conseil résolut de lui offrir un présent en vaisselle d'argent ou en tapisserie, d'une valeur de trois cents écus, pour récompense des « grandes peines et « travaux qu'il prenait pour les affaires de la ville. » (A. M.)

[1] A. M., Reg. B, 1568—1576, 35 r. Les registres B sont ceux qui contiennent le *Journal des Échevins*. Farin, qui n'avait parcouru que les *Registres des Délibérations*, n'a pas eu connaissance de ce fait.

[2] A. M., Reg. A, 1566—1578, 398 v.

le cas où tout cet argent ne suffirait pas, les échevins sont autorisés à faire un emprunt « sur « les plus éminents bourgeois », et à prendre, pour le rembourser, les deniers des fortifications, tant ordinaires qu'extraordinaires, lorsqu'il y en aura. Enfin on convient « qu'il sera écrit au Roi « pour le supplier de donner cinq ou six arpens « de bois, pour faire facines et pilotis, pour faire « ledit bastion. » Chaque quartier avait député trois bourgeois à cette séance, pour délibérer avec les vingt-quatre du conseil[1].

A la séance du 31 janvier, dans laquelle Carouge présenta les lettres du Roi qui le nommaient bailli et capitaine de Rouen[2], il fit part au conseil de la réunion qu'il avait convoquée, de plusieurs membres de la cour du Parlement, pour aviser à la conservation de la ville, et dans laquelle on avait reconnu qu'il fallait, avant tout, faire un bastion à la porte Martinville. Cette assemblée avait insisté sur la nécessité de fortifier Rouen, capitale de la province, où toute la noblesse venait se mettre en *sauveté* « et qui « pouvoit aucunes fois restaurer tout un pays[3]. »

[1] A. M., Reg. A, 1566—1578, 400 r.

[2] Carouge était depuis long-temps gouverneur de Rouen pour le duc de Bouillon.

[3] A. M., Reg. A, 1566—1578, 40 r.

La sollicitude extrême du conseil pour la défense de la porte Martinville s'explique tout naturellement par la démolition du fort Sainte-Catherine, ordonnée par lettres du Roi du 7 octobre 1563, et exécutée au mois de septembre 1564[1]. Cette porte avait ainsi perdu son puissant auxiliaire, et restait exposée directement aux coups des assiégeants.

Le samedi 4 juillet 1587, Le Seigneur, sieur de Maromme, ayant à rendre compte aux électeurs rassemblés pour procéder au renouvellement de l'administration, des actes de l'échevinat qui venait d'expirer, dit, à propos de la porte Martinville, quelques mots que je dois rapporter textuellement. Il rappelle que, pendant leur gestion triennale, les échevins ont « *fait refaire la porte* « *Martainville et icelle couvrir d'ardoises*, ensem-« ble commencé à piloter et revêtir de pierre *le* « *boulevard ou bastion proche ladite porte Mar-*« *tainville*[2]. »

Pour en finir avec le bastion, il est évident qu'on a mis à le faire cette lenteur qu'occasionnaient toujours, pour ce genre de travaux, la gêne

---

[1] A. M., Reg. A, 1562—1566, 200 r. et s.
[2] A. M., Reg. A, 1578—1591, 335 r.

de la ville, et le peu de fixité d'une administration dont les perturbations politiques et religieuses entravaient ou changeaient, d'un jour à l'autre, les intentions et les besoins. Il résulte du passage que je viens de citer, que ce bastion, commencé en 1569, n'a été achevé que vers 1585 ou 1586.

La reconstruction de notre porte serait une bien autre affaire. Mais on interpréterait fort mal les quelques mots jetés par Le Seigneur dans son compte rendu, en leur attribuant une aussi large acception.

S'il se fût agi de l'édification d'une porte neuve, l'échevin qui traçait un tableau des services que son administration avait rendus à la ville, n'eût pas manqué de faire sonner bien haut un fait aussi remarquable. Surtout il n'eût guère songé à parler de la couverture d'ardoises, qui n'eût été qu'un accessoire imperceptible de ce grand travail. Au contraire, la mention particulière qu'il a soin de faire de cette couverture d'ardoises, prouve qu'on doit la considérer comme la plus importante des réparations qu'il fit exécuter. D'ailleurs, ce n'est pas dans les trois années de cet échevinat que l'on serait venu à bout d'une œuvre aussi difficile et aussi coûteuse. Enfin, aucun des historiens de Rouen ne dit un mot de cette réédification.

Je conclus que le mot *refaire* n'est employé par Le Seigneur que comme la traduction du mot *reficere*, qui veut dire *réparer*, et je persiste dans l'inébranlable conviction qu'il faut bien positivement voir, dans le dessin de 1774, la porte dont j'ai raconté la construction au xv° siècle.

Toutefois, les modifications que ce monument avait subies ont dû être assez sérieuses, car on ne retrouve plus, au xviii° siècle, les trois tabernacles et les trois écussons qui figurent dans le devis de 1405. Mais l'œil le moins exercé reconnaît facilement que ces changements datent d'une époque beaucoup plus rapprochée que celle de l'échevinat du sieur de Maromme, et que, circonscrits autour de ce qu'on appelle rigoureusement la porte, ils ne se sont point étendus aux parties massives du monument primitif.

En 1588, la porte Martinville était encore témoin d'une entrée, et, cette fois, c'était de l'entrée d'un roi. A la vérité, c'était un triste Roi qui venait donner à notre ville le spectacle de la honte et de l'humiliation d'une monarchie honnie et méprisée.

Le dernier des Valois, ne sachant où fuir après la journée des barricades, songea à demander un asile à sa bonne ville de Rouen. Il hésita long-temps à pénétrer dans une cité où le fanatisme et la fureur des catholiques pouvaient mettre sa vie en danger. Mais, rassuré par Claude Groulart, premier président du Parlement, Henri III se décida à se réfugier dans Rouen[1].

Il entra par la porte Martinville le 13 juin 1588.

Quoi qu'en dise un récit imprimé de cette entrée[2], il ne paraît pas que l'apparition de ce déplorable monarque, bien qu'accompagnée de toutes les obséquiosités accoutumées, ait excité dans le conseil de bien vives sympathies, car le greffier qui, un mois auparavant, avait consacré six pages de son registre grand in-folio au récit emphatique de l'entrée du duc d'Épernon [3 mai], abrège dédaigneusement en deux pages le séjour d'un mois que Henri III fit dans nos murs.

Tout ce qu'il rapporte en très peu de mots,

---

[1] Floquet, *Histoire du Parlement de Normandie*, III, 263—266.

[2] *Discours de l'ordre tenu par les habitants de la ville de Rouen à l'entrée du Roi notre Sire, avec deux harangues y prononcées à sa réception, par Messieurs du Parlement de Rouen et du Clergé.* A Paris, jouxte la copie imprimée à Rouen, 1588.

Cette brochure, à la publication de laquelle on voit que la bourgeoisie est restée étrangère, ne me paraît mériter qu'une très médiocre confiance. Au reste, dans les quatorze pages dont elle se compose, il n'y en a réellement que trois sur l'entrée de Henri III à Rouen, et elles sont toutes aussi insignifiantes que les deux pages des registres municipaux.

c'est que les officiers et bourgeois composant le corps de ville allèrent à la rencontre du Roi jusqu'au haut du mont Sainte-Catherine, où ils s'agenouillèrent devant lui ; et qu'après la harangue de maître Jacques Cavelier, lieutenant général du bailli, cette escorte l'accompagna à la cathédrale, et de là à Saint-Ouen.

Le greffier est un peu moins réservé à propos du dîner et du bal qui furent offerts à Henri III par les échevins, huit jours après son arrivée.

« Le lundi vingtième desdits mois et an, sa
« Majesté vint prendre la collation de confitures en
« la maison commune de la ville, accompagnée
« de plusieurs princes et seigneurs, en laquelle
« furent invités par les quarteniers nombre des
« plus signalées demoiselles de la ville, où fut
« dressé le bal. Et sur les trois à quatre heures
« les quatre quarteniers allèrent quérir sa Majes-
« té, qui l'avertirent que tout étoit préparé. Et les-
« dits six échevins le furent recevoir à la première
« grande porte dudit hôtel commun, demeurant,
« ledit sieur lieutenant et le reste du conseil de
« la ville, au milieu de la cour. Et au sortir de la
« salle où se faisoit ladite collation remercièrent
« sadite Majesté, lesdits six échevins, parlant
« par le sieur Du Pont, premier conseiller éche-
« vin, et la supplièrent très-humblement vouloir

« prendre en gré ladite collation et les excuser
« si elle n'étoit telle comme il lui appartenoit.
« Lequel dit qu'il s'en contentoit très-bien et du
« devoir des habitans de ladite ville, et de là
« l'accompagnèrent lesdits sieurs échevins jus-
« ques audit lieu de Saint-Ouen, lui tenant
« toujours propos honnêtes ledit sieur Du Pont. »[1]

Henri III partit le 21 juillet, deux jours après avoir signé l'édit d'Union.

Nous arrivons au dernier siége que Rouen ait eu à soutenir. Le 11 novembre 1591, la ville fut investie par l'armée du roi de Navarre.

Depuis ce moment jusqu'à la levée du siége, la porte Martinville ne fut qu'une porte de passage. Elle ne pouvait être menacée que lorsque les assiégeants se seraient rendus maîtres de la côte Sainte-Catherine, où un nouveau fort avait été construit. Or, l'ennemi, après cinq mois de tentatives désespérées, se retira sans avoir réussi à s'en emparer. Villars avait encore établi deux postes, l'un au prieuré de Saint-Paul, l'autre aux Capucins de Jéricho, qui se sont maintenus bravement jusqu'à la retraite de l'armée royale. Protégée par les marais et par ces trois points

[1] A. M., Reg. A, 1578—1591, 380 v. et s.

avancés, la porte Martinville resta à l'abri de toute attaque immédiate.

Cependant, elle n'en fut pas moins le centre d'une grande activité et le point de départ de plusieurs sorties sérieuses. C'était par là que la ville communiquait avec la montagne Sainte-Catherine, et que passaient tous les secours et tous les renforts que l'on envoyait aux postes extérieurs. C'était par cette porte que Villars allait visiter les travaux de défense du fort, et encourager les soldats qui l'occupaient, ce qu'il ne manqua pas de faire tous les jours et toutes les nuits, jusqu'au dernier moment.

Le 21 janvier 1592, une sortie eut lieu par la porte Martinville. J'en laisserai raconter les circonstances par un témoin oculaire. Je ne veux pas jouer à mes lecteurs le mauvais tour d'arranger à ma manière ce fragment d'un ouvrage que la naïveté de son style et son charmant caractère de candeur et de véracité, mettent au rang de tout ce qui a été écrit de plus intéressant et de plus curieux sur l'histoire de notre ville. Je cède, avec un plaisir qui sera partagé par tout le monde, la parole à Guillaume Valdory, capitaine de ces bourgeois de Rouen, qui ont toujours défendu leurs foyers et leurs droits avec une bravoure calme et persévérante dont leurs petits-neveux sauraient prouver au besoin qu'ils ont conservé le glorieux héritage.

« Le lundi vingtième [janvier], se passa assez
« doucement sans toutefois intermission du ca-
« non de part ni d'autre, jusqu'au mardi vingt
« et unième, que M. de Villars, averti que l'en-
« nemi de toutes parts se retiroit vers le fort,
« avec intention d'y faire quelques efforts, fit faire
« commandement par monsieur De la Londe
« aux capitaines des bourgeois, sur les douze
« heures de matin, d'envoyer chacun, à l'heure
« même, à la porte Martainville, jusques au
« nombre de cinquante à soixante de leurs
« hommes pour être employés là par où il com-
« manderoit. A quoi comme à tous autres com-
« mandements il fut obéi par la meilleure partie,
« s'excusant les autres avoir été contremandés
« par monsieur De la Londe de ne s'y trouver,
« étant l'entreprise rompue. Mais voyant aucuns
« de ceux qui étoient venus, que l'ennemi es-
« carmouchoit les nôtres vers les Chartreux et
« au bas de la côte du vieux fort regardant les
« prairies de Martainville, ils passèrent la barri-
« cade vers les Capucins, et, sans reconnoître,
« donnèrent sur les ennemis étant en campa-
« gne et fort prochains de nos barricades, les-
« quels ils contraignirent se retirer dans leurs

« tranchées, où ils furent suivis pour les inciter
« à sortir, ce qu'ils n'osèrent faire, combien
« qu'ils fussent en grand nombre et les nôtres
« cinquante ou soixante pour le plus : qui donna
« occasion aux nôtres de leur tirer une infinité
« d'arquebusades, comme pareillement ils firent
« de leur part sur les nôtres, lesquels après avoir
« escarmouché une bonne heure et demie, et
« attendu l'ennemi avec la pique et coutelas,
« jusques à lui jeter des pierres, voyant qu'il
« n'avoit dévotion de sortir, ils firent retraite sans
« perdre un seul homme, réservé trois qui furent
« blessés, entre autres un jeune homme bour-
« geois nommé François Lemire, de la compa-
« gnie du capitaine Valdory qui étoit à l'escar-
« mouche, comme aussi Dujardin et Bacheler
« son lieutenant et enseigne, et Lefêvre et Gros-
« mesnil ses deux sergents. Ce jeune bourgeois
« eut, d'un seul coup, le cou percé entre le
« gosier et la nuque du cou, et le bras sénestre
« tenant la pique à la main. Le sieur De la Porte
« Goustimesnil et l'un des sergents du capitaine
« Jacques y furent fort blessés. Quant à l'en-
« nemi il eut occasion de se contenter, ayant
« perdu nombre des siens en récompense, sans
« les blessés. Cependant le capitaine Hervieu
« étoit demeuré sur les tranchées des Capucins,

« pour favoriser la retraite des nôtres, au cas
« qu'ils eussent été poursuivis par l'ennemi[1]. »

Le 26 février, il ne tint pas aux intrépides habitants de Rouen que la porte Martinville ne livrât passage à une nouvelle sortie.

Villars avait demandé trois cents hommes armés d'arquebuses à la porte Saint-Hilaire, pour un coup de main, contre ceux qui assiégeaient le fort Sainte-Catherine. Deux mille bourgeois se présentèrent en armes. Mais les ordres de Villars étaient précis, et on ne laissa sortir que le nombre qu'il avait fixé. Les bourgeois désappointés voulaient, malgré tout, se précipiter vers le fort par les tranchées des Capucins. Ils se présentèrent à la porte Martinville, mais le capitaine Séminel, qui y commandait[2], refusa de la leur ouvrir.

Je dirai en passant que, parmi les trois cents braves auxquels il fut permis de se battre dans cet engagement, on remarquait un digne ecclé-

---

[1] *Discours du siége de la ville de Rouen, au mois de novembre mil cinq cents quatre-vingt-onze*, 57—59.

[2] *Discours du siége de Rouen*, 93—94.—Les troupes du quartier de Martinville étaient sous les ordres du sieur de *Monflaines*, qu'il faudrait, à ce qu'il me semble, écrire *Mouflaine*. Ce chef quitta la ville avec les siens immédiatement après l'arrivée du duc de Mayenne, de sorte que Valdory n'a pas pu recueillir sur les défenseurs du quartier Martinville les détails qu'il donne sur ceux des autres quartiers.

siastique nommé Martin Hesbert, curé de Saint-Patrice, et jouissant, à Rouen, d'une grande popularité, lequel, armé d'une hallebarde, tua de sa main DIX-SEPT ennemis. Ce prêtre charitable, protégé par Dieu qu'il servait avec tant de ferveur, en fut quitte pour trois coups de pique sur sa cuirasse et une arquebusade dans son chapeau[1].

Le 20 avril, l'armée royale décampa, inquiétée par celle de Mayenne qui venait au secours de la ville. Il était temps, car les fatigues de combats continuels, les rigueurs d'un long hiver et une épouvantable famine avaient réduit les troupes de Villars à la dernière extrémité.

Le lendemain, le duc de Guise entra par la porte Martinville pour visiter Rouen. Il se dirigeait vers Saint-Ouen, lorsqu'il rencontra De la Londe suivi de plusieurs capitaines de la ville, qui l'accompagnèrent jusqu'au Boisguillaume où il avait pris son logement[2].

Je vais profiter des vingt années que nous avons à parcourir, jusqu'à ce qu'une série de faits nouveaux viennent tirer la porte Martinville de son obscurité, pour parler de deux objets

---

[1] *Discours du Siége de Rouen*, 100.
[2] Ibid., 143.

essentiels au complément de cette notice : les *portiers* et les *locations*.

Les portiers ont déjà plusieurs fois apparu dans ce récit. En 1400, Robert Doré était portier de Martinville. En 1409, j'ai donné les noms de ceux que le bailli Caradas Des Quesnes, capitaine par intérim, appela à ces fonctions. En 1410 nous les avons vus chargés de la garde des lances destinées à l'armement des portes. Enfin, en 1492, les portiers de Martinville ont joué leur rôle à l'entrée du duc d'Orléans. Mais jusque-là tous les renseignements sont vagues et morcelés.

A partir du xvi° siècle, l'organisation de ce service important est parfaitement connue. Je vais, en la rattachant à mon sujet, donner un aperçu de cette organisation.

Rouen avait quatre portiers ; un pour chaque quartier de la ville. Ils n'avaient autre chose à faire que d'ouvrir et de fermer les portes aux heures fixées par les réglements. Ils recevaient 20 deniers par jour [1559]. Plus tard, leurs gages furent fixés à 72 livres par an, et, en 1643, on les éleva à 100 livres.

Leur nomination appartint d'abord au maire, qui avait tous les pouvoirs, puis au capitaine investi du commandement militaire. Lorsque les gouverneurs vinrent exercer dans les provinces la puissance absolue que leur déléguait la royauté, ils prirent, avec beaucoup d'autres droits, celui de nommer les portiers, qui, cependant, prêtaient serment devant les échevins.

La ville ne leur devait pas de logement ; ils étaient forcés de choisir pour demeure une maison voisine des portes de leur quartier. Tous les soirs, après la fermeture, ils allaient remettre les clefs à celui qui en avait la garde, et venaient les reprendre le matin. Ils étaient nommés à vie, et pouvaient avoir des remplaçants, ou *commis procureurs* assermentés.

Le rang de ceux qui conféraient le titre de portier, et la teneur des brevets, suffiraient, s'il en était besoin, pour prouver l'importance de cette charge. On peut le voir par les lettres du duc de Montpensier [12 juin 1598], qui nomment Nicolas Chauvin portier de Martinville. Ce sont les plus anciennes que j'aie encore vues [1].

Le portier de Martinville avait sept portes dans sa circonscription [1620] [2], celles de Mar-

---

[1] Archives municipales, passim. — *Pièces justificatives*, première partie, n° 13.

[2] A. M., Reg. B, 1618—1622, 128 v.

tinville, de Guillaume-Lion[1], de Jean-le-Cœur[2], de la Halle-au-Bled[3], de la Basse-Vieille-Tour[4], du Quai-de-Paris[5], et de la Poissonnerie-du-Pont-de-Seine[6].

Un poste qui exigeait une grande probité et beaucoup d'exactitude, n'aurait dû être confié qu'à des gens dont on fût parfaitement sûr. Mais les choix n'étaient pas toujours heureux.

Thomas De la Mothe, nommé portier de Martinville par le duc de Montpensier, le 30 novembre 1599, se livrait sans vergogne à toutes les

---

[1] Elle existe encore.

[2] Sur le quai, au bout de la rue Malpalu.—Voir la *Revue de Rouen*, de janvier 1843, 59.

[3] Cette porte était située sur le port, au bout d'une rue qui faisait face à l'entrée de la halle au blé, et que l'on nomma rue *Porte-d'Elbeuf*, parce que ce nom fut attribué plus tard à la porte dont nous parlons. La rue et la porte d'Elbeuf ont été supprimées dans le nouveau plan d'alignement des quais. On a créé, pour les remplacer, la rue Duquesne.

[4] Sur le port, à l'entrée de la rue *Porte-Dorée*, nom que prenait aussi la porte de la Basse-vieille-Tour, qu'on appela encore [1776], porte de la *Poissonnerie*.

[5] A l'entrée de la rue de la Tuile. Cette porte est désignée, dans le *Manuscrit des Fontaines*, sous le nom de *porte à lès la Tuille*, parce qu'elle donnait sur le quai aux Tuiles.

[6] Nommée aussi porte de la *Petite-Boucherie*. Elle était au bout de la rue actuelle de Corneille, et a disparu lors de la construction des nouveaux quais. Elle avait été reconstruite vers 1742.

exactions que sa position lui rendait si faciles. Non content de recevoir, malgré l'ordre des échevins[1], l'argent qui lui était offert, il en demandait encore, et se faisait payer pour ouvrir les portes à des heures indues. Car cette administration, négligente et insoucieuse, qui avait perdu toutes les bonnes traditions du conseil des XIVe et XVe siècles, ne s'inquiétait guère si les ordres qu'elle donnait étaient exécutés; et les portiers, profitant de cette incurie, au lieu de remettre régulièrement les clefs au gouverneur ou au premier échevin, les gardaient toute la nuit, pour en tirer profit[2].

Jean De la Mothe, fils de Thomas, et appelé à lui succéder par le duc de Longueville, le 24 novembre 1623[3], renchérit encore, pour mieux honorer la mémoire paternelle, sur les rapines dont son père lui avait légué l'exemple.

Les échevins se réveillaient de temps en temps, mais il leur fallait respecter l'inamovibilité des portiers, et ils ne pouvaient leur infliger qu'une amende. Jean De la Mothe, sur la plainte du

---

[1] A. M., Reg. B, 1590—1608, 218 v.

[2] En 1783, il leur était permis de recevoir, mais non pas d'exiger une rétribution des personnes qui rentraient après 11 heures du soir.

[3] A M., Reg. B, 1623—1628, 400 r.

capitaine de la cinquantaine, ayant été obligé d'avouer ses friponneries, fut condamné, le 17 janvier 1637, à 100 livres d'amende, avec menace d'une demande en révocation[1].

Au reste, les échevins, précisément parce qu'ils n'avaient pas la responsabilité du choix, mirent plus tard un grand apparat dans les punitions dont ils frappaient ces employés. Les peines qu'ils leur infligeaient, et les fautes qui les leur avaient attirées, étaient publiées au moyen d'affiches lues et placardées dans tous les carrefours de la ville. Le 20 juillet 1782, une de ces affiches apprit aux habitants de Rouen, que le nommé Monnier, portier de Martinville, avait été condamné à 3 francs d'amende envers l'Hospice-général, pour avoir laissé une de ses portes ouverte jusqu'après huit heures du matin[2].

La négligence et la vénalité des portiers causaient de grandes pertes au fisc. Les receveurs des aides s'en plaignaient énergiquement, et ils avaient bien raison. La fraude favorisée par les portiers s'exerçait en grand et ne reculait même pas devant les moyens les plus audacieux et les plus violents. Une nuit, par exemple, on introduisit en

[1] A. M., Reg. B, 1633—1638, 707 r.
[2] A. M., tiroir CCLXXVII, 3.

fraude, par la porte Martinville, un troupeau tout entier. Ce troupeau était escorté de dix ou douze garçons bouchers armés de bâtons et défendus par une douzaine de chiens. Les employés des aides n'avaient rien à faire contre une bande aussi formidable. Une autre nuit, plusieurs têtes de bétail furent saisies à la même porte, et cette fois le portier qui avait ouvert fut destitué[1].

J'ai dit que les portiers n'avaient d'autres fonctions que d'ouvrir et de fermer les portes aux heures voulues. En effet, la garde ne leur en était pas confiée. C'était les bourgeois qui veillaient sur les portes pendant leur ouverture, soit qu'on fût menacé de la guerre, soit qu'on voulût écarter les vagabonds, les marauds et les gueux de la ville qu'ils envahissaient, soit enfin qu'on jugeât utile d'empêcher l'entrée des hommes ou des marchandises, qui auraient pu introduire dans Rouen les germes d'une peste dont on redoutait l'invasion.

Les profits illicites que recueillaient de toutes mains messieurs les portiers, et qui, en se multipliant, réduisaient leurs appointements à n'être plus qu'un accessoire, étaient le beau côté de leur charge. Mais leurs injustices, et leurs préférences

[1] A. M., tiroir CCLXXVII, 4.

pour ceux qui avaient le moyen de les acheter, leur attiraient souvent des salaires moins doux à recevoir.

Vers le mois de juillet 1600, le portier de Martinville fut en butte à des *insolences* dont les échevins sommèrent les gens du Roi de poursuivre les auteurs[1]. Mais je n'ai rien qui puisse nous éclairer, ni sur le fait lui-même, ni sur la procédure usitée en pareil cas. J'emprunterai des détails plus circonstanciés à l'histoire d'une autre porte, dont je me fais d'autant moins de scrupule de parler ici, qu'elle était placée dans la circonscription du portier de Martinville, des attributions duquel elle n'avait été distraite que par exception.

Le 7 août 1631, à 10 heures et demie du soir, le concierge de la porte du Bac, après avoir attendu, bien au-delà de l'heure prescrite, la rentrée de plusieurs *personnes de qualité* qui revenaient en carosse d'une promenade sur la rivière, se mit en devoir de clore sa porte, qui aurait dû être fermée depuis long-temps. Mais, par un hasard malheureux, au moment où le premier battant achevait de tourner sur ses gonds,

[1] A. M., Reg. B, 1590—1608, 348 r.

une femme se présentait pour entrer. Elle s'appelait madame Le Courtois. Cette dame, outrée de se voir fermer au nez une porte qui était restée ouverte pour d'autres, et se souciant peu de donner un démenti à son nom, traduisit sa mauvaise humeur par une épithète fort peu courtoise et articula d'une voix forte et accentuée la phrase suivante : « Attends, *ivrogne*, ne ferme pas ! »

Cette qualification était-elle calomnieuse, ou la justesse de son application la rendait-elle plus blessante encore ? Je ne sais. Le fait est que le portier en fut vivement piqué, et répliqua à la dame que « s'il était ivre, il conviendroit que ce « fût du vin qu'elle lui avait donné. »

Madame Le Courtois ne comprit pas ou feignit de ne pas comprendre toute la finesse de cette insinuation, et riposta par une de ces réponses péremptoires qui peuvent avoir quelquefois, lorsqu'elles sont inspirées par la naïveté familière d'une jeune fille de campagne, une signification charmante, mais qui sont le plus souvent, et c'est ici le cas, l'expression énergique et frappante d'une fureur sur la sincérité de laquelle il n'y a pas moyen de se faire illusion. Elle gratifia le portier d'un vigoureux soufflet !

On ne saura jamais quelle réfutation cet employé aurait pu opposer à un argument aussi direct, car, avant même que les trente-six chandelles que madame Le Courtois lui avait fait voir fussent éteintes, Monsieur Le Courtois, qui, en époux empressé, accourait au devant de sa femme, accompagné d'un valet, tomba sur lui à poings fermés. En même temps, le valet, renchérissant sur son maître, comme font les valets et les courtisans, asséna sur la tête du malheureux portier un coup de bâton qui l'étendit par terre, sans connaissance et sans chapeau.

Plainte est portée devant MM. les échevins : ceux-ci, prenant la chose à cœur, en réfèrent à M. le premier président du Parlement, Charles de Faucon, sieur de Frainville[1]. Heure fixée, parties ouïes, raison pour et contre pesées, le premier président ordonna que Le Courtois et son valet feraient des excuses, en plein bureau de ville, au Roi, au gouverneur et à messieurs les échevins, et que, de plus, ledit Le Courtois paierait une pistole de dommages-intérêts à la partie battue, et remplacerait par un chapeau neuf le vieux chapeau qu'elle avait perdu dans la bagarre.

Mais le portier, chez qui la solennité de ces débats avait sans doute éveillé le sentiment

[1] Celui qui mourut subitement à Dieppe, en 1647, au moment où il venait de haranguer Louis XIV et Anne d'Autriche.

de la dignité de ses fonctions, refusa noblement d'accepter la pistole que M. le premier président lui avait allouée, se contentant, pour toute indemnité, de l'humiliation de ses adversaires et du chapeau neuf, sous lequel il pourrait cacher à tous les yeux les traces que le coup de bâton avait imprimées sur son front.

Quant à Mme Le Courtois, il n'en fut pas question. On jugea probablement qu'un soufflet de femme ne tirait pas à conséquence, et n'était pas digne d'occuper un seul moment la gravité de M. le premier Président du parlement de Normandie[1].

---

[1] A. M., Reg. B, 1628—1632, 274 r.

Les portiers étaient assez souvent exposés à de pareils désagréments. On semblait même prendre à tâche de leur faire subir toutes sortes de vexations. Au reste, les réparations qu'ils obtenaient de ceux qui les avaient maltraités, recevaient la même publicité que les fautes qu'ils avaient commises. Voici ce qu'on lit, dans une affiche du 29 décembre 1728 : Lasnier, portier de la porte du Bac, et Jean Guérard, portier des portes de Bouvreuil et de Beauvoisine, avaient adressé aux échevins la plainte suivante : « savoir : de la part dudit Lasnier, de ce que, la nuit
« du samedi au dimanche 24 dudit mois [octobre], ayant ouvert
« la porte du Bac pour laisser sortir le carosse de M. de Villeray,
« maître des Comptes, sur les onze heures du soir, ensuite pour
« le laisser entrer dans la ville, il fut insulté par deux per-
« sonnes à lui inconnues, et ensuite par trois autres personnes
« aussi à lui inconnues, qui le maltraitèrent, et même un desdits
« inconnus, qui étoit le plus grand, *tira son épée dont il frappa*
« *plusieurs fois ledit Lasnier.* Et de la part dudit Guérard, de ce
« que la même nuit du samedi au dimanche 24 octobre, lors-

Un mot maintenant sur les locations.

Toutes les portes, toutes les gardes, toutes les tours, tous les coins de terrain qui tenaient aux fortifications, et les fossés eux-mêmes, étaient loués par le conseil, toutes les fois qu'il trouvait des enchérisseurs. La ville, toujours obérée, toujours courant après un écu, avait recours à tous les expédients pour se procurer de l'argent: Les établissements religieux en faisaient autant, et c'est ce qui explique nos rues étroites et tortueuses et les ignobles baraques dont le contact déshonore nos belles églises. Cette nécessité où

« qu'il revenoit de fermer la porte Beauvoisine, sur les neuf
« heures au soir, il fut rencontré par deux particuliers, dont
« l'un s'appelle Le Penteur le jeune, fils du maître de l'auberge
« du Cheval blanc, rue Beauvoisine; et l'autre s'appelle Harel,
« lesquels cassèrent d'un coup de canne la lanterne dudit Gué-
« rard. Ensuite de quoi, étant allé pour fermer la porte Bouvreuil,
« il fut suivi par lesdits Harel et Le Penteur, qui sortirent ladite
« porte et revinrent entre les deux guichets, d'où ils dirent audit
« Guérard cent sottises, *le menaçant que, s'il fermoit la porte*
« *Beauvoisine trop tôt ou trop tard, ils lui feroient laisser les os*
« *sur la place.* »
Le Procureur du Roi exerça les poursuites, et les deux tapageurs furent condamnés *par main commune*, en dix livres de dommages-intérêts envers Guérard, trois livres d'amende envers le Roi, à payer la lanterne brisée, et aux dépens, le tout sous contrainte par corps. (A. M., tiroir CCLXXVII, 3.)

était une administration besogneuse de tirer parti de tout, était poussée à un point dont on n'a pas d'idée aujourd'hui.

Dans toutes les alternatives de paix et de guerre, par lesquelles nous avons passé, la ville ne perdait pas une minute pour faire rendre quelques sous à ses propriétés. Avait-on un moment de répit, l'espoir d'une paix de quelques jours avait-il rassuré la ville alarmée, vite, le conseil mettait en location toutes les parties des fortifications qui offraient un abri, tous les recoins des fossés où il y avait moyen de créer un jardinet. Le lendemain, la guerre apparaissait-elle menaçante, vite, on chassait les locataires, et la garnison prenait leur place. La tranquillité revenait-elle, vite, les locataires rentraient en jouissance, pour faire place encore, quelques jours plus tard, aux soldats qu'ils avaient expulsés. Cela a duré trois siècles.

La porte Martinville, aussi, fut un continuel objet de spéculation de la part de la ville.

On louait l'échoppe dans laquelle se faisait le guet, au *touroul* [tourniquet] de la barrière intérieure. On la louait pendant même que le guet y était établi. Le prix était de 2 livres par an, mais on faisait à Robin Huet, qui l'occupait, un rabais de moitié, parce qu'il partageait ce loge-

ment avec le garde de la porte [1448-1450][1].
Cette échoppe était sur la paroisse Saint-Paul.
On l'avait placée de manière à ce que le garde
pût explorer toute la chaussée de Martinville.

On louait la porte elle-même en totalité, par
moitié, par chambre, comme on pouvait[2].

Enfin, le corps de garde situé entre le pont-
levis et le *tapecul*[3] de la barrière extérieure, était
en même temps une boulangerie, que le locataire
prenait, quittait et reprenait suivant les circonstances, sauf à se faire donner une indemnité pour
le temps pendant lequel il avait été dépossédé[4].

[1] A. M., Comptes de la ville, 1448—1450.

[2] En 1509, Jehanne, veuve de Pierre des Houlles, loue pour trois ans, à 50 sous par an, une chambre de la porte Martinville, que son mari avait occupée à raison de 80 sous par an. Elle loue encore le reste de la moitié de la porte du côté de S.-Hilaire pour 35 sous.

En 1522, Jacques Le Chantre, organiste, loue la moitié de la porte Martinville, du côté de la Seine, à raison de 6 livres par an, avec un jardin le long des murs, dans la ville.

En 1539, Jacques Baillard loue une moitié de la porte Martinville, à 100 sous par an. (A. M., Comptes de la ville.)

[3] En 1616, Regnoult Brébion, boulanger, louait ce corps de garde, avec la moitié d'un petit jardin, à raison de 155 livres par an. (A. M., Reg. B, 1608—1618, 492 r.)

[4] Le *tapecul* était une porte qui, au lieu de s'ouvrir sur des gonds verticaux, tournait sur un axe transversal, de manière à ce qu'on la laissait retomber, pour la fermer, sur *les talons* de ceux qui sortaient; de là le nom. On voit, dans le *Manuscrit des Fontaines*, plusieurs de ces tapeculs.

Le bailli voulut s'arroger le droit « de pourvoir « d'hôtes les loges et portes de la ville [1555][1]. » Mais ses prétentions, vivement combattues par le conseil, furent mises au néant, et ce droit resta à la ville, qui en jouissait depuis les temps les plus reculés.

Plus tard [1692], il fut revendiqué par le duc de Luxembourg[2], mais il revint encore aux échevins, qui le gardèrent jusqu'à ce que la démolition des portes et le nivèlement des remparts leur ôtât la possibilité de l'exercer.

On donna aussi ces logements pour rien, à des personnes auxquelles on voulait accorder une faveur.

Quelquefois on imposait aux locataires certaines obligations. En 1662, le sieur Demesne, dit Touffreville, loue toute la porte Martinville à raison de 20 livres par an, « à la charge d'en- « tretenir le dessus de la dite tour et porte de « toutes réparations généralement quelconques, « excepté le plomb, et de recevoir avec une cor- « beille qu'il descendra en bas, les paquets des « courriers et postillons [qui arriveraient la nuit, « sans doute], et en même temps les porter au

---

[1] A. M., Reg. A, 1555—1559, 14 r.
[2] A. M., Reg. B, 1691—1709, 492 r.

« maître de la poste, pour les rendre aussitôt à
« leur adresse. ¹ »

Ce système de location ne finit qu'en 1767, par un bail emphytéotique qui concéda « les ap-
« partements et batiments » de la porte Martinville à Antoine d'Ingremont, moyennant qu'il y fît 2500 livres de dépense et payât à la ville 70 livres par an ². Ce bail était de 49 ans, mais la porte n'avait plus si long-temps à vivre.

Ces digressions nous ont un moment détournés de la marche chronologique que je m'étais promis de suivre. Je me hâte de la reprendre.

Sully vint à Rouen le 29 août 1608, et entra par la porte Martinville³. Il avait été précédé de lettres du maréchal de Fervaques, lieutenant général pour le Roi en Normandie, sous l'auto-

---

¹ A. M., tiroir CCCCXVI.

² A. M., Reg. B, 1762—1777.

³ Cette entrée n'est pas dans Farin. Je crois voir le motif du voyage de Sully à Rouen, dans ce passage de ses Mémoires : « L'année 1608, je fis aussi un plan pour le pont de Rouen, que
« j'envoyai présenter à sa Majesté par mon fils ; car je m'étois
« transporté exprès sur les lieux. » Ce plan est, sans aucun doute, celui que dressa l'ingénieur Chastillon, et dont la ville de Reims possède une gravure fort curieuse, que notre administration s'occupe d'acquérir ou de faire copier.

rité du Dauphin [1], qui recommandaient aux échevins de recevoir le grand-maître de l'artillerie « le plus dignement que faire se pourroit ». Le maréchal avait bien soin, pour les stimuler, de leur rappeler « combien le duc pouvoit, « par sa faveur, apporter d'avancement au bien « de la ville. » Ces recommandations ne furent pas perdues.

Sully trouva les arquebusiers rangés des deux côtés de la chaussée de Martinville. La cinquantaine formait la haie sur le boulevard entre les deux portes. Ces deux compagnies ne tirèrent point de mousqueterie, mais les tambours battaient et les trompettes sonnaient des fanfares.

Les échevins allèrent recevoir le duc à l'entrée de la première porte, sans le bailli ni son lieutenant. Là le sieur de Hanyvel, premier échevin, « lui rendit témoignage du contentement que « la ville avoit de le voir arriver, et *combien elle se* « *promettoit de lui.* »

Les canons placés dans les châteaux et sur les

---

[1] Dernier rejeton mâle de la famille de Grancey. C'était à lui que Henri IV écrivait, avant la bataille d'Ivry : « Fervaques, à « cheval. Je veux voir à ce coup-ci de quel poil sont les oisons « de Normandie. » Il était maréchal de France et chevalier du Saint-Esprit depuis le 7 janvier 1595, et mourut en 1613, âgé de 75 ans.

remparts faisaient de fréquentes décharges auxquelles répondaient les navires embossés sur la rivière.

La présentation des clefs de la ville donna lieu à un conflit assez vif entre le maréchal de Fervaques, le bailli [1] et le conseil. Voici comment le registre municipal raconte cette circonstance : « Et le même soir étant aussi arrivé le « dit sieur de Fervaques, ordonna et pria les dits « sieurs échevins, présence de M. le bailli, *porter* « *les clefs de la ville au dit sieur de Sully, de sa part.* « Ce que s'étant M. le bailli offert faire et y con- « duire lesdits échevins, fut par eux maintenu que, « *ayant la garde des clefs par autorité du Roi, c'étoit* « *à eux seuls à les présenter et porter, et non à lui;* « et que, sans lui, fût en qualité de bailli ou de « *prétendu capitaine* de la ville, ils les devoient « porter seuls par les mains de leur premier éche- « vin ; ce qu'ils firent. »

[1] Jean Du Fay, sieur du Taillis, nommé, par lettres du 27 novembre 1607, capitaine et bailli de Rouen. Le conseil lui contesta son titre de capitaine, et refusa de le recevoir en cette qualité. Les mêmes protestations avaient été faites contre le sieur de Sainte-Marie, son prédécesseur. Le conseil, forcé par une lettre de cachet du Roi, dut procéder à l'installation du sieur Du Fay, mais il ne céda pas pour cela, et continua, comme on va le voir, à lui refuser le titre de capitaine. (A. M., Reg. A, 1602—1615, 123 r. et s.)

Sully avait accepté un dîner à l'hôtel de ville, mais une dépêche du Roi l'ayant obligé de partir pour Quillebeuf, l'invitation fut remise à quelques jours. Cependant la viande pour le banquet étant achetée, le maréchal de Fervaques, qui voulait traiter le duc sur la route, pria le conseil de la lui *prêter*, promettant de « la rendre pièce par pièce », mais les échevins la lui offrirent en pur don.

Les circonstances du dîner qui fut donné à Sully me paraissent mériter d'être rapportées ici. Elles fournissent, sur les usages municipaux et le cérémonial de cette époque, des renseignements que les curieux recueilleront avec plaisir. Voici d'abord les noms des convives : Sully et le maréchal de Fervaques, *priés par deux quarteniers ;* le premier président du Parlement, Alexandre de Faucon, et le marquis de Rosny, *priés par un seul quartenier*, les présidents des Comptes, des Aides et du Bureau des Finances, le bailli de Rouen, les gouverneurs du Hâvre, de Dieppe, d'Évreux, et de Verneuil, le capitaine du Vieux-Palais, le gouverneur du château d'Arques et les vingt-quatre du conseil, *priés par le concierge et autre menu officier de la ville.*

« Et le mercredi, jour dudit dîner, fut ordonné
« au capitaine de la cinquantaine fournir vingt

« de ses hommes, à celui des arquebusiers trente,
« pour faire haie depuis l'entrée de la porte du
« dit hôtel commun, jusques à la rue du *gros*
« *orloge*, et lorsqu'ils découvriroient le dit sieur
« de Sully, battre tambours et fifres ; puis, en-
« trant dans leur haie, sonner trompettes et tam-
« bours ensemble, et cesser lorsqu'il entreroit la
« porte.

« Fut ledit sieur de Sully reçu par lesdits
« échevins, seuls et sans bailli, et autres officiers,
« à l'entrée de la porte dudit hôtel, au dedans,
« sans en sortir. Lui entré en la cour, sonnè-
« rent hautbois et clairons. Le premier plat et
« service se portant sur table, sonnèrent seu-
« lement trompettes. Aux autres services et
« pendant iceux et partie du dîner, sonnèrent
« violons, luths, mêlés de voix en musique. Le-
« dit sieur de Hanyvel, premier échevin, pré-
« senta auxdits sieurs de Sully et Fervaques deux
« serviettes mouillées à un bout sur une assiette
« d'argent, au lieu de plat à laver, ainsi qu'il s'est
« accoutumé faire aux repas du Roi, par le plus
« apparent qui lors s'y trouve. Fut ledit sieur de
« Sully entretenu par ledit Hanyvel, quoique sou-
« vent prié, et les dits sieurs échevins, prendre
« aussi leur dîner en autre table qui leur étoit pré-
« parée, ce qu'ils refusèrent. Et à l'issue du dîner,

« conduisirent tous ensemble le dit sieur de Sully
« en son logis¹.

La ville envoya à Sully, pendant tout son séjour, six gallons de vin à chaque repas, et comme madame la duchesse de Sully était avec lui, les échevins lui présentèrent pour cent écus de confitures.

Le samedi 11 novembre 1611, c'était au-devant de la comtesse de Soissons [2] que se rendaient les échevins montés sur leurs chevaux en houssés, conduits par le lieutenant général du bailli et précédés des arquebusiers à pied vêtus de leurs hoquetons, des sergents royaux et des sergents à masse de la ville. Ils rencontrèrent la comtesse sur la côte de Bonsecours; elle était en carosse, accompagnée de plusieurs seigneurs et de plusieurs dames. Une partie du corps de ville mit pied à terre, et Le Parmentier, lieutenant particulier du bailli, lui témoigna, au nom des membres du conseil, « l'heur qu'ils ressen-

---

[1] A. M., Reg. A, 1602—1615, 146 r. — L'entrée de Sully n'est mentionnée ni dans Farin (1668), ni dans ses continuateurs (1731).

[2] Anne de Montafié, mariée le 17 décembre 1601, morte le 7 juin 1644. — Le comte de Soissons était alors gouverneur de la Normandie, et avait été reçu à Rouen, avec beaucoup d'éclat, le 8 décembre 1610.

« toient de sa venue, paroles qui contentèrent fort
« la dite dame. »

La comtesse de Soissons entra par la porte Martinville, et le cortège la suivit jusqu'à Saint-Ouen, où les officiers du Roi et les conseillers descendirent encore de cheval pour la saluer[1].

Une collation fut offerte à la comtesse de Soissons. Elle avait d'abord pris jour pour le mercredi 23, mais une indisposition l'obligea à demander que la fête fût remise au dimanche suivant. On a vu comment les échevins traitaient les grands seigneurs, on va voir avec quelle galanterie et quelles délicates attentions ils recevaient les grandes dames.

« Madame la maréchale de Fervaques étant ab-
« sente, lesdits sieurs firent inviter mesdames de
« Languetot, Bernières, Bourgtheroulde, du Ver-
« dun, Courvaudon, d'Anfreville[2], Mauteville[3],

---

[1] A. M., Reg. A, 1602-1615, 275 r. — Cette entrée n'est ni dans Farin (1668), ni dans ses continuateurs (1731).

[2] Ces six dames étaient femmes de Louis Bretel, sieur de Languetot; Charles Maignard, sieur de Bernières; Nicolas Le Roux, baron du Bourgtheroulde; Nicolas Thomas, sieur du Verdun; Gilles Anzeray, sieur de Courvaudon; et Jacques Poirier, sieur d'Anfreville, présidents au Parlement.

[3] Femme de Nicolas Langlois, chevalier, seigneur de Motteville, premier président de la Chambre des Comptes.

« de Couronne[1], Passent[2], du Taillis[3], procu-
« reuse générale[4], de Menucourt, Boniface[5],
« vingt-quatre du conseil et officiers de la ville,
« par le concierge.

« Auquel jour de dimanche vingt septième de
« cedit mois de novembre, fut ordonné aux
« capitaines de la cinquantaine et arquebusiers,
« de fournir aucuns de leurs hommes vêtus de
« leurs casaques et mandilles de velours vert,
« pour faire haie, depuis le cimetière de Notre-
« Dame-de-la-Ronde, jusques à la porte de la
« salle dudit hôtel commun, et empêcher le dé-
« sordre et confusion, lors de la venue de ladite
« dame, vers laquelle, tout étant prêt, furent
« députés deux quarteniers de ladite ville, pour
« faire entendre à ladite dame que dans ledit
« hôtel commun, la collation lui étoit préparée.
« Laquelle dame accompagnée des dames de la
« Louppe, demoiselles de Bacqueville et autres

[1] Femme de Pierre de Bonshoms, chevalier, sieur de Couronne, président à la Chambre des Comptes.

[2] Femme de Nicolas Passent, chevalier, sieur du Veneur et d'Archel, président à la Chambre des Comptes.

[3] Femme du bailli de Rouen.

[4] Femme de Nicolas Le Jumel, sieur de Lizores, procureur-général au Parlement.

[5] Femme du gouverneur du château d'Arques.

« dames et damoiselles de sa suite, s'achemina
« aussitôt audit hôtel, à la grande et première
« porte duquel se présentèrent, pour recevoir la-
« dite dame, lesdits sieurs échevins, parlant le
« sieur Pavyot, premier et ancien d'iceux, pour
« leur compagnie. Et à l'entrée de la salle dudit
« hôtel, se trouvèrent aussi messieurs du Taillis,
« bailli de Rouen, Le Parmentier, lieutenant
« particulier, avocat et procureur du Roi au bail-
« liage, avec les anciens conseillers échevins, qui
« lui firent une seconde réception.

« La collation étoit préparée dedans la salle
« tendue et ornée de riches et belles tentes de
« tapisserie, sur deux longues tables couvertes de
« fin et précieux linge, ouvrage damassé. Sur la
« table dressée le long de la cheminée, tirant
« vers la grande salle et préparée pour ladite
« dame, y avoit plusieurs chariots faits de sucre,
« sur lesquels étoient les figures de Neptune,
« Mercure et d'autres. Ces chariots étoient accom-
« pagnés de plusieurs figures de sucre, peintes
« et dorées, et de toutes sortes de confitures
« sèches et dragées de toutes façons, et grand nom-
« bre de fruits de sucre, artificiels et naturels,
« comme pareillement la seconde table étoit cou-
« verte de semblables confitures, dragées et su-
« cres. Furent aussi présentés à la dite dame et

« aux autres dames et damoiselles, dans dix
« grands plats d'argent, grand nombre de pom-
« mes de Grenade, citrons, oranges et autres
« fruits les plus rares et exquis qui se purent
« trouver.

« Durant cette collation, qui fut prise avec
« beaucoup de respect de la personne de ladite
« dame, furent chantés en musique composée
« de voix, luths, violes et cornets, quelques mo-
« tets faits à la louange de ladite dame, et plu-
« sieurs autres airs et chansons qui récréèrent ex-
« trêmement icelle dame, laquelle à la plus part
« de ladite collation fut entretenue par lesdits
« sieurs Pavyot et conseillers modernes, et con-
« tinua ladite musique jusqu'à ce que ladite
« dame sortît pour retourner en son logis.

« Et ayant les dits échevins remercié ladite
« dame de l'honneur que la ville avoit reçu d'elle,
« la suppliant avoir pour agréable ce qu'ils avoient
« fait, et au réciproque ladite dame de l'hon-
« neur et réception que la ville lui avoit faits,
« se retira et fut icelle dame reconduite par les-
« dits sieurs échevins jusques hors la grande et
« première porte dudit hôtel commun. Auquel
« lieu la dame, étant montée en son carosse,
« s'en alla en son logis.

« Au parvis de la cour et aux galeries d'icelle,

« étoient attachées grand nombre des armoiries
« du Roi, de monseigneur le comte, de ladite
« dame, et armoiries de Normandie et de ladite
« ville, revêtues de lierre. Dans la salle aussi
« étoient les mêmes armoiries, et plusieurs beaux
« chandeliers suspendus au plancher de ladite
« salle, avec flambeaux de cire blanche; et dans
« ladite salle y avoit un dais qui couvroit la place
« en laquelle ladite dame étoit assise.

« Au parvis et galeries de la cour dudit hôtel,
« y avoit aussi grand nombre de fallots et flam-
« beaux, lesquels néanmoins ne furent allumés
« pour être ladite dame partie avant qu'il fût
« nuit[1]. »

Dans l'année 1620, la porte Martinville vit deux entrées : celle du duc de Longueville et celle de Louis XIII.

La première ne fut accompagnée d'aucune pompe. Le duc de Longueville avait été appelé au gouvernement de la Normandie, après la démission de Marie de Médicis, par commission du 6 août 1619. Mais les lettres du Roi n'ayant été enregistrées que le 17 décembre, le duc avait retardé son entrée solennelle, à cause des ravages

---

[1] A. M., Reg. A, 1602—1615, 275-277.

que la peste exerçait à Rouen, et des désagréments de la mauvaise saison.

Ce fut le 13 janvier 1620, à 5 heures du soir, que ce chétif descendant de Dunois arriva par la porte Martinville. Le désordre, l'anarchie et l'intrigue, qui devaient, de concert avec la peste, désoler Rouen pendant trente longues années, pénétrèrent avec lui dans nos murs. Les échevins le complimentèrent dans le logis abbatial de Saint-Ouen. Le cérémonial ne leur ordonnait d'aller au-devant du gouverneur que le jour de son entrée solennelle. On s'était contenté d'envoyer à la rencontre du duc les compagnies de la cinquantaine et des arquebusiers, tambour battant et enseignes déployées. Des porteurs de flambeaux guidaient sa marche à travers nos rues, qui ne devaient jouir que trois quarts de siècle plus tard des bienfaits de l'éclairage public.

Dans l'incertitude où ils étaient de ses résolutions, les échevins avaient commencé, pour sa réception, des préparatifs dont toutes les dépenses furent perdues [1].

---

[1] A. M., Reg. A, 1615—1631, 291 r. et s. — La note suivante fera juger de la magnificence que la ville se proposait de déployer.

« Mémoire de ce que Le Pellé brodeur a rapporté des pièces « du poisle encommencé pour l'entrée de monseigneur le duc de

Le premier soin du duc de Longueville, lorsqu'il eut pris possession du chef-lieu de son gouvernement, fut de chercher à entraîner les bourgeois dans le parti de la Reine-mère, qui venait de soulever une nouvelle guerre civile pour

« Longueville, gouverneur et lieutenant général pour le Roy
« en Normandie :
   « Quatre armoiryes de Normandie en broderye d'or, faict
« pour servir à ladite entrée.
   « Quatre autres armoiryes dudit seigneur, avec leur couronne,
« en broderye d'or et d'argent.
   « Quatre autres armoiryes de la ville en broderye d'argent.
   « Huit chiffres dudit seigneur duc de Longueville en broderye d'argent.
   « Quatre pièces de broderye d'or, servant à faire huit colliers de l'ordre.
   « Quatre aunes et demye de velours incarnadin, en quatre
« morceaux, destinez à faire le poisle, lors de l'entrée dudit
« seigneur.
   « Huit aunes et demye de taffetas pour doubler ledit poisle.
   « Neuf aulnes et demye de frange d'or fin, pour servir
« audit poisle, pesant quatre onces, trois gros et un quart. Le
« tout mis dans une caisse.
   « Plus a été aussi rapporté par le sieur Donnest, maistre des
« ouvrages, six banderolles de taffetas incarnadin, destinez pour
« donner aux trompettes de la ville qui seroyent employez pour
« aller au devant dudit seigneur duc de Longueville, ausquelles
« les armaries [sic] n'ont esté encores imprimées ni la frange atta-
« chée, et icelles et le tout mis dans ladite caisse, cy contre men-
« tionnée, avec les pièces dudit poisle. » (A. M., Reg. B, 1618—
1622, 100 v.)
   Les Échevins firent au duc de Longueville de riches présents, et lui offrirent un dîner dont je ne ferai pas la description, parce que les détails que l'on vient de lire sur deux banquets de ce genre, suffisent pour donner une idée des autres.

tenter de ressaisir le pouvoir. Le 3 juillet, la duchesse[1] vint le rejoindre.

Cependant, Louis XIII, inquiet des menées du prince, résolut, pour y mettre fin, de se rendre lui-même à Rouen. Il y était déjà venu le 24 novembre 1617. Sa seconde entrée eut lieu le 10 juillet 1620.

Les échevins, oubliant leur prudence, avaient cédé aux séductions du nouveau gouverneur, et, si on les eût laissé faire, Rouen se fût mis en pleine révolte : la fermeté du Parlement avait seule sauvé la ville. On conçoit leur embarras à la nouvelle de l'arrivée prochaine du Roi. Mais nos braves échevins eussent été indignes du nom de Normands, s'ils ne se fussent tirés victorieusement de cette passe difficile.

Louis XIII avait écrit à la ville qu'il ne voulait pas qu'on se mît en frais pour lui faire une entrée. Il arriva à 10 heures du matin. Les échevins témoignèrent le plus grand empressement et la joie la plus vive. Le corps de ville, dont on connaît suffisamment la composition et l'entourage, partit de la maison commune, et, suivant la Grand'Rue, la place de la Cathédrale, la rue des Quatre-Vents, la rue Saint-Romain, la rue

---

[1] Louise de Bourbon-Soissons, sa première femme, mère de la duchesse de Nemours.

Martinville, la Chaussée et le mont de Jéricho, atteignit le sommet du mont Sainte-Catherine. Là il rencontra le Roi, accompagné de son frère, du prince de Condé, du duc d'Elbeuf, du duc de Luynes, du colonel d'Ornano, lieutenant général au gouvernement de Normandie, et de plusieurs autres seigneurs, tous à cheval.

La députation de la ville mit pied à terre. La circonstance était critique, et, en face d'un monarque d'un abord peu encourageant, de moins coupables eussent perdu contenance. Mais les intérêts du conseil étaient entre bonnes mains, et l'orateur qui devait parler pour tous n'était pas homme à se troubler facilement. D'ailleurs, les vieux souvenirs de la Commune et l'indestructible sentiment de leur ancienne indépendance, donnaient aux représentants de la ville de Rouen un courage et une assurance qui, en pareille occasion, auraient manqué à tous les autres corps, quelque orgueilleux qu'ils fussent de leur pouvoir et de leur importance. Donc, le premier échevin, qui se nommait Le Vasseur, armé d'un aplomb imperturbable et d'un inaltérable sang-froid, dit à Louis XIII, d'un air de candeur et de bonne foi dont fut sans doute émerveillé ce monarque, qui savait à quoi s'en

tenir, « que Sa Majesté, par les joyeuses accla-
« mations d'un infini nombre de peuple, recon-
« noîtroit que les mauvais mouvements des autres
« provinces n'avoient en rien altéré leur affec-
« tion à son service, *et que particulièrement le*
« *corps de ville le supplioit de croire qu'au milieu*
« *même de tous les orages de division, il demeureroit*
« *toujours ferme et stable dans l'obéissance de ses*
« *commandements.* » Il n'y avait rien à répondre
à cela, et le roi dut accepter, pour le moment,
cet effronté mensonge.

Après cette merveilleuse harangue, le cortége,
remontant à cheval, entra, par la porte Martinville, avec le Roi, qui se rendit à Saint-
Ouen, où les échevins allèrent lui présenter les
clefs.

Louis XIII ne resta à Rouen que deux jours,
mais il sut bien les employer. Réduisant à leur
juste valeur les protestations de fidélité et de
dévoûment que le premier échevin lui avait données, il fit procéder immédiatement au renouvellement de l'administration municipale et des
capitaines de la milice bourgeoise, non sans avoir
eu soin de notifier aux électeurs la liste de ceux
sur lesquels il les priait de ne pas porter leurs suffrages. Après avoir destitué le duc de Longueville, qui s'était bravement esquivé à son appro-

che, il partit en bateau, le dimanche 12 juillet, pour aller coucher à la Bouille [1].

Je ne dirai que peu de mots de l'entrée que le comte de Guiche, lieutenant-général pour le Roi en Normandie, fit, par la porte Martinville, le 27 janvier 1638. Il logea au Vieux-Palais, dont il était aussi gouverneur. Les échevins allèrent l'y saluer. Le premier échevin, Pouchet, prononça, au nom du conseil et des habitants, la harangue d'usage, et remit les clefs de la ville au comte, qui les lui rendit [2]. On avait suivi, pour cette entrée, le même cérémonial que pour celle du duc de Longueville.

Un des épisodes les plus tristes de nos annales est certainement la révolte des Nu-pieds. La terrible vengeance que Richelieu tira de Rouen, pour un moment de démence de ce malheureux peuple que l'avidité du fisc réduisait à la misère et au désespoir, a été racontée, dans un ouvrage que tout le monde a lu [3], de manière à m'ôter toute envie d'aborder ici cette

[1] A. M., Reg. A, 1615—1632, 313 v. et s.—Les deux entrées de Louis XIII, en 1617 et 1620, sont oubliées dans Farin (1668). Ses continuateurs les ont mentionnées.

[2] A. M., Reg. A, 1632—1647, 220 v. — Le comte de Guiche, qui se fit détester en Normandie, succédait à De la Mailleraye.

[3] *Histoire du Parlement de Normandie*, par M. Floquet, tome IV.

lamentable histoire. Qu'il me suffise de rappeler que le cardinal avait trouvé, pour représenter sa colère, un homme plus impitoyable que lui. Cet homme, dont Richelieu lui-même fut obligé de modérer quelquefois la fureur calme et réfléchie, était le chancelier Séguier. Rouen, occupé par les troupes de Gassion, était livré aux caprices cruels et aux ruineuses exigences de ces soldats sans frein et sans pitié. On attendait, dans les angoisses d'une terreur profonde, l'arrêt que le cardinal allait porter, lorsqu'on apprit que le fondé de pouvoirs de Richelieu approchait.

Le chancelier Séguier fit son entrée à Rouen le 2 janvier 1640, à une heure après midi. Sa suite se composait de vingt-deux ou vingt-trois carosses presque tous à six chevaux[1]. Ce nombreux et menaçant cortége, que grossissaient encore les troupes du bailli et la cavalerie de Gassion, arriva par la porte Martinville. Les échevins étaient allés recevoir le chancelier au-delà du monastère des Augustius déchaussés[2], et lui

[1] *Diaire*, publié par M. Floquet, 62.

[2] Les Augustins déchaussés s'établirent à Rouen en 1630, à la place des *Pères de la Mort*, qui y étaient depuis 1624. La maison Champ de Mars n° 8, faisait autrefois partie de ce monastère. Les possessions des Augustins donnaient alors sur la rue du

avaient présenté les « très-humbles soumissions » de la ville. Ils l'accompagnèrent ensuite, « vêtus « de leurs robes et bonnets », jusqu'à la maison abbatiale de Saint-Ouen. Le sieur de Sahurs, parlant au nom de la ville, lui fit là un nouveau discours dont le sujet était l'apologie de la conduite que le conseil avait tenue pendant les troubles [1].

Mais les paroles du premier échevin ne firent aucune impression sur celui à qui elles étaient adressées; elles ne purent ni modifier ses déterminations, ni adoucir son ressentiment. On sait quelle réponse fit, aux *soumissions* et aux prières du conseil, cet homme implacable dont Rouen doit maudire la mémoire : il voulut *faire raser l'hôtel de ville*. L'intervention du Cardinal fut nécessaire pour sauver de la destruction cette *maison commune* où se concentraient depuis tant de siècles les intérêts les plus chers des bourgeois de Rouen.

Mais je ne pourrais, sans m'égarer, faire un pas de plus au milieu de ces poignants souvenirs, et je

---

faubourg Martinville, vis-à-vis de sa jonction avec la rue du Quai-aux-Celliers.

[1] A. M., Reg. A, 1632—1647, 346 v. et s. — Ni Farin (1668), ni ses continuateurs, n'ont parlé de cette entrée.

dois me contenter de renvoyer mes lecteurs à l'ouvrage que j'ai déjà cité [1].

Je terminerai cette suite, trop longue sans doute, de faits du même genre, par une dernière entrée, celle de Louis XIV, dont la porte Martinville fut témoin en 1650.

Pour revenir le plus possible à l'intention première de cette publication, j'emploierai encore ici un moyen dont je n'ai pas trop abusé dans le cours d'une narration, ou plutôt d'une causerie, dont le but spécial est de faire connaître les documents qui enrichissent la collection des Archives municipales : je transcrirai le récit du registre des délibérations. Cet extrait me paraît, d'ailleurs, offrir un intérêt qu'une paraphrase de ma façon n'aurait pu qu'affaiblir.

Les circonstances dans lesquelles Louis XIV fut amené à Rouen, par la Reine-mère et Mazarin, étaient d'une extrême gravité. La Reine venait de faire arrêter les chefs du parti de la Fronde : le prince de Condé, le prince de Conti et le duc de Longueville, étaient prisonniers au donjon de Vincennes. La duchesse de Longueville [2]

---

[1] *Histoire du Parlement de Normandie*, par M. Floquet.

[2] Anne-Geneviève de Bourbon-Condé, sa seconde femme, si célèbre par ses intrigues.

accourue à Rouen avec l'espoir d'y exciter un soulèvement en faveur de son mari, avait été fort mal reçue. Beuvron lui-même, ami du duc et comblé de ses bienfaits, l'expulsa honteusement du Vieux-Palais, où elle était venue se mettre sous sa protection, et la força de quitter la ville. Mais l'intrépide et persévérante duchesse ne perdit point courage, et alla faire dans quelques autres villes de la province la tentative qui lui avait si mal réussi à Rouen. Il s'agissait de prévenir l'effet de ses démarches et de maintenir la Normandie dans le devoir.

Les rôles étaient bien changés! Le Parlement, mu par la seule considération de son intérêt particulier, s'était mis en rebellion ouverte contre la cour, et avait contribué à jeter Rouen dans le trouble et l'anarchie. Les échevins, au contraire, radicalement corrigés de leurs velléités d'agitation, par la cruelle leçon qu'ils avaient reçue en 1640, étaient restés fidèles au parti du Roi. Ils pouvaient, cette fois, sans que la vérité en fût offensée, offrir au monarque l'assurance d'un dévouement dont ils avaient donné des preuves.

On n'oubliera pas, en lisant les longs détails de cette réception, que le roi qui en était l'objet, n'était âgé que de onze ans! Sans doute, sous l'influence des habitudes d'indépendance et du sentiment d'égalité qui caractérisent notre époque, on éprouvera une douloureuse impression, en voyant avec quel enthousiasme et quelle servilité les échevins et la population saluèrent, pour ainsi dire malgré elle, la monarchie absolue représentée par un enfant, à ses premiers pas vers son apogée. Mais on voudra bien se rappeler que cet enfant, entouré de tous les prestiges de la royauté, était regardé comme un libérateur qui venait arracher notre ville aux désordres et à la misère dans lesquels l'égoïsme et la folie de son gouverneur l'avaient plongée. Enfin, on remarquera avec bonheur, à propos d'un incident qui troubla la cérémonie, comme on a pu le remarquer déjà, pour la présentation des clefs à Sully, en 1608, que le souvenir des droits et des prérogatives municipales fermentait encore dans le sein des représentants de la cité.

Je copie le procès-verbal du greffier de la ville[1].

---

[1] Les lecteurs qui sont familiarisés avec la forme des actes publics du XVIIe siècle, ne manqueront pas de s'apercevoir, dès les premières lignes de ce document, que j'ai eu la témérité de faire quelques modifications au texte original. L'un des caractères distinctifs du style officiel de cette époque, est la longueur démesurée des périodes. Le point était alors un signe à peu près inconnu aux greffiers, et l'alinéa n'était admis par eux, à rompre l'alignement régulier des pages, que dans des occasions

« Le vendredi quatrième jour de février mil six cents cinquante, sur les dix heures du matin, monsieur de Saintot, maître des Cérémonies de France, est venu en l'hôtel de ville de Rouen, où ayant présenté à messieurs les conseillers échevins de ladite ville, une lettre de créance de la part du Roi et de la Reine-régente sa mère, sur le voyage de leurs Majestés en cette province, et leur réception en cette ville, il leur a exposé que leurs Majestés ne desiroient autre chose sinon que le corps de ville allât à Saint-Ouen,

tout-à-fait extraordinaires, et qui ne se présentaient qu'à de rares intervalles. Une fois engagé dans ces interminables tirades, une fois emporté par cet enchevêtrement inextricable de phrases qui se lient éternellement l'une à l'autre, pour n'en former qu'une seule, l'infortuné lecteur, harassé, haletant, n'avait pas un moment de relâche, pendant lequel il pût donner de l'air à ses poumons épuisés, et ranimer sa voix expirante. Il eût été fort mal à moi d'imposer cette fatigue de plus aux personnes complaisantes qui veulent bien prendre la peine de me lire.

Je me suis donc permis d'arrêter, çà et là, par l'intervention du *point*, ce torrent de mots, dont aucun repos ne suspendait la course, et de fractionner, tant bien que mal, au moyen de l'alinéa, la masse compacte de ces formidables colonnes. Ce sont, d'ailleurs, les seules altérations que j'aie à me reprocher; et leur opportunité sera victorieusement démontrée lorsqu'on saura que je me suis trouvé en face d'un alinéa commençant à ces mots : « *Et ledit jour de samedi* (p. 171) », et finissant à ceux-ci : « *La tour de la Grosse-Horloge* (p. 177) », lequel, tout bien examiné, la ponctuation et le sens scrupuleusement vérifiés, ne se composait que de *deux phrases* !

à la descente du carosse de leurs Majestés, leur rendre les obéissances de la ville, et que le soir on fît des feux de joie par les rues et qu'on mît des lumières aux fenêtres[1]. Sur quoi, lui ayant été représenté par M. de Guenouville, premier conseiller échevin, que l'ordre accoutumé étoit que le corps de ville, accompagné de deux ou trois cents bourgeois à cheval et en housses, et précédé des sergents et des compagnies de la Cinquantaine et des Arquebusiers, à cheval[2], allât au devant de leurs Majestés jusques au haut de la montagne de Sainte-Catherine, et qu'ils espéroient, messieurs ses confrères et lui, que leurs Majestés auroient agréable que le corps de ville reçût cet honneur, ledit sieur de Saintot leur a dit qu'il ne leur pouvoit donner aucune solution sur ce sujet, mais que comme il avoit obligation d'écrire à monseigneur le maréchal de Villeroy,

[1] Cette intention de ne faire, à Rouen, qu'une entrée fort modeste, semble s'accorder mal avec les *lettres expresses* que la régente écrivit au Parlement pour demander que cette cour rendît à son fils les plus grands honneurs. Mais il ne faut pas oublier que la Reine qui traitait en amis les fidèles échevins, avait à se venger de la conduite insolente du Parlement pendant la Fronde.

[2] On verra plus loin qu'il y a ici une erreur ou plutôt une distraction du greffier. La compagnie des Arbalétriers, que l'on appelait aussi la Cinquantaine, était en effet à cheval, mais celle des 104 Arquebusiers était à pied.

gouverneur de sa Majesté, il le lui manderoit pour le faire savoir à leurs Majestés et en avoir leur réponse, ce qu'il a fait aussitôt. Et lui a été donné le solliciteur des affaires de la ville pour accompagner celui qui devoit porter les dépêches, afin d'en rapporter la réponse plus promptement.

« Cependant ledit sieur de Saintot ayant dit auxdits sieurs échevins de se rendre au Vieux-Palais pour conférer avec Monseigneur le marquis de Beuvron, [1] lieutenant général pour le Roi en la province de Normandie, et gouverneur dudit château du Vieux-Palais, lesdits sieurs échevins s'y sont incontinent acheminés, où le dit sieur de Saintot, ayant fait entendre audit seigneur marquis de Beuvron les ordres ci dessus, touchant ledit corps de ville, et donné avis de la dépêche qu'il avoit faite à mondit sieur de Villeroy, il a ajouté qu'il seroit bien à propos que l'on fît tirer le canon à l'arrivée de leurs Majestés,

[1] Le marquis de Beuvron avait présenté au conseil, le 21 juin 1643, les lettres du roi du 14 avril, qui le nommaient lieutenant général à la place du comte de Guiche. Il avait pris parti pour le duc de Longueville, qu'il abandonna ensuite, lorsque Mazarin fut le plus fort. Mais sa trahison n'inspira pas de confiance à la cour, car un des premiers actes de la Reine-mère, en arrivant à Rouen, fut de retirer à Beuvron le commandement du Vieux-Palais, pour le donner à un capitaine des gardes nommé De Fourilles-Montreuil. (*Mémoires de mad. de Motteville*, col. Petitot, 2ᵉ série, **xxxix**, 16 et 17.)

ce que ledit seigneur marquis de Beuvron a pris sur ses soins, tous les canons de la ville étant audit chateau du Vieux-Palais, depuis l'année mil six cents quarante, qu'ils y ont été mis par ordre du roi défunt[1]. Et lesdits sieurs échevins se sont chargés d'envoyer faire le commandement aux maîtres de navires de mettre leurs navires à l'ancre au milieu de la rivière et de tirer leurs canons lors de la venue de leurs Majestés.

« Le lendemain, environ une heure après minuit, le courrier envoyé par ladite ville étant revenu, et ayant rapporté réponse audit sieur de Saintot[2], par laquelle mondit seigneur de Villeroy lui mandoit que leurs Majestés arriveroient ledit jour sur les trois heures après midi et qu'elles trouveroient bon que le corps de ville suivît ses anciennes coutumes, ledit sieur de Guenouville, 1er échevin, a fait avertir lesdits sieurs échevins

[1] Après la révolte des *Nu-pieds*, le chancelier Séguier avait ôté aux bourgeois leur artillerie et leurs armes, qui furent transportées, par son ordre, de l'hôtel de ville au Vieux-Palais, le 16 janvier 1640 (A. M., reg. A, 1632—1647, 353 r.)

[2] On voit qu'à cette époque les courriers porteurs de dépêches marchaient déjà avec une grande célérité : l'estafette envoyée à Paris pour avoir une réponse à la demande du conseil, n'a guère mis que 24 heures pour aller et revenir, y compris le temps qu'ont dû demander ses démarches auprès du duc de Villeroy.

ses confrères et les sieurs Gisiault[1], greffier, et de Languedor, maître des ouvrages, de venir audit hôtel de ville, où s'étant tous rendus, lesdits sieurs échevins ont mandé les sieurs quarteniers, auxquels ils ont ordonné de semondre[2], chacun dans son quartier, *les plus honnêtes bourgeois* de se trouver sur le midi audit hôtel de ville, à cheval et en housse, pour accompagner ledit corps de ville et aller au devant de leurs Majestés, et ont enjoint aux sergents de ville de semondre messieurs les vingt-quatre du conseil de se rendre audit lieu à ladite heure, et en pareil équipage de cheval et housse, comme aussi d'avertir les sergents de s'y trouver à cheval, la compagnie de la Cinquantaine aussi à cheval et les Arquebusiers à pied, pour le même effet. Ont commandé audit sergent d'aller, après la semonce, faire injonction à tous maîtres de navires de mouiller l'ancre au milieu de la rivière, mettre haut leurs pavillons, perro-

---

[1] Je ne réponds pas de l'exactitude de ce nom. Il m'a été impossible de le lire bien nettement, et je le regrette d'autant plus, que c'est celui du laborieux greffier de qui la plume infatigable nous a conservé ces détails. Au reste, si je ne puis pas recommander son souvenir avec plus de certitude, la faute en est à lui-même ; son nom est précisément le seul mot de tout ce procès-verbal qu'il ait écrit d'une manière illisible.

[2] Avertir, ordonner.

quets et *pannières*¹, tirer leur canon à l'arrivée de leurs Majestés, et, sur le soir, de mettre des feux à leurs mâts. Et ont dit auxdits sieurs quarteniers de faire avertir tous les bourgeois, par leurs centeniers, de faire des feux de joie le soir, et de mettre des lumières à leurs fenêtres. De toutes lesquelles dispositions lesdits sieurs échevins ont envoyé donner avis, dès le petit matin, à monsieur le premier Président² dans sa maison, pour le faire entendre à la Cour, s'il l'avait agré-

¹ *Pannière* est ici pour *bannière*. Les savants de la vieille roche ont recherché, avec une ardeur qui semble avoir été jusqu'au fanatisme, l'origine du mot *bannière*. Étienne Pasquier, Nicod, Hotman, Chorier, Ménage, Borel, Saumaise et plusieurs autres, sont partis dans toutes les directions, pour aller explorer les idiomes les plus lointains. Ces savants intrépides, après avoir parcouru les vocabulaires de toutes les nations, depuis les *Allobroges* et les *Cimbres* jusqu'aux *Persans*, ont rapporté de leurs pénibles excursions une telle variété d'étymologies, que..... l'on n'y comprend plus rien. Toutefois, parmi ces opinions si diverses, j'en citerai une, parce qu'elle explique l'emploi du mot *pannière*. Borel a découvert (et j'aime mieux le croire que d'y aller voir), que la véritable racine de *bannière* est pannus, qui veut dire étoffe : *bannière* ne serait, selon lui, qu'une corruption de *pannière*. Il parait que le greffier de la ville partageait l'opinion de Borel.

Puisque j'en suis sur ce mot, je dirai que *pannière* pourrait avoir aussi la signification de *voile*. « On dit *mettre le perroquet* « *en bannière*, lorsqu'on lâche la voile du perroquet, et qu'on « la laisse voltiger au gré du vent. » Voir, pour plus amples renseignements, le *Dictionnaire* de Furetière, éd. de 1727, et celui de Trévoux, éd. de 1752.

² Faucon de Ris. Il était resté fidèle au parti du Roi, et s'était efforcé en vain d'y ramener le Parlement.

able, lorsqu'elle serait séante. Entre temps¹, ils ont ordonné audit sieur maître des ouvrages, de faire faire le corps de garde à la place de Saint-Ouen, le long de la muraille étant entre la première porte de l'église, avec le plus de diligence que faire se pourroit, lui ayant donné les soins, le jour précédent, de faire faire quelques menues réparations à ladite maison de Saint-Ouen, et racommoder les vitres où il en seroit de besoin. Ainsi que par l'ordre qui leur en a été donné par ledit sieur de Saintot, ils ont chargé un des tapissiers de ladite ville de tapisser quelques-unes des chambres et cabinets dudit hôtel de Saint-Ouen.

« Et le dit jour de samedi, cinquième jour dudit mois de février, audit an mil six cents cinquante, environ deux heures après midi, le corps de ville s'étant assemblé audit hôtel commun, est parti d'icelui, conduit par monsieur de Varengeville, lieutenant général au bailliage de Rouen, précédé du sergent à masse de ladite ville, des sergents à cheval menés par leur guidon, de la compagnie de la Cinquantaine à cheval, leurs trompettes en tête, et de celle des Arquebusiers à pied, tambour battant, ledit corps de ville accompagné de deux à trois cents

¹ En même temps, pendant ce temps-là.

des plus notables bourgeois aussi tous à cheval et en housse. Et étant sortis dudit hôtel commun, se sont acheminés par derrière *Erbane* [1], devant Saint-Maclou et *par la porte Martainville*, jusques au haut de la montagne de Sainte-Catherine, où, ayant attendu pendant quelque temps, leurs Majestés sont arrivées dans le carosse du corps de la reine, où étoient le Roi, la Reine-régente sa mère, Monseigneur, frère unique du Roi, Mademoiselle [2], madame la princesse de Carignan, la princesse Louise sa fille, et madame la comtesse de Brienne, faisant la charge de dame d'honneur de la Reine. Et, aussitôt, mondit sieur le lieutenant général, messieurs les premier avocat du Roi et procureur du Roi au bailliage, conseillers échevins en charge, et la plupart des vingt-quatre du conseil, ayant mis pied à terre, se sont avancés vers le carosse de leurs Majestés, *et, le genou en terre, d'où leurs*

[1] La rue des Quatre-Vents et la rue Saint-Romain, derrière le collége d'*Albane*.

[2] Fille de Gaston d'Orléans, depuis duchesse de Montpensier. Mademoiselle ne paraît pas avoir été enchantée de ce voyage. « J'eus une vraie douleur, dit cette princesse dans ses Mémoires, « de partir le premier jour de février, saison qui n'était pas « propre à faire voyage, et qui convenait mieux à la danse...... « Nous fûmes quinze jours en Normandie, où je m'ennuyais « fort, et je fus bien aise de me retrouver à Paris, au carnaval. » (*Mémoires de mademoiselle de Montpensier*, coll. Petitot, 2ᵉ série, tome XLI, 81 et 82.)

Majestés les ont fait relever, à cause de la fange qui environnait le carosse, ont rendu à leurs Majestés les hommages et les obéissances de tous les habitants de ladite ville de Rouen, la parole ayant été portée par mondit sieur de Varengeville, lieutenant général, après la harangue duquel, que leurs Majestés ont eue très agréable, leurs Majestés ayant commandé de marcher, lesdits sieurs lieutenant général, avocat et procureur du Roi, conseillers échevins et vingt-quatre du conseil, sont incontinent remontés à cheval, et, ayant pris le devant du carosse de leurs Majestés au même ordre qu'ils étoient venus, les ont accompagnées jusques à l'hôtel de Saint-Ouen où leurs Majestés ont pris logement; toute la plaine de Sainte-Catherine, le faubourg de Martainville et les rues de la ville par lesquelles leurs Majestés ont passé, étant bordés et remplis d'un très grand concours de peuple qui ont répondu par leurs acclamations continuelles de *vive le Roi !* au bruit des canons du Vieux-Palais, et des navires étant sur les quais, lesquels ont fait plusieurs décharges à l'entrée de leurs Majestés[1].

---

[1] « Le roi et la reine furent reçus à Rouen avec de grandes
« marques de joie, telles que le méritoit un jeune roi dont la
« beauté et l'innocence devoient plaire à ces peuples. Ils ne
« l'avoient jamais vu, non plus que la reine, qui, ayant voyagé
« par toute la France, n'avoit point encore été dans cette grande

« Et, étant leurs Majestés arrivées audit hôtel de Saint-Ouen, lesdits sieurs lieutenant général, conseillers échevins et officiers, et quelques-uns des vingt-quatre du conseil et notables bourgeois, sont venus attendre, au pied de l'escalier, leurs Majestés à la descente du carosse, auxquelles ils ont fait de rechef leurs protestations de fidélité. Et, étant tous remontés à cheval, sont revenus audit hôtel de ville, d'où chacun s'est séparé, à la réserve desdits sieurs conseillers, *auxquels mondit sieur de Varengeville, lieutenant général, ayant proposé le sujet de plainte qu'il avoit à rendre à leurs Majestés contre mondit seigneur le marquis de Beuvron, de quelques paroles injurieuses et de mépris qu'il prétendoit lui avoir été dites par mondit seigneur de Beuvron, au haut de la montagne de Sainte-Catherine, lorsque mondit seigneur de Beuvron s'étoit venu placer devant lui, au dessein de présenter le corps de ville à leurs Majestés, et ayant demandé à l'assemblée qu'elle eût à lui déclarer si elle prenoit part à l'action qui s'étoit*

« et importante ville. » (*Mémoires de mad. de Motteville*, coll. Petitot, 2º série, XXXIX, 16.)

« Sa Majesté fit son entrée à Rouen, où elle fut reçue avec « toute la joie et les acclamations imaginables. » (*Mémoires de Monglat*, ibid., L, 219.)

passée, à ce qu'il en fît plainte en commun ou qu'il s'en pourvût en son particulier, ainsi qu'il jugera à propos, *il a été résolu que dans la plainte que mondit sieur le lieutenant général rendroit à la Reine de cette action, il représenteroit à sa Majesté que la ville y prenoit intérêt comme lui, ayant été faite étant à la tête de la compagnie pour saluer leurs Majestés.*

« Ce fait, lesdits sieurs vingt-quatre du Conseil s'étant retirés, lesdits sieurs échevins en charge, accompagnés des officiers de ladite ville, sont retournés à Saint-Ouen, sur les sept heures, au soir, pour présenter au Roi *les clefs de ladite ville, entre lesquelles il y en avoit deux dorées ainsi qu'il est accoutumé, et* empendantées[1] *à un cordon de soie incarnat, bleu et argent, avec deux houppes, aux deux extrémités, de pareille sorte.* Et, étant entrés dans la chambre de sa Majesté, et le genou en terre, parlant par le sieur de Guenouville, premier échevin, *ont présenté au roi lesdites clefs dorées, sur un carreau de velours incarnat, garni de quatre houppes de soie incarnat, bleu et argent, et passementé, en forme de broderie, d'un clinquant d'argent,* lesquelles clefs sa Majesté leur a remises entre les mains,

---

[1] Suspendues.

en leur disant : « *Je vous les remets.* » A quoi a été ajouté par mondit seigneur le maréchal de Villeroy, gouverneur du Roi, « que sa Majesté « étoit bien assurée de leurs affections, et qu'elle « savoit bien qu'ils garderoient les clefs avec toute « la fidélité requise pour son service. » Ensuite lesdits sieurs échevins ont présenté à sa Majesté *quatre douzaines de boîtes de confitures et deux douzaines de bouteilles de vin d'Espagne,* outre le présent ordinaire de douze galons de vin clairet, *que sa Majesté a eus bien agréables.*

« De là, lesdits sieurs échevins ont été chez la Reine, à laquelle, après les protestations de leurs plus humbles obéissances, le genou aussi en terre, et parlant par ledit sieur de Guenouville, *ils ont fait présent de pareil nombre de vin et de confitures.* Et, peu après, chez Monseigneur, frère unique du Roi, aussi logé dans un des appartements de Saint-Ouen, auquel ils ont présenté, au nom de ladite ville, *deux douzaines de bouteilles de vin d'Espagne et trois douzaines de boîtes de confitures ;* ayant été conduits à toutes ces audiences, par ledit sieur de Saintot, maître des Cérémonies, lequel les a menés ensuite saluer monseigneur le cardinal Mazarin, logé à l'archevêché.

« Et, étant lesdits sieurs échevins de retour

audit hôtel de ville, ils ont achevé la cérémonie par le feu de joie préparé devant le portail de Notre-Dame-de-la-Ronde, lequel a été allumé, au son des trompettes et des tambours, par ledit sieur de Guenouville, premier échevin, avec un flambeau qui lui a été présenté par le concierge de ladite ville[1], la cloche du beffroi sonnant, ainsi qu'elle avoit fait toute l'après midi, en témoignage de la réjouissance publique de ladite ville, dont tous les habitants ont donné des marques particulières, par les feux de joie qu'ils ont faits dans toutes les rues, et par le nombre infini de lumières qu'ils ont attachées aux fenêtres de leurs maisons; comme, de leur part, les maîtres de navires ont allumé des feux au haut de leurs mâts, et lesdits sieurs échevins fait mettre quantité de luminaires au haut de la tour de la Grosse-Horloge.

« Étant à remarquer que le carreau de velours sur lequel les clefs ont été présentées au roi, a été mis entre les mains du concierge de la ville, pour le porter chez ledit sieur de Guenou-

[1] Le feu de joie allumé en grande cérémonie par les premiers échevins, était dressé sur un très petit emplacement qui se trouvait entre l'église Notre-Dame-de-la-Ronde et la rue de la Grosse-Horloge, et qui forme aujourd'hui l'entrée de la rue Thouret.

ville, comme étant un droit qui appartient à monsieur le premier échevin.

« Le lendemain sixième dudit mois de février, lesdits sieurs échevins, vêtus de leurs robes et bonnets, accompagnés des officiers de ladite ville, et conduits par ledit sieur de Saintot, maître des cérémonies, ont été saluer Mademoiselle, logée en la maison du sieur d'Infreville[1], à laquelle, après leurs compliments et respects, ils ont présenté *trois douzaines de boîtes de contures et deux douzaines de bouteilles de vin d'Espagne*. De là, ils ont été, au même ordre, rendre leurs civilités à madame la princesse de Carignan, à laquelle ils ont aussi fait présent de *deux douzaines de boîtes de confitures et d'une douzaine et demie de bouteilles de vin d'Espagne*, ayant été le matin, sur les onze heures, saluer, de rechef, monseigneur le cardinal Mazarin et lui offrir les présents de vin d'Espagne et de confitures.

« Le lundi vii°, lesdits sieurs échevins ont été aussi saluer, au nom de la ville, monseigneur le duc d'Elbeuf, mondit seigneur le maréchal de

[1] Le Roux d'Infreville, fils du sieur du Bourgtheroulde, habitait l'hôtel de ce nom. C'est là que Mademoiselle était logée. (*Diaire du chancelier Séguier*, 57; note de M. Floquet.

Villeroy, messieurs les secrétaires d'état et autres seigneurs de la cour, auxquels ils ont envoyé les présents de vin d'Espagne ; *ayant, lesdits jours et les suivants, distribué, de la part de la ville, quelques sommes de deniers à quantité d'officiers de la maison du Roi et de la Reine, pour leurs droits, qu'ils sont venus demander et qu'ils ont dit leur être dûs aux premières entrées.*

« Il sera aussi noté que, *sur la porte de Martainville, par laquelle leurs Majestés ont fait leur entrée en cette ville,* il y a été mis deux écussons : l'un aux armes de France et de Navarre, et l'autre aux armes de la Reine-régente, mère du Roi ; comme aussi deux pareils écussons sur chacune des première et seconde portes de Saint-Ouen. Plus, qu'il a été placé un écusson aux armes de monseigneur le duc d'Anjou[1] sur la porte de son appartement, qui est celui du receveur de Saint-Ouen ; un autre écusson aux armes de Mademoiselle sur la porte de son logement ; et deux écussons aux armes de monseigneur le cardinal Mazarin sur les deux portes de l'archevêché où il a pris logement, le tout par ordre du sieur de Saintot[2]. »

[1] Frère de Louis XIV, depuis duc d'Orléans.

[2] A. M., reg. A, 1647—1671, 150—157. — Farin, qui écrivait vers 1668, ne dit pas le plus petit mot de cette entrée, dont il a

La cour passa quinze jours à Rouen, pendant lesquels elle acheva de ruiner le crédit de Longueville. La Reine s'empressa d'écarter de toutes les fonctions les créatures du gouverneur, et de les remplacer par des gens dont elle fût sûre. Parmi les nominations nombreuses qu'occasionna cette réaction, il en est une que je dois rappeler ici, c'est celle de *Pierre Corneille*, qui obtint la charge de Procureur des États de Normandie [1].

dû être témoin. Ses continuateurs ont réparé cette omission, mais ils ont trouvé moyen de glisser une erreur dans les dix lignes qu'ils consacrent à cette solennité. Ils font arriver la Reine le lendemain de l'entrée du Roi. On vient de voir qu'elle était arrivée avec son fils.

[1] M. Floquet a le premier signalé ce fait dans l'*Histoire du Parlement*. Voici le texte des lettres du Roi : « *De par le Roi*. Sa « Majesté ayant, pour des considérations importantes à son ser- « vice, destitué, par son ordonnance de ce jour d'hui, le sieur « Baudry de la charge de procureur des Estats de Normandie, « et estant nécessaire de la remplir *de quelque personne capable,* « *et dont la fidélité et affection soit connue*, sadite Majesté « a fait choix du sieur *de Corneille*, lequel, par l'advis de la « Reyne régente, sa mère, elle a commis et commet à ladite « charge, au lieu et place dudit sieur Baudry, pour doresna- « vant l'exercer et en faire les fonctions, jusques à la tenue des « Estats prochains, et jusques à ce qu'il en soit autrement or- « donné par sadite Majesté, laquelle mande et ordonne à tous « qu'il appartiendra, de reconnoistre ledit sieur *de Corneille* en « ladite qualité de Procureur desdits Estats, sans difficulté. « Faict à Rouen le XVe jour de febvrier XVIe cinquante. Signé « Louis, et plus bas DE LOMÉNIE. » (A. M., Reg. A, 1647 — 1671, 169 v.)

Louis XIV quitta Rouen, où il ne revint jamais, le dimanche 20 février 1650[1].

L'histoire des faits est épuisée; nous voici revenus en face du monument. Si j'ai réussi, ou plutôt si les documents tout-à-fait inédits dont j'ai surchargé ces pages, ont réussi à exciter quelque sympathie pour la porte Martinville, ce retour ne sera pas sans tristesse, car nous n'avons plus qu'à suivre les progrès de sa décadence et de sa destruction.

Cinquante ans environ après la solennité qui l'avait ranimée un moment, la porte Martinville commença à déchoir.

Les remparts abandonnés tombaient pierre à pierre, pour ne plus se relever; leurs tourelles croulantes n'avaient plus à se défendre que contre les entreprises des fraudeurs. Les Aides venaient de remplacer pour jamais les bourgeois en armes, qui naguère veillaient à la sûreté des portes. La ville démantelée s'ouvrait de toutes parts pour laisser déborder au dehors l'industrie

---

[1] *Pièces justificatives*, prem. part., n° 14. — Les détails de ce départ m'ont paru mériter d'être publiés, comme complément des cérémonies auxquelles a donné lieu la présence de Louis XIV à Rouen. Je les ai renvoyés aux *Pièces justificatives*, parce qu'ils s'écartaient trop de mon sujet.

et la prospérité que sa vaste enceinte de murailles ne pouvait plus contenir. La porte Martinville, après avoir perdu, comme toutes les autres, son utilité militaire, se vit encore ravir tous les avantages de sa position.

Rouen avait cessé d'être une place de guerre. Ses fortifications étant devenues inutiles, on ne tarda pas à les trouver gênantes. En 1688, l'intendant Le Blanc comprit combien il serait avantageux d'établir une communication directe entre la route de Paris et le centre de la ville. Il voulut changer en une large chaussée le sentier qui descendait, à travers les marais, du cimetière de Saint-Paul au quai de la tour Guillaume-Lion, et dans lequel un piéton osait à peine se hasarder [1]. Ce projet, présenté au conseil municipal, y reçut un fort mauvais accueil [2]. Mais, après qu'il eut dormi pendant six ans, on le reprit avec plus de succès. Le 27 mai 1694, la construction du chemin neuf fut définitivement résolue. Alors la misère était grande ; deux années de disette avaient affamé la population. Les pauvres, auxquels la charité publique et privée

---

[1] Lecocq de Villeray, *Abrégé de l'Histoire ecclésiastique, civile et politique de la ville de Rouen*, 1759, 203.

[2] A. M., Reg. A, 1671—1693, dél. du 3 mai 1688.

ne pouvait offrir que des secours insuffisants, sont appelés à ces travaux, et se mettent immédiatement à l'ouvrage[1]. Cependant, ce fut seulement en 1709 que la nouvelle route put être livrée à la circulation[2].

De ce moment, la porte Martinville est perdue, et, avec elle, le quartier qui a gardé son nom. On la négligea long-temps, puis on en vint à porter la main sur elle ! Ses créneaux étaient debout encore; mais, minés et désunis par le temps, ils restaient suspendus comme une menace sur la tête des imprudents qui s'approchaient de ses tours. Le 7 avril 1732, au moment où le messager de Beauvais entrait sous la porte, une pierre, se détachant de ces créneaux, écrasa un des chevaux qui traînaient sa voiture. La mort de l'animal reçut une prompte et éclatante vengeance! Dès le lendemain, les échevins ordonnèrent la destruction des parties ruinées, et la main des démolisseurs découronna sans pitié ce front vénérable[3].

Cependant, en 1767, des idées de conservation inspirées par l'intérêt, retardèrent encore de

[1] A. M., Reg. A, 1692—1719, 27 r.
[2] Lecocq de Villeray, 203.— Le Chemin-Neuf ne fut planté qu'en 1730.
[3] A. M., Reg. B, 1710—1732.

quelques années la ruine complète de l'édifice. On voulait tirer un revenu de ce bâtiment dont la disposition incommode rendait la location difficile ; mais ses charpentes vermoulues succombaient sous le poids des ardoises dont elles étaient chargées, et ses planchers pourris se seraient effondrés sous les pas d'un enfant. Le conseil délibéra, le 1er octobre, qu'il ferait faire les travaux de consolidation que commandait ce déplorable état de choses. On hésita entre deux moyens de réparation : remplacerait-on la toiture par une plate-forme, ou élèverait-on une toiture nouvelle? On s'arrêta à ce dernier parti[1]. Quelques jours après, la porte Martinville fut louée à Antoine d'Ingremont[2].

C'est lorsqu'elle était dans l'état où l'avaient mise la démolition de 1732 et les restaurations de 1767, que fut fait, en 1774, le dessin dont j'ai donné la copie. L'artiste a rendu avec une fidélité scrupuleuse l'aspect de désolation qu'elle offrait alors. Ses créneaux sont abattus, les siècles ont rongé ses murailles, son pont-levis est tombé en poussière, et la chaussée arrive de plain-pied

---

[1] A. M., Reg. A, 1758—1771, 166 r.
[2] Voir page 143.

jusqu'au seuil de la grande entrée, que la herse ne ferme plus.

Bientôt les fossés comblés se changent en paisibles allées [1770-1780]; la caserne s'élève devant les murs détruits; on détourne le cours des ruisseaux qui baignaient les remparts; les marais remblayés forment une vaste esplanade [1], et la porte Martinville voit raser au niveau du sol le bastion qui la défendait depuis deux siècles (1777)[2].

C'était le présage de sa chute prochaine. Délaissée par l'ingratitude publique, comme ces vieux guerriers dont la paix fait oublier les services, elle devint d'abord un objet d'indifférence, et bientôt sa tournure gothique importuna une génération que l'instinct du renouvellement commençait à tourmenter. Cette population, chez laquelle l'inquiétude de sa destinée future avait éteint tout sentiment de la religion des souvenirs, ne voyait plus qu'avec dégoût cette voûte

---

[1] Ce terrain était si bas et si marécageux, que l'emploi de la hache a été nécessaire pour abattre les touffes épaisses des roseaux qui en couvraient la surface, et qu'il a fallu huit à dix pieds de remblais pour élever le Champ de Mars à la hauteur où il est aujourd'hui.

[2] A. M., tiroir CCCCIX, 3.

humide et dégradée qui jetait sur les passants la tristesse et le froid du tombeau. L'arcade resserrée de cette porte était devenue trop étroite et trop basse pour une civilisation impatiente de liberté, d'espace, d'air et de mouvement. Le progrès ne devait pas tarder à renverser l'obstacle qui obstruait son passage.

Dans la séance du 5 septembre 1782, le maire de Rouen, Lallemand, proposa de demander la suppression de la porte Martinville. Sa proposition fut adoptée, et les échevins reçurent la mission de présenter une requête au conseil du Roi pour obtenir qu'il en autorisât la démolition [1]. Dans cette requête, envoyée dès le 28 septembre, les échevins font valoir les raisons suivantes : « que la voûte et le massif d'une des por-
« tes de la ville, appelée la porte Martainville,
« sont dans un état de vétusté qui expose le pu=
« blic à de fréquents dangers par la chute des
« pierres et des matériaux qui s'en détachent
« très-souvent; que la réparation de cette porte
« entraîneroit des frais immenses, et perpétueroit
« d'ailleurs les inconvénients qui résultent de sa
« situation actuelle; son étranglement y occasion-
« nant journellement des embarras de voitures

---

[1] A. M., Reg. A, 1771—1784, 249 v.

« qui y arrivent, tant du bourg de Darnétal que
« des faubourgs d'Eauplet et de Martainville, lieux
« très peuplés et très considérables par le nom-
« bre des moulins et des manufactures qui y sont
« établis, et que, dans ces circonstances, l'inté-
« rêt et la sûreté publique, ainsi que l'économie
« dans l'administration des revenus municipaux,
« devenue d'autant plus nécessaire que les nou-
« velles impositions les rendent insuffisants à
« leurs charges, ils se réunissent [le maire et les
« échevins] pour solliciter la démolition des
« dites voûtes, porte et massifs[1]. »

La réponse ne se fit pas long-temps attendre.
Le 17 novembre, M. de Crosne remit aux échevins le brevet du Roi, daté du 8, qui contenait
l'arrêt de mort de la porte Martinville[2].

Le cahier des charges pour la démolition de la
vieille porte et la construction d'une porte neuve
qui devait la remplacer, fut publié le 12 février
1783. L'adjudication, faite le 18 mars, échut au
sieur Pierre Gaillard, au prix de 625 livres [3].

---

[1] A. M., tiroir CCXLIII, 2.

[2] A. M., ibid. — L'original de ce brevet sur parchemin,
signé de la main de Louis XVI, est conservé aux Archives municipales.

[3] A. M., ibid.

Quelques mois après, la porte Martinville n'existait plus!

Un ingénieur nommé De Cessart, avait présenté en 1782 un projet pour la nouvelle porte[1]. Ce plan substituait au monument du moyen-âge, une de ces constructions dans le goût du jour, qui assimilait une porte de ville à la porte d'une demeure particulière. Il ne fut pas adopté. On lui préféra celui de M. Gueroult, que l'on joignit au cahier de charges, et qui consistait en deux chétives maisonnettes à plate et maigre façade[2], sur chacune desquelles s'appuyait un petit pavillon dans le style des bureaux de l'octroi de Paris. L'espace qui séparait ces deux *guérites*, comme on les appelle dans le devis, était rempli par une grille de fer[3].

Mais ces mesquines constructions ne devaient pas avoir une longue durée. Au mois d'août

[1] A. M., Carton des plans. *Plan général des Casernes du Pré-aux-Loups*, du 3 mai 1782, par De Cessart.

[2] Ces deux maisons se voient encore au bout de la rue Martinville, qu'elles regardent obliquement, l'une du coin de la rue du Rempart, l'autre du coin de la rue des Prés. Il faut avoir eu le plan sous les yeux pour se décider à croire que ces deux bicoques aient jamais pu faire partie d'un monument quelconque.

[3] A. M., tiroir CCXLIII, et Carton des plans.

1789, Rouen était dans une grande fermentation. Plusieurs émeutes avaient déjà épouvanté nos rues, lorsque, le 4 août, on vint annoncer au conseil municipal réuni en permanence à l'hôtel de ville, que le peuple, après avoir bouleversé le jardin de l'intendance et coupé les peupliers qui l'ombrageaient pour s'en faire des bâtons, avait envahi, saccagé et brûlé les bureaux des aides placés aux portes de la ville[1]. Les *guérites* de la porte Martinville ne furent pas épargnées, et, au dire des anciens, jamais on ne les a rétablies.

Cependant la grille existait toujours; et si cette clôture toute fiscale ne servait plus pour la guerre, elle était du moins utile pour la police. Au moment des troubles, la barrière de Martinville, que l'on honorait encore du nom de porte, avait été fermée pour assurer la tranquilité du quartier le plus remuant. Les habitants à qui cette mesure causait un grand préjudice, demandèrent sa réouverture, que le conseil municipal leur accorda le 11 août, aux conditions suivantes:

« 1° De former un corps de garde à cette porte, « composé de six bourgeois qui se réuniront aux

---

[1] A. M., Reg. Y—1, 91. — *Pièces justificat.*, prem. part., n° 15.

« quatre soldats que M. le marquis d'Harcourt
« a ordonné d'y poser, et d'y établir deux fac-
« tionnaires.

« 2° De veiller et protéger, non seulement la
« perception des droits du Roi, de la ville et
« des hôpitaux, mais encore de vérifier les pas-
« se-ports de tous les étrangers, d'arrêter ceux
« qui leur paraîtront suspects, et de les conduire
« au bureau de sûreté pour y être entendus.

« 3° De se trouver au poste à l'ouverture de la
« porte, et de ne pas désemparer jusqu'au mo-
« ment où elle sera fermée, etc. [1]

J'ai insisté sur cette circonstance, parce que
j'y vois un reflet du passé. Cette ordonnance ne
semble-t-elle pas copiée dans les registres du xv[e]
siècle? La cité est en émoi; la révolte s'agite et
hurle dans ses murs; le peuple déchaîné ren-
verse et réduit en cendres tout ce qui lui rappelle
les aides et les taxes; les bourgeois, tremblant
pour leurs richesses, ferment la ville pour mieux
étouffer l'émeute; le vieux Rouen nous apparaît
tout entier; ses murailles sortent de leurs ruines,
et la porte Martainville dresse encore ses tours
séculaires sur le sol d'où on l'avait arrachée !

---

[1] A. M., Reg. Y—1, 130 r.

Afin que rien ne manque à cette résurrection momentanée, un pompeux cortége arrive devant l'emplacement de la porte Martinville [27 octobre]. Ce cortège est à la fois inquiet et menaçant. Le maire, les échevins, les officiers et les serviteurs de la ville, à cheval, marchent lentement, escortés de nombreux détachements de troupes et précédés d'un drapeau rouge. Ils s'arrêtent ; un morne et lugubre silence oppresse la foule, et une voix lit le terrible décret que vient de rendre l'Assemblée nationale, et qui se résume dans cette phrase sinistre : *On va faire feu ! que les bons citoyens se retirent.* C'était la publication de la loi martiale[1].

Tel est le dernier fait qui rappelle la porte Martinville. Peu à peu, son nom même, après avoir survécu au monument, s'efface dans les actes et s'éteint dans les souvenirs. L'octroi étendant ses bras élastiques et avides, enlève, pour la porter au loin, la barrière, misérable et dernier vestige de l'existence de la glorieuse

---

[1] A. M. Reg. Y—1, 430 et 434. — *Pièces justificatives*, prem. part., n° 16. — L'*Almanach historique de la ville de Rouen*, qui contient un résumé de l'histoire de cette ville, depuis saint Mellon jusqu'au 27 août 1796, reporte, par erreur, la publication de la loi martiale à Rouen, au 31 octobre.

forteresse. Rien n'indique plus aux étrangers que là fut un château formidable, et les habitants mêmes de notre ville passent indifférents sur cette terre qu'animent tant de souvenirs.

PIÈCES JUSTIFICATIVES.

PIÈCES JUSTIFICATIVES.

Première Partie.

1.

SOMMES PRÉLEVÉES SUR LES AIDES

Pour les Travaux des Fortifications et de la Porte Martinville.

Délibération du 2 décembre 1396.[1]

L'an de grace m ccc iiij^{xx} et saize, le ij^e jour de décembre, devant nous Johan de La Tuille, bailli de Rouen[2], etc., Guillaume sire de Bellengues, chevalier, cappitaine de Rouen[3], présens : sire Guillaume Alorge, Johan Mustel, Guil-

---

[1] Reg. A, 1696—1698, 25 v.

[2] J'ai trouvé, pour la première fois, Jean de la Tuille figurant, comme bailli de Rouen, le 1er mars 1389, sur le vidimus d'une charte de Richard Cœur-de-Lion. Il paraît dans les registres jusqu'au 2 septembre 1398. Une lacune empêche de le suivre plus loin.

[3] Guillaume de Bellengues, chambellan du roi, nommé capitaine de Rouen et de Sainte-Catherine, le jour de Pâques 1382, fut le premier après l'anéantissement de la commune, et succéda

laume de Caugy, Guillaume Le Grant et Nicolas Le Roux[1], conseillers, Johan d'Orléans[2], esleu, et Johan Alorge.

Du consentement et accort des dessusdis conseillers, sur ce que ledit mons. le cappitaine vouloit limiter[3] l'aide de x s. t. pour queue de vin[4], de ceste présente année

au dernier maire, Robert Deschamps, qui avait en même temps, dans ses larges attributions, l'administration civile et le commandement militaire de la ville. Il mourut le 16 septembre 1409. Son nom et celui de J de la Tuille sont inscrits sur la plaque de cuivre du Beffroi [1398]. Voir la note lue à l'Académie de Rouen, par M. Ballin, qui a relevé une copie de cette inscription. Le nom de Bellengues, ainsi que nous l'avons vérifié sur la plaque elle-même, est écrit Belleygues, par erreur du graveur.

[1] Ces familles, dont quelques-unes ont encore des descendants, faisaient partie du petit nombre de celles qui ont formé, pendant plusieurs siècles, notre haute aristocratie bourgeoise, et auxquelles les fonctions administratives étaient exclusivement réservées. Les Alorge ont fourni deux maires à la ville de Rouen : Robert, dans l'année 1348-1349, et Guillaume lui-même, qui l'a été deux fois, en 1372-1373 et en 1375-1376. Un Roger Mustel a été deux fois maire [1341-1342 et 1351-1352]. Un Guillaume Le Grand a été maire deux fois aussi [1342-1343 et 1360-1361]. Nicolas Le Roux est celui que Farin appelle *Lernier*.

[2] Jean d'Orléans, sur lequel j'ai déjà eu occasion de donner quelques détails (page 42, note 3), descendait aussi d'une famille municipale. Philippe et Jean d'Orléans ont été maires, le premier en 1354-1355, le second en 1358-1359.

[3] Arrêter, spécifier, fixer. Roquefort, au mot LIMIT.

[4] La queue de vin était d'un demi tonneau ou deux barriques. Dix sous d'alors valent environ 4 francs 40 centimes, en calculant d'après la valeur relative du marc d'argent. Si l'on compare les octrois de 1396 à ceux de 1844, la différence sera beaucoup plus grande, car deux barriques de vin paient aujourd'hui à la ville environ 22 francs de droits. Voir, pour les évaluations et les comparaisons des prix et des monnaies, la deuxième partie des *Pièces justificatives*.

qui commencha le xv⁰ jour de septembre derrain¹ passé, pour en surtraire certaine porcion pour employer en l'ouvrage de la fortifficacion de la ville de Rouen : Aprez l'estat de la revenue² et aussi des neccessités et affaires d'icelle ville, veu et regardé, et ou³ dit estat trouvé que ladicte ville devoit ij⁰ l. t.⁴ qu'elle avoit prins à⁵ soy aidier, de la porcion de la fortifficacion de l'année passée, et en demouroit en reste : Fu délibéré que, sur ledit aide de x s. pour queue de vin de l'année présente, l'en⁶ prendroit de ce, pour la fortifficacion, mil livres tornois⁷, pour employer en l'ouvrage d'icelle ; et aussi que ladicte ville restitueroit, en ladicte année, les dis ij⁰ l. t.⁸ qu'elle y devoit, pour y employer et convertir semblablement. Ainsi font mil ij⁰ l. t. qui furent ordonnés estre convertis, c'est assavoir : en la perfection de la tour du pont d'Aubette et de la tour Guillaume-Lyon⁹, *et le résidu en certain ouvrage qui sera ordonné à faire une porte à Martainville.* Réservez les l l.¹⁰ qui furent ordonnées pour les gaiges du commis à ce faire faire, selon l'instruccion picchà¹¹ sur ce faicte. Et fu dit que ou caz que Johan Alorge s'en voudroit chargier, il y seroit ordonné¹².

¹ Dernier.   ² Des revenus.   ³ Au.   ⁴ 200 liv. : 1,750 fr.

⁵ Pour.   ⁶ L'on.   ⁷ 1000 liv. : 8,750 fr.   ⁸ 1200 liv. : 10,500 fr.

⁹ J'ai dit un mot de la construction de ces deux tours à la page 35, note 3.

¹⁰ 50 livres : 440 francs.

¹¹ Il y a un certain temps.

¹² Les fonctions que remplit J. Alorge sont celles de *Gouverneur de la Forteresse de la ville*, qualification qui n'a pas du tout, comme on le voit, le sens qu'on serait tenté de lui attribuer. Le

498 SOMMES PRÉLEVÉES SUR LES AIDES

Délibération du 12 octobre 1397.[1]

L'an mil ccc iiij[xx] et xvij, le xij° jour d'octobre, Devant nous Johan de la Tuille, bailli de Rouen et de Gisors, présens : Guillaume sire de Bélengues[2], chevalier chambellen du Roy, cappitaine de Rouen, sire Guillaume Alorge, Johan Mustel, Guillaume de Gaugy, et Nicolas Le Roux, conseilliers de ladicte ville, maistre Johan Leclerc et Pierre Hermen[3].

Sur ce que ledit cappitaine vouloit limiter et leaer[4] certaine porcion, pour la fortifficacion de ladicte ville,

gouverneur de la forteresse était chargé de surveiller les travaux que le *Maître des ouvrages de Maçonnerie* dirigeait, et de tenir la comptabilité des dépenses que ces travaux occasionnaient. Aussi le nomme-t-on souvent *Receveur des deniers de la Fortification, Receveur et payeur de la Fortification*. On lui donne encore le titre de *Commis aux ouvrages de la Fortification*. Il fut remplacé le 16 mars 1398, et non pas 1396, comme on l'a imprimé par erreur (page 40, note 1), par Guillaume Le Conte, et nommé *Visiteur et regardeur des ouvrages de la Fortification*.

[1] Reg. A, 1696—1698, 45 r. — Cette délibération et la précédente font connaître le mode suivi pour le vote des dépenses consacrées aux fortifications. Le bailli présidait le conseil depuis la destruction de la commune, mais le capitaine y assistait, et le présidait même, en l'absence du bailli, quand on devait y agiter une question militaire. On ne faisait rien pour la défense de la ville, sans la présence ou l'approbation du capitaine.

[2] Dans la délibération précédente, on lit *Bellengues*. Je me suis conformé pour les noms propres, comme pour tout le reste, aux fréquentes variations d'orthographe qui se rencontrent dans les textes originaux.

[3] Voir page 38, note 6.

[4] Élargir, augmenter : de *lé* qui veut dire *large*.

sur les aides d'icelle : Après l'estat des rentes, revenues, *mises*¹ et despens d'icelle, veu et regardé par les dessusdis, fu délibéré que, sur l'aide de x s. t. pour queue de vin, octroié par le Roy notre seigneur à ladicte ville, pour l'an commenchant le xv⁵ jour de septembre derrain passé, seroit levée et cuillie² la somme de quatorze cens l l. t.³, pour tourner et convertir en l'ouvrage de la fortifficacion de ladicte ville, c'est assavoir : *en l'ouvrage de la porte Martainville*, et autres ouvrages neccessaires en ladite fortifficacion, réservé les l l. qui sont ordonnées pour les gaiges du commis à ce faire faire.

¹ Menues dépenses.
² Cueillie.
³ 1,450 livres vaudraient aujourd'hui environ 12,700 francs, en calculant, comme je l'ai fait jusqu'ici, sur le prix relatif du marc d'argent.

II.

CHOIX D'UN EMPLACEMENT

Pour la porte Martinville.

DÉLIBÉRATION DU 10 JUILLET 1398.[1]

Le xe jour dudit mois et an [2], devant nous Guillaume sire de Bélengues, chevalier, cappitaine de Rouen, *de relevée à la porte de Martainville*, présens : J. d'Orléans notre lieutenant, sire Guillaume Alorge, Guillaume de Gaugi et Gaultier Campion, conseilliers, P. Hermen, receveur.

Furent présens : maistre Johan Atabours, maistre Johan de Baïeux [3], machons, maistre Johan de Sote-

---

[1] Reg. A, 1696—1698, 69 v.
[2] Juillet 1398.
[3] Il avait remplacé son père, comme *Maître des ouvrages de Maçonnerie de la ville*, le 15 mars 1398.
Jehan de Bayeux père, nommé à ces fonctions, qui équivalaient à celles d'architecte de la ville, le 5 août 1389, avait prêté serment le 19 du même mois. Ce fut lui qui commença les travaux de la porte Martinville. Il avait 10 livres de gages, auxquelles

ville¹, maistre Guillaume Dufresnay, maistre Johan Lemonnier, maistre Johan Asselin, carpentiers jurez,

Joh. Petit Ducoq,	Guill. Le Tavernier,
Simon du Valrichier²,	Michel Le Barrier,
Rog. Martin,	Joh. Le Cras⁵,
Robin de Baudribosc,	Robert Du Marest,
Joh. Le Treffilier³,	Colin Decaux,
Joh. de Boymare,	Adam Grenet,
Guill. Gaudin,	Joh. de Rue,
Joh. Jourdain,	Rog. Daniel⁶,
Joh. Cayin,	Jaque Letourneur,
Almaury Filleul⁴,	Robert Alorge,
Colin Daguenet,	Guill. Alorge le jeune,
Pierres Le Carbonnier,	Joh. Le Merchier,

tous bourgeois de Rouen.

on en ajouta 10 autres, le 29 septembre 1395, pour l'indemniser d'un surcroit de travail. Il était en même temps maître de maçonnerie de Notre-Dame de Rouen, comme on l'a vu par une note de M. Deville (page 51). Cette double clientelle ne l'avait point enrichi, car, lorsqu'il mourut, son fils renonça à sa succession.

¹ *Maître des ouvrages de Charpenterie de la ville*, v. p. 37, note 4.

² Cette famille compte deux de ses membres, Geoffroy et Vincent, qui ont occupé six fois la mairie de 1233 à 1348.

³ Probablement le fils de celui qui a été maire deux années de suite de 1376 à 1378.

⁴ Huit membres de la famille Filleul ont été, dix fois, maires de Rouen de 1235 à 1367.

⁵ Le nom de *Le Cras* a été changé en *Le Gras* ; cependant, le premier est la véritable traduction de *crassus*, dont il a tiré son origine.

⁶ Un Gilles Daniel a été maire en 1361-1362.

CHOIX D'UN EMPLACEMENT.

Par lesquelx fû délibéré, et par le conseil et avis desdis maistres machons et carpentiers, que l'en sonderoit de deux grans pelx [1] longs, *ou lieu ordonné à asseoir une porte à Martainville*, pour trouver ferme terre, c'est assavoir : en chacun costé d'un pel. Et se l'en y trouvoit ferme terre, ycelle seroit exquise [2] pour faire lesdis fondemens, et, si non, l'en mettroit la terre à ouny [3] et piloteroit l'en [4] oudit lieu, pour fonder ladicte porte.

[1] Pieux.
[2] Choisie.
[3] Uni.—On nivellerait le terrain.
[4] Piloterait-on : on piloterait.

III.

RAPPORT DES EXPERTS

CHARGÉS DE SONDER LE TERRAIN

Sur lequel doit être construite la porte Martinville.

DÉLIBÉRATION DU 13 JUILLET 1398.[1]

Le samedi xiij^e jour de juillet mil ccc iiij^{xx} et xviij, devant nous Johan de la Tuille, bailli, etc., Guillaume de Bélengues, chevalier, cappitaine de Rouen, présens : Sire Guillaume Alorge, Guillaume de Gaugi et Gautier Campion, conseilliers, Johan Le Tavernier, procureur, Pierre Hermen, receveur.

Furent présens : Maistre Johan Atabours, maistre Johan de Bayeux, Guillaume de Baïeux, machons, maistre Guillaume Dufresnay, maistre Johan de Soteville, carpentiers.

Lesquelx nous rapportèrent, à leurs avis et con-

---

[1] Reg. A, 1396—1398, 71 v Voir le fac-simile.

sciences, que c'estoit nécessité que l'en pillotast de pelx, *ou lieu et place ordonnée à faire les fondemens, pour fonder une porte à Martainville.*

Et, pour ce, présentement fu commandé audis De Soteville, Baïeux et Guillaume Le Conte, que, le plus brief que faire se pourroit, les terres de ladicte place fussent mises à l'ouny[1] et que l'en feist diligence d'avoir des pelx pour y pillotter, et que bien et diligeaument l'en y pillottast, ainsi comme il appartient.

Item ce jour, fu commandé à Guillaume Le Conte, commis sur les ouvrages de ladicte fortiffication, que il paie lesdis maistre Johan de Soteville et Johan de Bayeux de leurs journées qu'ilz ont vaqué et vaqueront oudit ouvrage, c'est assavoir : pour chacun jour à chacun d'eulx iij s.[2] et, se ilz vont hors pour ledit fait, à chacun x s.[3] pour jour.

[1] Nivelées.
[2] 3 sous : 1 franc 30 cent.
[3] 10 sous : 4 francs 35 centimes.

IV.

CONTESTATION

ENTRE LA VILLE ET LE LIEUTENANT DU CAPITAINE,

Pour la possession d'une baraque construite près de la porte Martinville.

LETTRE DE CHARLES VI, DU 22 AVRIL 1400.[1]

Item, unes lettres du Roy Charles, en forme de dolléance, donnez à Paris, le vingt deuxième jour d'avril, l'an mil quatre cens, après Pasques, comme le procureur desdits habitans, se porta pour complaignant de Jehan d'Orléans, lieutenant de messire Guillaume de Bélengues, capitaine de ladite ville, de ce que ledit lieutenant avoit mis demourer en certain lieu que lesdits habitans avaient fait faire, *vers la porte Martainville*, en attendant que icelle porte, qui estoit en ruyne, feust faicte de nouveau, ung nommé Doré, et rompeu les ser-

---

[1] Reg. U—2, 74 r. *Inventaire des Archives municipales*, dressé au XVIe siècle.

rures et fermetures que les dessusdits avoient faict faire, combien que à ce se feussent opposez ; et, néantmoins ce, ledit lieutenant n'avoit cessé. Et icelle dolléance rellevée en l'eschiquier ; lesdits lettres exécutées par Jehan Léger[1], lieutenant général du bailly de Rouen, ou son lieutenant, le penultime jour d'avril, après Pasques, l'an mil quatre cens, et exploicté par Robert Roussel, sergent à mace en ladite ville, le xij[e] jour de mai, après Pasques, audit an mil quatre cens, et fut réintégrée des clefs, etc.

ARRÊT DE L'ÉCHIQUIER DE 1408[2].

Item ung acte en parchemin, passé en l'an mil quatre cens et huit, en l'eschiquier de Normandie, au terme de Pasques, comme, sur la remonstrance faicte par les bourgoys et habitans de ladite ville, à l'encontre de Jehan d'Orléans, au nom et comme lieutenant de messire Guillaume de Bélengues, cappitaine de ladite ville, qu'ils soutiennent à leurs cousts, frais et despens, les clostures, portes, murailles, tours et forteresses de ladite ville, et que à eulx appartient sçavoir et cognoistre les gens et personnes demeurant ès portes et forteresses, et ceulx qui gardent de nuyt les clefs d'icelles, et s'ils sont loyaulx et suffisans pour la garde et seureté d'icelle ville et des habitans d'icelle, à ce que

---

[1] Celui qui fut égorgé par la populace, avec Raoul de Gaucour, dans l'émeute de 1417. (Chéruel, *Histoire de Rouen sous la Domination anglaise.*)

[2] Reg. U—2, 74 v.

aucun inconvenient ne puisse advenir. Et sur ce que lesdits habitans avoient, *à lendroit de la porte Martainville, fait faire une maison de boys, en attendant que l'en eust faict une porte neufve audit lieu de Martainville*, ledit d'Orléans y avoit mis demourer ung nommé Robert Doré, ce qu'il ne pouvoit faire. Ce qui avoit esté soustenu au contraire disant que, à cause de sondit office, luy appartenoit à faire faire guet et garde par toute ladite ville, clostures, portes et autres fermeures[1] de ladite ville, et que de ce il estoit en bonne saisine et possession. Sur quoy fut appoincté entre le procureur de ladite ville d'une part, Jehan d'Orléans et Doré d'autre, que le cas dont estoit question pour lors, fust repputé comme non advenu, et tout le procès mis au néant et ce qui s'en est ensuyvy. et eulx en aller sans jour et despens l'un contre l'autre ; sans ce que ledit traicté porte aucun préjudice audit cappitaine et à ses successeurs, qu'il ne puissent mettre guet et garde touteffoys qu'il leur plaira, selon la forme que l'en avoit acoustumé user, audevant du cas advenu dudit Doré. Et ausdits bourgoys et habitans, au contraire, comme ils eussent peu faire audevant dudit cas advenu, etc [2]

[1] Fermetures.

[2] La ville était fort adoucie par la rentrée en possession de sa baraque, car, dans les instructions que donne le conseil à son procureur, le 9 avril 1408, pour les procès qu'il a devant l'Échiquier de Pâques suivant, il dit à propos de cette affaire: « Item de « mons. [le capitaine] et Jehan d'Orléans son lieutenant, puisque « la ville est saisie de la garde de Martainville dont le *descort* « estoit, l'en s'en taira. »

V.

DON DE 6000 LIVRES

A PRENDRE SUR LES AIDES,

Pour être employées aux fortifications et à la construction
de la nouvelle porte Martinville.

CHARTE DE CHARLES VI, DU 25 JUILLET 1404.[1]

Charles, par la grace de Dieu, roy de France, au premier notre sergent qui sur ce sera requis, Salut. Receue avons humble supplicacion de noz bien amez les bourgois et habitans de notre bonne ville de Rouen, contenant que comme, pour le fait de l'ayde nouvellement mis sus, *pour résister, par la mer et autrement, à l'emprise de Henry de Lencastre, soy disant roy d'Engleterre*[2], eulx et l'eslection du lieu aient esté tauxez[2] et assis à la somme de quarante mil livres tournois, dont ilz ont esté très

---

[1] Tiroir CLII, 2. — Original.   [2] Taxés.

grandement grévez, *pour cause que grant partie des maisons de ladicte ville sont vuides, cheues, et tournées en ruyne, par povreté et petit peuple*, et qu'ilz sont chargiez d'une fiefferme¹ qu'ilz tiennent de nous, où ilz ont perdu et perdent bien, chascun an, de xviij^c à ij^m l. t.² Pour lesquelles causes, *et aussi qu'il leur est mestier*³ *et nécessité de faire une porte, estant en ladite ville, nommée la porte de Martainville*, et grant partie des murs de la fortificacion d'icelle ville, qui sont cheuz et tournez en ruyne, qui cousteront bien xx^m frans⁴ et plus, et moult d'autres besoignes qui souvent leur surviègnent, ce que faire ne pourroient sans faire taille en ycelle ville, *à laquelle taille le peuple ne se vouldroit accorder*, pour la grant charge dudit ayde, nous leur ayons naguères donné et octroyé la somme de six mil livres t.⁵ à prendre et avoir, pour une foiz, des deniers dudit ayde, par la main du receveur ordinaire de Rouen à cueillir et lever ycellui ayde ; pour icelle somme de vj^m livres t. employer, tourner et convertir en la fortificacion et réparacion de ladicte ville et non ailleurs, si comme, par noz lettres sur ce faictes, données le cinquième jour de juing derrain passé, puet⁶ plus à plain apparoir, lesqueles noz lettres aient depuis esté vérifiées par nos amez et féaulx conseillers, les commissaires de par nous ordonnés sur le fait dudit ayde, lesquelz ont mandé à Michel du Sablon, receveur général d'icellui aide, que il baillast et délivrast auxdiz supplians, des deniers d'icellui ayde, ladite somme de vj^m livres t., lequel

---

¹ La ferme des moulins.
² 1,800 à 2,000 l. : 15,500 à 16,500 fr.
³ Besoin.
⁴ 20,000 l. : 165,000 francs.
⁵ 6,000 l. : 49,500 francs.
⁶ Peut.

receveur général a baillié sa descharge, par laquelc il
confesse avoir receue de Jehan de Cormeilles, receveur
d'icellui ayde à Rouen, ladicte somme de vj^m livres tournois, lequel Jehan de Cormeilles leur détient encores,
d'icelle somme, la somme de douze cens soixante livres
tournois ; jà soit[1] ce que lesdiz supplians lui aient offert et encores offrent à prendre en paiement ce qui lui
seroit deu, de reste dudit ayde, par les collecteurs de
ladicte ville ou eslection, se aucune chose en estoit deue.
Dont ycellui de Cormeilles a esté ou est refusant ou
délayant[2], qui est ou très grant grief, préjudice et dommage desdiz supplians, et contre la teneur de notredit don, si comme ilz dient, requérans que sur ce leur
vueillons pourveoir de notre gracieux et couverain re-
mède. Pour ce est il que nous, ces choses considérées, te
mandons et commettons, par ces présentes, que tu faces
commandement de par nous, audit Jehan de Cormeilles,
que tanstost et sans délay, ces lettres veues, et sans
autre mandement attendre, ilz face solucion et paiement
auxdiz supplians, ou à leur certain commandement, de
ladicte somme de xij^c lx livres t.[3], en le contraignant à
ce par la prise, levée, vendue et explectation[4] de ses
biens, et détencion de son corps, se mestier[5] est, et tout
par la fourme et manière qu'il est acoustumé à faire
pour noz propres debtes. Et en cas d'opposicion, refus
ou délay, assigne lui jour certain et compétent, par
devant nozdiz conseillers sur le fait dudit ayde, à Paris,
pour dire la cause de son refus, délay ou opposicion,

[1] Ou *jaçoit*: quoique lesdits suppliants, etc.
[2] Opposant des délais.
[3] 10,500 francs.
[4] Exploitation, vente.
[5] Besoin.

respondre auxdiz supplians, ou à leur procureur pour eulx, à tout ce que il lui vouldront demander, et contre lui proposer ou requerre, sur ce et les dépendences, procéder et aler avant oultre, si comme de raison sera, en certiffiant souffisamment, audit jour, lesdiz commissaires, de tout ce que fait en auras, auxquelx nous mandons et commettons que aux parties, ycelles oyes, facent bon et brief droit. Car ainsi nous plaist il 'estre fait, et auxdiz supplians l'avons octroyé et octroyons, de grâce espécial, par ces présentes, non obstans quelzconques lettres subreptices, empétrées¹ ou à empétrer au contraire.

Donné à Paris, le xxv° jour de juillet, l'an de grace mil iiij° et quatre, de notre règne le xxiij°.

Par le Roy, à la relation du Conseil, PHILIPPUS.

¹ Impétrées, obtenues.

VI.

RUPTURE

DE L'ÉCLUSE ET DU PONT DE LA PORTE MARTINVILLE

Par les moines de Sainte=Catherine.

DÉLIBÉRATION DU 26 MAI 1406[1].

Le xxvj^e jour de may mil iiij^c et six, devant Jehan Ligier[2], lieutenant général de mons. le bailli de Rouen, etc. Ad ce présens :

Jehan d'Orléans, lieutenant de mons. le cappitaine,
Guillaume Roulant,
Thomas Le Caron[3],
Michel du Tot,
Simon du Valricher,   } bourgois conseillers de ladicte ville ;
Henry Gueloquet,
Roger Daniel,

[1] Reg. A, 1404—1408, 47 v.
[2] Léger.
[3] Guillaume Roulant et Thomas Le Caron étaient avocats du Roi.

Robert Haquet,
Regnault Cousin,
Jehan Bosquet.

Par lesquielx fu délibéré que l'escluse de la *cauchée de Martainville*, appartenant à ladicte ville, que les religieux de saincte Katherine avoient fait rompre de nuit et de fait, mucéement[1], à l'eure de mynuit, tant que toute l'eaue du *vivier de Martainville*[2], laquelle fait deffence et fortiffie la forteresse de ladicte ville, servante les moulins dudit lieu de Martainville, appartenant à ladicte ville, fieffermes du Roy notre seigneur, ne oudit vivier n'avoit maiz point d'eaue, et estoit ledit vivier demouré à sec, et lesdiz moulins ne poveyent[3] moudre, pour ce que ils n'avoient point d'eaue, qui s'en aloit toute cheoir, par le fossé, en la rivière de Sayne, ycelle seroit reffaicte par office de justice, tant de nous, lieutenant du bailli, comme du lieutenant du cappitaine, pour pourveir, tant au fait de ladite fortifficacion, que pour pourveir auxdiz moulins, pour la substentacion du commun[4] de ladite ville, affin que lesdiz moulins peussent moudre pour ycelle. Et aussi que bref s'en devoit aler l'eaue de Robec, par quoy les autres moulins de la ville, autres que ceux de Martainville, pour ledit temps, ne meullent point; et

[1] Clandestinement, en cachette.

[2] La rivière d'Aubette.

[3] Pouvaient.

[4] Ainsi que le fait très bien observer M. Chéruel (*Histoire de Rouen pendant l'Époque communale*), le mot *commun* ne doit pas être regardé comme un terme de mépris, mais comme l'équivalent de *communauté* ou *commune*.

servent la ville, pour ladicte sepmaine de Penthecoustes, ceux de Martainville.

Item que les déliquans, trouvez par ladicte informacion *avoir de fait abatu le pont de la porte de Martainville* et habité ¹ aux forteresses injurieusement, et qui ont fait ledit fait, seroient miz en prison, se ils pevent estre pris ou apréhendés, espécialement un nommé *Dont Jehan Le Grant*, moigne dudit lieu, et par lui seroit sceu des autres.

Item, l'ouvrage de l'escluse bien et suffisamment restoupée ² et reffaiz, se il advenoit que l'en y vousist ³ mettre empeschement, que aucune personne du costé de la ville, comme les monniers ⁴, ainchois ⁵ qu'ilz y fissent rien préjudiciable, criast *Haro!* à celle fin que la chose demoure en cel estat, ainsi bien reffait.

Item, en tant comme touche l'injure et offence faite par lesdiz religieux à ladicte forteresse, l'infformacion parfaicte les religieux en seront approchés ⁶ (contre) le procureur du Roy notredit seigneur et la ville.

¹ Je n'ai trouvé ce mot dans aucun glossaire; toutefois, celui de Du Cange (Ed. Henschel) offre une expression avec laquelle il semble avoir une grande analogie; c'est celle de HABITIO, qui signifie prise, conquête d'une ville ou d'une forteresse. *Avoir habité aux forteresses*, voudrait dire s'être emparé d'une partie des fortifications de la ville, et, par restriction, les avoir attaquées.

² Refermée.
³ Voulût.
⁴ Meûniers.
⁵ Ainsi : lorsqu'ils y feraient.
⁶ Mis en accusation, poursuivis.

VII.

MESURES DE DÉFENSE.

DÉLIBÉRATION DU 11 NOVEMBRE 1408[1].

Le xj[e] jour de novembre ensuivant, devant nous Jehan Davi, chevalier, etc., bailli de Rouen[2], ad ce présens : messire Guillaume de Bellengues, cappitaine de ladicte ville,

---

[1] Reg. A, 1404—1408, 170 r.

[2] Jehan Davy ou David, ou plus probablement d'Avy, chevalier, seigneur de Saint-Père-Avy, n'était pas le successeur immédiat de J. de la Tuille ; il succéda à Huc de Donquerre, qui occupait ces fonctions au moins depuis 1400. (*Registre de l'Échiquier de Normandie.*) Les bailliages de Rouen et de Gisors, que cumulait Jehan de la Tuille, furent divisés après lui ; car, en 1400 (ibid.), J. Davy était bailli de Gisors. A propos des deux premiers, Farin tombe dans une étrange confusion : il place J. de la Tuille à l'année 1389, et fait arriver Huc de Donquerre en 1395, puis fait revenir J. de la Tuille en 1397.

Les documents officiels sont positifs à cet égard : J. de la Tuille a été bailli de Rouen, de 1389 au plus tard, au 22 septembre 1398, sans interruption. Huc de Donquerre l'était en 1400, et figure sur les registres jusqu'au 18 avril 1406. Jehan Davy paraît le 29 septembre de la même année. Caradas des Quesnes lui succède le 14 avril 1409. On le voit encore à la fin février 1412, époque où nos registres sont interrompus jusqu'à l'expulsion des Anglais.

Thomas Pougnant, Robert La Vasche, advocas du Roy notre seigneur, et Robert de Croismare, procureur d'icellui sĕgneur, Jehan d'Orléans, esleu et lieutenant dudit cappitaine, Thomas Lecaron, advocat, Michel Dutot, Roger Mustel, Robert Alorge et Henri Gueloquet, conseillers d'icelle ville, Simon De la Motte, Roger Daniel, Roger Mustel, l'aisné, Jehan Marguerie, Pierre Daguenet, Jehannot Sachin, Henri Rousselin, receveur, Jehan Le Tavernier, procureur, Guillaume Le Conte, commiz au pontage, Rogerin Mustel, commiz aux ouvrages de ladicte forteresse¹.

Délibéré fu que pour les nouvelles *merveilleuses*² qui estoient entrevenues, l'en mettroit provision de guet aux portes de ladicte ville, tant de jour comme de nuit, tant et tel nombre, et sanz esclandre grant, et le plus secrètement que faire se pourra, et comme il sera advisé, par nous et ledit cappitaine.

Item que nous et ledit cappitaine nous tendrons³ et ferons résidence en ladicte ville, pour arrimer⁴ les gens d'icelle, se aucun inconvénient advenoit, que Dieu ne veulle, à celle fin que le peuple d'icelle ville fust en meilleur et plus sur arroy⁵ et aide, etc.

¹ Guillaume Le Conte avait, comme on le voit, cédé ses fonctions à Rogerin Mustel, pour en prendre d'autres.
² Le duc de Bourgogne, après avoir vaincu les Liégeois à Hasbain, marchait sur Paris. Les princes découragés abandonnaient la partie. La reine s'enfuit le 10 novembre pour aller à Tours, emmenant le roi, qui était dans un accès de frénésie; mais il n'est pas certain que cette dernière nouvelle fût arrivée à Rouen dès le 11.
³ Tiendrons.
⁴ Organiser.
⁵ Disposition, arrangement, équipage.

Item que ledit mons. le cappitaine, le plus secrètement que faire se pourra, enquerra aux C^oiers L^niers, des gens de leurs dites C^nes² qui sont suffisans d'eulx armer, et de les contraindre ad ce faire.

Item, en ycelle ville, de nuit, par espécial, seroit fait guet, par gens seurs, nottables d'icelle ville, tant de justice, comme arbalestriers.

Item, par monsieur le cappitaine enquie³ des gens estans ès dites C^n ⁶, qui sont bons arbalestriers, et de les faire venir devers lui le sèrement⁴, à celle fin que, si besoing estoit, que ils fussent devers lui, prests, où il sera dit, etc.

Item que nous, cappitaine, parlerions aux gens d'église d'icelle ville, à celle fin que ils se tenissent prestz et appareillez d'abillemens et de gens, se besoing en est, etc.

Item que il aroit⁵ certaines personnes ordonnées qui yroient et vendroient à Paris, pour savoir et enquérir, au certain, des nouvelles et rapporter, etc.

Item, il fu ordonné *que les ponts leveys des portes du pont de Sayne et de Martainville fussent tantost*⁶ *faits cloans*⁷ *et fermans*, et faire barrières où mestier sera aux portes.

---

¹ Centeniers et cinquanteniers. Les mesures ordonnées par le conseil étaient transmises aux habitants par les quarteniers chargés de leur exécution. Ils avaient sous leurs ordres des centeniers, des cinquanteniers et des dixainiers.

² Centaines.

³ Serait enquis, serait fait une enquête.

⁴ Serment : les faire venir prêter serment.

⁵ Il y aurait.

⁶ Promptement, immédiatement.

⁷ Je dois réparer ici une faute de lecture que j'ai commise dans la transcription de ce passage, page 63 de mon récit. J'avais d'a-

MESURES DE DÉFENSE.

Item que l'en feist deffence aux hostelliers, que ils ne logassent gens estrangers portans armeures, et que yceulx hostelliers ne [1] soient tenus de venir dire, devers nous, tantost [2] qu'ilz seront logez.

Item, se nouvelles continuoyent et que nécessité fust, que iiij places seroient ordonnées où chacun, selon ce qu'il seroit ordonné, à son droit, se pourroit retraire [3] et venir.

bord lu *chéants*, mais un examen plus attentif du mot, assez mal écrit dans le registre, m'a fait reconnaître qu'il fallait lire *cloans* [du verbe *clore*: c'est le synonyme du mot suivant].

[1] Cette négation qui forme un gros contre-sens, a certainement échappé au greffier, et doit être regardée comme non avenue.

[2] Aussitôt.

[3] Retirer.

VIII.

IMAGES

Placées à la porte Martinville.

DÉLIBÉRATION DU 11 FÉVRIER 1412[1].

L'an de grace mil iiij^c et xj, le xj^e jour de février, présens : Robert Alorge, Rogier Mustel, Henry Gueloquet, Colin de Baudribosc, Guillaume Dubosc, Jehan Marguerie et Robert Des Haies, conseillers de ladicte ville, et Henry Rousselin, receveur, etc.

Oye la requeste de maistre Jehan Lescot[2], *ouvrier d'ymages*, contenant comme une bonne personne, meue de dévotion, qui ne veult pas estre nommée, estoit venue devers luy, lui disant qu'il s'adréchast devers les

---

[1] Registre A, 1404—1408, 173 v. — Comme il s'agit ici d'une question qui ne touche ni l'administration, ni les finances, ni les fortifications de la ville, le conseil délibère sans être présidé par un officier du Roi.

[2] Jean Lescot avait été employé par la ville en 1396. On lui fit faire des sculptures pour le beffroi.

conseillers de ladicte ville, et leur requerre¹, pour icelle personne, et pour acomplir sa bonne devocion, lui feust donné congié de faire faire, à ses despens, *à la porte de Martainville*, en la forteresse de ladicte ville, au dehors d'icelle, où sont troiz espasses pour assoir iij ymages, c'est assavoir : au parmy² l'ymage de la Trinité, à l'un des costés l'ymage de Notre-Dame, et à l'autre costé l'ymage de saincte Katherine. Et, avec ce, de y fère dessoux troiz entrepiez³, comme il y appartient, aux quiex aront⁴, à celui de parmy les armes du Roy, en l'un costé les armes de la duché de Normandie et l'autre costé les armes de la ville. Oye sadicte requeste, elle lui fu accordée, et ledit maistre Jehan, au nom de ladicte bonne personne, les promist fère, rendre et acomplir, parmy ce⁵ que la ville, quant les dis images seront faiz, lui sera tenue de faire aide audit maistre Jehan, de soi establir et trouver aide à assoir lesdiz ymages.

¹ Demande.
² Milieu.
³ Pieds, supports.
⁴ Auxquels il y aura.
⁵ Pourvu, à condition.

IX.

ENTRÉE DU DUC D'ORLÉANS A ROUEN.

PROCÈS-VERBAL DU 6 MARS 1492.[1]

Touchant ce qu'il fut fait à l'entrée de monseigneur d'Orléans à Rouen, gouverneur et lieutenant du Roy en Normandie.

Et le mardi vj⁰ jour de mars, oudit an mil iiij^c iiij^{xx} et xj, qui estoit le mardi gras en icelle année, monseigneur d'Orléans vint et *fist son entrée par la porte Martainville*. Et en sa compaignie estoient monseigneur l'archevesque de Nerbonne[2], monsieur l'évesque de Coustances[3], monsieur le grant séneschal de Normandie[4], monseigneur de Noyon[5] et de Touteville[6], monsieur de Saint

---

[1] Reg. A, 1491—1501, 32 v et s.
[2] Georges d'Amboise. — Voir p. 103, note 2.
[3] Geoffroy Herbert.
[4] Louis de Brézé.
[5] Guillaume Marofin.
[6] D'Estouteville. — Voir p. 103, note 6.

Père¹, monsieur de Walcy, monsieur de Buzy², et autres plusieurs gentilz hommes de sa maison, comme monsieur de Brosse³, d'Estellant⁴, maistre Denis Lemercier, son chancelier. Et chevauchoient devant lui vj ou huit pages qui estoient vestus de diverses couleurs, et y avoit au devant de lui ung gentilhomme qui portoit une espée vestue, et sur l'estui estoient ses armes, et trois trompettes et trois chevaulx vestus à ses armes, excepté ung qui portoit à sa robe la cote d'armes du Roy. Et furent les bourgois honnestement, en longues robes, à l'encontre de lui, à cheval, jusques audessus de la montaigne Saincte-Katherine, près du Mesnil-Hénart⁵, de deux traiz d'arc des hayes d'icellui villaige ou environ. Et à la rencontre qui là fut faicte par lesdits bourgeois du seigneur d'Orléans, jusques au nombre de cent et plus, fut faicte une proposition⁶ par la bouche de sire Pierre Daré, lieutenant général de monsieur le bailly, tous à cheval, laquelle ne fu pas longue, mais fu faicte en très bonne et brefve substance. Et après ledit seigneur ordonna à mondit sieur le bailly⁷ qui conduisoit lesdits

¹ De Saint-Père-Avy, descendant du bailli Davy. Ce seigneur avait été envoyé auprès du conseil, par le duc d'Orléans, pour s'entendre avec lui sur le cérémonial de son entrée.

² De Bussy, frère de Georges d'Amboise. Ce fut lui que le duc d'Orléans nomma son lieutenant.

³ Jehan Tiercelin, sieur de Brosse, figura, plus tard, dans la guerre de Naples. Il fut un des commissaires envoyés à Rouen, par le duc d'Orléans, au mois de juillet 1493, pour travailler à l'élection de Georges d'Amboise, et assista à l'entrée de ce prélat, le 21 septembre 1494.

⁴ Guillaume Picard, qui devint bailli de Rouen.

⁵ Le Mesnil-Esnard.

⁶ Harangue.   ⁷ Colard de Mouy.

bourgois, et lequel avoit avecques lui les xxx sergents de Rouen, avecques aucuns de la C^ne [1], ausquels il avoit fait commandement lui tenir compaignie, avec trois trompettes aux armes de monsieur le bailly, que ils s'en revensissent droit à la ville, ce qu'ils firent. Et après eulx, en venant, ledit seigneur rencontra, environ la prieuré de Saint-Pol, les quatres religions mendiants et les prebtres des paroisses de Rouen, tous revêtus de soupplis[2] aux croix d'icelles églises. *Et furent les maretz de ladite porte Martainville mis en eaue et les escluses d'icelle porte estouppées, pour garder l'eaue èsdits maretz.* Et estoient les portiers, faisant le guet et garde en icelle porte, bien acoustrez en habillement. Et auprès du petit moulin, environ à l'endroit de la Croche[3], y avoit ung esbatement joyeux de pastorerye honnestement habillez, lesquels estoient en une establye[4] qui se portoit et cheminoit audevant quant et ledit seigneur, en laquelle y avoit quatre pasteurs habillez aux armes de monseigneur d'Orléans qui signifioient les quatre lettres de son nom[5], en habillement de pastorerye; et cinq autres, habillez aux armes de la ville de Rouen, lesquels, quand ledit seigneur fut à l'endroit d'eulx, présentèrent, par le commandement d'un grant berger qui là estoit, ung agneau, ausdits autres autres bergers qui habillez estoient ausdictes armes d'Orléans *en disant de beaulx mots qui sont escripts en livre qui sur ce en*

---

[1] La Cinquantaine, compagnie des Arbalètriers.
[2] Surplis.
[3] Crosse.
[4] Tréteau, théâtre en plein vent.
[5] Louis, qui s'écrivait alors *Loys*.

en est fait, en signiffiant l'obéyssance donnée à mondit seigneur, comme gouverneur, par le commandement et ordonnance du Roy, oudit pays. Laquelle establie étoit faicte comme ung parc en forme de cloz, dedans lequel clos y avoit un paveillon, signiffiant que la ville de Rouen, par ledit pavillon, présentoit ledit aignel. Et laquelle establye fut amené devant Saint-Maclou, où elle s'arresta, et ils firent d'autres présents, et de nouveaulx rondeaux, devant ledit seigneur. Et, depuis, vindrent au coing du tabellionnage, devant Notre-Dame, où ils firent plusieurs autres joyeusetez et chanteryes. Et, après ces choses faictes, ledit seigneur descendy et entra en l'église de Notre-Dame de Rouen, où il fu reçeu bien honnorablement, par monseigneur Robert de Croismare, archevesque du lieu, par maistre Jehan Masselin, doyen et son official de ladicte église, avec les chanoynes et autres d'icelle église. Et y eult une proposition, faicte par la bouche de maistre Loys de Grouchy, chanoyne et trésorier de ladicte église; et firent les sérimonies[1] accoutumez, et sonnèrent toutes les cloches de ladite église de vollé, à la louenge dudit seigneur. Et puis, yssit de ladicte église, et vint par devant ladicte bergerie, qui estoit à l'environ dudit tabellionnage, et descendirent lesdits bergers en menant dances joyeuses, marchant devant lui jusques en son logis, qui estoit logé en la maison de monsieur d'Estellant, auprès de Saint-*Candre* en la rue aux *Ouez*[2].

[1] Cérémonies.

[2] *Ouez*, que l'on a traduit par *Ours*, signifie *Oies*. Ainsi la rue *aux Ours* devrait se nommer rue *aux Oies*. La transformation que l'on a fait subir au mot *ouez* a dû provenir d'abord d'un

A ROUEN, EN 1492.

Et le jeudi ensuivant, les trois estats d'icelle ville, assemblez en belle ordonnance, furent devers lui audit hostel, et fut faicte une proposition magniffique, par la bouche de mondit seigneur le Doien, contenant quatre points principaulx, après la révérance à lui faite en toute humilité. Le premier point estoit que son plaisir feust nous entretenir ès droiz et priviléges du païs. Le ij° que justice feust gardée et mise en bon ordre ainsi qu'il appartient. Le troisième que la pugnicion et correction fust faicte sur les gens de guerre, qui font tant de grévance au peuple, ainsi que chacun sçayt[1]. Le iiij° que égalité feust

changement d'orthographe et de prononciation dans ce mot qui s'écrivait et se prononçait *oue*. Mais la cause immédiate de cette altération est l'ignorance de ceux qui, ne se doutant pas du sens attribué au mot *oue*, ont pensé que des *oues* ne pouvaient être que des *ours*. Au reste, cette erreur date de fort loin, car, dès 1587, Taillepied avait mis la rue aux *Ours* dans sa liste des rues de Rouen.

L'église Saint-Cande-le-Jeune n'a pas été démolie; son abside donne à l'entrée de la rue du Petit-Salut, et sa tour se voit de la rue aux Ours, derrière la maison n° 24.

[1] On craignait alors la guerre avec les Anglais, et des troupes avaient été dirigées sur Honfleur. Les soldats traitaient comme pays conquis tous les lieux par où ils passaient. Déjà, le 12 décembre 1491, lorsque le chancelier d'Orléans et le sieur de Montmorency étaient venus notifier au conseil les lettres qui appelaient le duc d'Orléans au gouvernement de la Normandie, les échevins, élevant des plaintes contre les gens d'armes, avaient chargé le chancelier de dire au duc « qu'il lui plaise être moyen « envers le Roy, de oster les gens d'armes hors de ce pays, et qu'ils « n'y feissent plus au temps advenir aucunes violences. » (A. M., Reg. A, 1491-1501, 15 r.)

Dans la réponse que le duc adressa au conseil, par la bouche de son chancelier, à la séance du 10 mars 1492, celui-ci, à propos

gardée sur les deniers qu'il prent en son royaume, et qu'il lui plaise aider aux commissaires, qui sur ce ont esté délégués pour faire ladite resserche[1], et en lui recommandant les faits et affaires de la ville, et que le peuple estoit très joïeux de sa venue, etc.

de cette troisième requête, dit : « La iij*e* des pilleries des « gens d'armes; dès lors que M. le chancellier et de Mont- « morency en furent advertis, ils le remonstrèrent à monseigneur.

« Dit que y avoit un homme, à Fresne, qui venoit lui et ses « gens, sur les villaiges. Monseigneur y envoya, mais il s'en estoit « enfouy.

« Dit qu'il a escript à M. le bailly de Caux et autres bailliz, « que ils facent informacion de la vie que ont mené les gens d'ar- « mes au dit pays, et que ils rapportent à monseigneur qui en fera « la punicion. » (Ibid., 34 v.)

Enfin, dans la lettre qu'il écrivait au Roi, le 9 juin suivant, pour lui rendre compte de l'état dans lequel il venait de trouver la Normandie, on lit le passage suivant :

« Monseigneur, j'y trouvé, par deçà, ce peuple en grand déses- « poir pour la pillerie des gens d'armes, et m'en suis informé. « Mais j'ai trouvé que les grandes plaintes sont venues des gens « de pied, lesquels on a fait aller et venir trois ou quatre fois, « sans que le besoin en fust ; et y a eu petit ordre jusques ici.

« Monseigneur, j'y eusse pieçà mis l'ordre, mais je ne sais qui « sont les commissaires ny les capitaines qui en ont la charge, « car rien ne s'est adressé à moy, comme dernièrement que fus « par deçà je vous fis savoir. Toutefois, Monseigneur, j'ai envoyé « de tous costez, et espère y donner si bonne provision, que votre « pauvre peuple y sera soulagé qui en a bon besoin ; aussi ay en- « voyé par tout, pour faire serrer les gens d'armes et mettre en « leurs garnisons. » (*Histoire de Charles VIII*, par Godefroy, 613.)

L'état de détresse auquel les excès des gens de guerre avaient réduit une partie de notre province à la fin du XV*e* siècle, et la sollicitude du duc d'Orléans pour le pauvre peuple de la Normandie, méritaient d'être notés.

[1] Recherche, enquête faite pour fixer l'assiette des impôts.

A quoi fut donné responce en la maison commune de la ville, par la bouche de maistre Denis Lemercier, son chancellier, ainsi qu'il sera trouvé cy-après, dans la délibération *précédente*[1].

Item, soit mémoire que le vendredi précédent dudit samedi, que ladite responce fut faicte, par sires Gueroult de Marromme, Nicolas Préere, Jehan Thorel, Jaques Duhamel, et Robert Alorge, procureur de la ville, furent présentez, en la chambre dudit seigneur d'Orléans, pour les dessusdiz conseillers et procureurs, *deux grands flagons*[2] *d'argent du pris et valleur de xlviij à l mars dargent*[3]*, lesquels estoient esmaillés et mis à ses armes, et au pié d'iceulx estoient les armes de la ville, dorez et appointez honnestement.*

Item, soit mémoire que par messeigneurs les conseillers, fu présenté ledit jour de mardi matin, à son maistre d'ostel, trois queues de vin vermeil, cléret et blanc, pour sadite maison.

[1] Lisez *suivante*.
[2] Flacons.
[3] 2,640 à 2,750 francs.

X.

VICTOIRE DE RAPALLO

Annoncée aux habitants de Rouen.

LETTRE DE CHARLES VIII, DU 11 SEPTEMBRE 1494[1].

A nos chers et bien amez les *maire*[2] et eschevins, bourgoys, manans et habitans de notre bonne ville et cité de Rouen. *De par le Roy.* Chers et bien amez, nous avons présentement sceu par lettres et messaige que notre très cher et très amé frère le duc d'Orléans nous a envoyé, la victoire qu'il a pleu à Dieu nous donner à l'encontre de l'armée de mer de Domp Alphonce[3],

---

[1] Reg. A, 1491-1501, 154 r.—L'affaire avait eu lieu le 6.

[2] Le titre de *Maire*, employé à propos d'une ville qui n'en avait plus depuis un siècle, doit faire penser que cette lettre était une circulaire envoyée à toutes les bonnes villes de France.

[3] Alphonse II, roi de Naples.

VICTOIRE DE RAPALLO. 229

et comme, par notre dit frère et partie de notre armée, celle dudit Alphonce a été chassée et mise en fuicte ; et, depuis, notre dit frère et armée s'est retirée au port de Rempalo [1] et par force et puissance l'ont prins, et en ce faisant y a été, que occis que prins prisonniers, vj ou vij^c hommes de l'armée dudit Alphonce, lesquelz y estoient demourez et fortiffiez ; et le seurplus jusques au nombre de cinq ou six *cent* [2] mil, s'en sont fouys par les boys et rochers en grant désordre. Pareillement a été prins le fils du cardinal de Gennes [3] et celluy de messire Biette [4], chefs de ladite armée, et plusieurs autres grans cappitaines, au moyen de quoy est ledit port et ville demouré à notre dit frère. Desquelles choses vous avons bien voulu advertir, comme nos bons, vraiz et loyaulx subjects, afin que de votre part vous en rendez graces et louenges à votre créateur, en telle solempnité qu'il est acoustumé de faire en tel cas. Donné à Ast le xj^e jour de septembre, Charles ROBERTET [5].

Depuis ces lettres escriptes, nous avons esté advertiz que le seurplus desdits vij^m hommes a esté deffait, et que maistre Nicolle Voisin, l'un des cappitaines et chef

[1] Rapallo, ville de Sardaigne, sur le golfe de Gênes.

[2] Ce mot est une addition faite par un greffier distrait, qui a ainsi amplifié, sans le vouloir, les amplifications de Charles VIII.

[3] Jean Frégose, fils naturel du cardinal Paul Frégose.

[4] Obietto de Fiesque.

[5] Probablement parent de Jean Robertet, secrétaire du Roi, et de Florimond Robertet, trésorier de France et secrétaire des Finances sous Charles VIII, Louis XII et François I.

de ladite armée, a esté prins prisonnier, dont semblablement vous avons bien voulu advertir¹.

¹ Ce document prouve qu'il faut faire remonter à plusieurs siècles l'invention de ces bulletins merveilleux que notre armée d'Afrique a poussés, dans ces dernières années, à leur plus haut degré de perfectionnement. Commines, qui était à Asti avec Charles VIII, et qui avait vu « toutes les lettres qui en vindrent, « tant au Roy que au duc de Millan », réduit ce grand combat aux proportions d'une escarmouche : « Cent ou six vingtz en mourut « et huict ou dix prisonniers : entre les autres ung appelé Four- « gousin, filz du cardinal de Gennes. Ceux qui eschappèrent « furent tous mis en chemise par les gens du duc de Millan; et « aultre mal ne leur feirent : et est leur coustume. » (*Mémoires de Philippe de Commynes*, édit. de Mlle Dupont, II, 335-336.)

XI.

ARRIVÉE DE GEORGES D'AMBOISE
à Rouen.

DÉLIBÉRATION DU 8 SEPTEMBRE 1494.[1]

Assemblée faite en l'ostel commun de la ville de Rouen, devant sire Pierre DARÉ, lieutenant général de monsieur le bailli de Rouen, le lundi huitiesme jour de septembre mil iiij^c iiij^{xx} et xiiij, pour ouyr la lecture des lettres envoyez par le Roy aux estats de la ville, et

---

[1] Reg. A, 1491-1501, 150 r.

Georges d'Amboise, premier du nom, est certainement, de tous nos archevêques, celui qui a laissé à Rouen les plus beaux et les plus impérissables souvenirs. Ce prélat a répandu sur sa métropole des bienfaits dont elle jouit encore après trois siècles : c'est par son initiative et par son concours qu'ont été amenées dans nos murs les sources lointaines qui répandent une eau abondante dans tous les quartiers de notre ville ; son nom se rattache à tous les grands faits historiques de son temps : c'est sous son patronage et sous sa haute direction qu'a été établi, à Rouen, le Parlement de Normandie ; enfin, de splendides

aussi la commission donnée par le Roy à très révérend père en Dieu maistre George d'Amboise, archevesque dudit Rouen, du gouvernement du pays de Normandie, en laquelle ont esté semons[1] les gens de l'église, officiers,

monuments élevés par sa munificence, conservent sa mémoire toujours vivante au milieu de nous.

Cependant, par une impardonnable négligence, parmi tous nos historiens qui ont parlé de beaucoup de faits analogues, pas un n'a daigné consacrer une ligne à la prise de possession, par Georges d'Amboise, du siége archiépiscopal de Rouen. M. Floquet seul en a dit quelques mots, dans ces derniers temps, à la fin de son anecdote de l'*Élection de Georges d'Amboise*. Je me félicite de m'être trouvé en position de réparer un oubli qu'on aurait pu taxer d'ingratitude.

Pour compléter le récit de l'installation de Georges d'Amboise; je crois ne pouvoir mieux faire que de publier tout ce que les registres municipaux renferment, sur les circonstances qui ont précédé, accompagné et suivi cette solennité. Outre l'intérêt qu'elles empruntent au personnage lui-même, ces pièces offrent encore un exemple de la forme des délibérations du conseil municipal au XVe siècle, et du genre de discussion qui était admis dans ces assemblées.

Je rappellerai rapidement que Georges d'Amboise, après avoir été disgracié et emprisonné pendant deux ans, à cause de sa liaison avec le duc d'Orléans, était rentré en faveur en même temps que ce prince. Son élection avait été imposée au chapitre par Charles VIII et le duc; et les échevins avaient même été chargés de faire, auprès des chanoines, une de ces démarches dont l'usage a commencé avec les élections, et ne finira qu'avec elles. Les chanoines n'obéirent d'abord qu'à contre-cœur, à la haute influence qui prétendait dicter leur choix. Cependant, après beaucoup de pourparlers, Georges d'Amboise fut élu à l'unanimité le 21 août 1493. Les lettres d'Alexandre VI, qui confirmaient son élection, furent données le 1 juin 1494.

[1] Convoqués.

nobles, les xxiiij du conseil, C^ers 1, L^rs 2, et de chacun cartier douze notables personnes.

Monsieur le Doyen ³ dit que le Roy a esté délibéré de soy tirer hors de son royaume⁴.

Dit que le fait du Roy est de faire donner justice à tous, et que à chacun soit rendu sa droicture⁵.

Dit que le Roi ayant consideracion à ceste charge, se il fut venu faire refformacion ou autre affaire, il avoit commis monseigneur d'Orléans, et pour ce que il est loing et avec le Roy ⁶, icelluy seigneur ne l'a voulu laisser orphelin.

Dit que tout le royaume il a baillé à monseigneur de Bourbon⁷ le gouvernement, mais il ne pourroit pas tout faire ; pour ce a le Roy mis en plusieurs pays lieutenans.

Dit que le Roy a voullu escripre lettres missives et patentes, comme il a le pays de Normandie en sa recommandacion, et a voulu bailler à monseigneur l'archevesque la charge de lieutenant général en ce pays.

Dit qu'il a été postulé archevesque de l'accord de

¹ Centeniers.

² Cinquanteniers.

³ Jean Masselin.

⁴ Charles VIII avait quitté Grenoble, pour aller à la conquête de Naples, le 29 août 1494.

⁵ Son droit.

⁶ Le duc d'Orléans, parti en avant, était déjà à Gênes au moment du départ du roi de Grenoble.

⁷ Pierre de Bourbon, sire de Beaujeu, mari de Anne, sœur de Charles VIII, et régente après la mort de Louis XI.

tous, à lencontre de Narbonne[1], et n'est point de doubte que il ne ait le pays en bonne affection.

Dit que nous devons bien mercier[2] le Roy, et sommes bien tenus de prier pour lui qu'il a voulu bailler la charge à mondit seigneur l'archevesque, et lui doit-on bien obéir, et en toute chose il se faut adrécher à luy.

Dit qu'il désireroit bien d'estre continuellement, n'estoit les affaires du Roy, avec ses subjects de l'archevesché.

Dit qu'il est délibéré de pourveoir à la charge de lieutenant, par le conseil et délibération des saiges de ce pays, et donner les provisions.

Monsieur le lieutenant Pierre DARÉ, après la lecture des lettres missives et patentes envoyez par le Roy, fait bien à mercier[3] de ce qu'il nous a baillé monseigneur l'archevesque, en l'absence de monseigneur d'Orléans.

Dit que aussi que monseigneur l'archevesque fait bien à mercier d'avoir prins la charge des corps, après qu'il a eu la charge des ames.

[1] Georges d'Amboise avait été élu archevêque de Narbonne, le 18 juin 1482, mais cette élection n'eut pas d'effet, et François Hallé occupa le siége. Deux ou trois ans après la mort de ce dernier, Georges d'Amboise céda ses droits à Pierre d'Albezac, moyennant une pension. Cependant, jusqu'à son élection au siége de Rouen, on lui donne dans tous les actes le titre d'archevêque de Narbonne. On le fait aussi évêque de Montauban, mais ce fait est tellement embrouillé dans les auteurs qui ont écrit sur sa vie, qu'on ne sait pas trop à quoi s'en tenir sur son exactitude.

[2] Remercier.

[3] Dit qu'il est à propos de remercier.

Dit que les seigneurs présens sont à remercier ; et sommes prests de obéyr et acomplir, en priant Dieu pour le Roy et mons. l'archevesque, et pour les seigneurs présens

Maistre Jehan MASSELIN, Monsieur le trésorier DE MERY, Monsieur le Général, Monsieur DE SOURDEVAL, Maistre GUILLAUME CAPPEL[1], Maistre Jehan FAVE[2], Jacques LE LIEUR[3], Rogier LETOURNEUR, Jacques DU FOUR, Guillaume LE GRAS, les anciens conseillers et toute la communaulté, l'an et jour dessusdits.

DÉLIBÉRATION DU 14 SEPTEMBRE 1494[4].

Assemblée faicte devant sire Pierre DARÉ, lieutenant général de monsieur le bailly de Rouen, le dimenche xiiij[e] jour de septembre mil iiij[c] iiij[xx] et xiiij, pour délibérer qu'il est affaire[5] pour la venue de maistre Georges d'Amboise, archevesque de Rouen, lequel doit faire son entrée le dimenche xxj[e] jour de ce présent moys, en ceste ville, comme archevesque et gouverneur du pays en l'absence de monseigneur d'Orléans ; et qui por-

---

[1] Chanoine de la Cathédrale.

[2] Archidiacre d'Évreux.

[3] Échevin, ainsi que les trois qui suivent. Jacques Le Lieur, sieur de Bresmetot et du Boscbénard, figure comme échevin, avec quelques intermittences, de 1493 à 1541, sur la liste de Farin. C'est celui qui a donné à la ville le beau *Manuscrit des Fontaines*.

[4] Reg. A, 1471-1501, 151, r.

[5] A faire.

tera les parolles à sa venue, et si on luy fera gratuite[1] de par la ville, comme gouverneur. . . . .

Maitre Robert LE LIEUR, advocat du Roy, dit qu'il faut considérer que monseigneur l'archevesque vient en deux auctorités : l'une comme archevesque, l'autre comme lieutenant de monseigneur d'Orléans; et faut regarder à tout contenter.

Dit qu'il faut aller à l'encontre de luy, à cheval, au-dessus de la montaigne Saincte Katherine, jusques aux chesnes où sont les ladres[2] ou ès environs, et parler à cheval; et jusques à iiij^{xx} personnes, et de chacun cartier vingt personnes; et si doit l'en faire savoir aux vicontes, aux guernetiers[3] et controulleur[4], et aux esleus[5]

---

[1] Présent.

[2] Cette révélation de l'existence d'une maladrerie au-dessus de la montagne Sainte-Catherine, n'est pas la seule que j'aie rencontrée. J'avais déjà trouvé, en étudiant le *Cartulaire de l'abbaye de Saint-Amand de Rouen* (A. D.), qu'il y avait au XIIIe siècle, et sans doute avant, une léproserie de ce côté. Une charte d'échange entre Jean du Donjon et l'abbesse de Saint-Amand [novembre 1257] donne l'abornement de dix-sept pièces de terre situées dans la paroisse de Boos, « de quibus prima sita est *ad* « *leprosariam*, inter calceiam et terram dictæ abbatissæ. (ix r.) » Les *chênes où sont les Ladres* de 1494, placés aux environs de Mesnil-Esnart, et la *léproserie* de 1257, comprise dans la paroisse de Boos, concordent parfaitement, et établissent qu'il y a eu, pendant plusieurs siècles, un hôpital pour les lépreux sur la route de la côte Sainte-Catherine à Boos.

[3] Grenetiers, officiers commis au grenier à sel.

[4] Contrôleur.

[5] Élus, chargés de la repartition des impôts. Ce nom leur venait de ce qu'ils étaient nommés par élection. Plus tard, le

se ils se y veullent trouver. Il fault tendre jusques à Saint-Ouen, depuis Martainville.

Dit que celuy qui portera les parolles doit dire que on est venu devers lui pour lui faire révérance en deux qualités; et n'y sont point les gens d'église, car on a acoustumé, après deux jours sa venue¹, que les gens de l'église et autres soient ensemble. Et fauldra délibérer une autre assemblée où tous seront appellez, pour savoir quel personnage portera les parolles; et, pour le dehors², nomme monsieur de Longpaen ou monsieur le procureur.

Dit qu'il fault regarder que par son moyen, il y a eu diminucion de l'emprunt, de v^m l.³, et la ville a chacun

---

roi s'attribua leur nomination, mais ils conservèrent le nom d'*élus*, et la division des provinces en *élections* continua à subsister.

¹ Deux jours après sa venue.

² Pour la première harangue, qui doit être prononcée hors de la ville, au moment où le cortège le rencontrera.

³ Le roi avait d'abord demandé un emprunt de 30,000 livres [150,000 francs], pour la guerre de Naples; mais ces demandes n'étaient jamais accueillies par la ville avec un bien vif empressement. Les commissaires du roi avaient présenté ses lettres le 22 mai 1494; après six jours de débats, le conseil leur proposa, le 28 mai, d'arranger pour 10,000 livres. [50,000 francs.] On répondit à cette offre en menaçant la ville de lui retirer ses priviléges et ses aides, et de lui faire payer la taille, si elle ne s'exécutait pas de bonne grâce. Le conseil poussa ses offres jusqu'à 15,000 livres. [75,000 francs.] Les commissaires se rabattirent alors à 20,000 l. [100,000 francs.] Pour examiner cette affaire, les trois états s'étaient réunis au conseil, qui appela à la délibération du 31 mai, dans laquelle on convint d'accorder les 20,000 liv.,

jour affaire de luy, et lui fault donner vesselle¹ et l'oppinion ouye, il dira après combien . . . .
. . . .

Mons. DE PISSY dit comme Le Lieur, et pour la proposition, nomme mons. l'advocat Le Lieur, ou l'un des deux nommés.

Dit que on luy doit faire gratuite
. . . .

Mons. DE LONGPAEN dit que on doit prier la court de mons. le Sénéschal et des Généraulx², les xxiiij du conseil et autres jusques à quatre-vingts; et la proposicion se doit faire par l'un de ceulx de céans, et nomme mons. de Pissy. Et l'accompaigner jusques à sa maison, et tendre les rues jusques à l'église, et luy donner quelque

---

près de 350 notables bourgeois. Mais, quoique la ville eût consenti à prêter 20,000 livres, le Roi, par lettres datées de Lyon, du 19 juillet, fait savoir aux échevins que sur les remontrances de son « cousin et conseiller, l'archevêque de Rouen », il réduit cette somme à 15,000 livres.

Parmi toutes les plaintes qu'arracha aux habitants de Rouen cet appel fait à leur bourse, on remarque celles des drapiers, qui donnent un renseignement sur l'industrie et la mode du temps : « Ceux de draperie se plaignent que les bons draps qu'ils souloient [avoient coutume de] porter à Paris, n'y sont plus recueillis ni vendus, pour ce que les marchands qui les achetoient leur ont dit qu'ils n'y en portent plus, car *les seigneurs se vêtent de soie*, et est la draperie *abusée*. » (A. M., Reg. A, 1491-1501, passim.)

¹ Vaisselle.

² Les généraux des Aides qui formèrent la Cour des Aides.

présent de vesselle. Et assembler mercredi, pour savoir qui fera la proposicion seconde.............. ....

Sire Jacques Le Lieur dit comme mons. l'advocat, et nomme Longpaen pour proposition. Pour les rues, dit le premier jour jusques à Saint-Ouen.

Dit que on luy doit faire présent et dire quoy...... .
....

Rogier Le Tourneur nomme Longpaen, et les rues tendues jusques à Saint-Ouen.

Laurent de la Perreuse nomme Longpaen, et des rues comme dist est......

Jehan Dubosc nomme Longpaen, et des rues jusques à Saint-Ouen.....

Guillaume du Feugueray dit comme dessus....... ..,

Guillaume Le Gras, comme dessus, nomme Longpaen.......

Mathieu Duréaume dit que on doit deffendre les varlets à cheval par les rues, la première journée, et iiij^{xx} personnes.............................

Guillaume Auber nomme Longpaen, et les rues le premier jour, et que on doit donner présent; et comme dessus. ....

Maistre Louys de Quévremont, comme Auber.

Robert Le Moigne, comme dessus, Longpaen.....

Pierre Durant nomme Longpaen, et les rues jusques

à Saint-Ouen ; et luy doit-on donner présent aux armes de la ville ....

Jehan RIBAULT, comme dessus.

Anthoine FAVE a dit idem.

Simon DESCHAMPS, Gueroult DE MARROMME, Jacques DUHAMEL, Nicolas PRÉERE, Simon OSMONT[1].

Par monsieur le lieutenant sire Pierre DARÉ a esté conclud que samedi, à la venue de monseigneur l'archevesque, seront faictes les choses qui ensuivent, c'est assavoir : Que jusques au nombre de iiij^{xx} hommes seront semons[2] par la communaulté de la ville, et yront sur chevalx, et sans varlets à cheval, samedi prouchain venant, jusques sur le mont Saincte-Katherine, et jusques a my voye du Mesnil-Énart. Et pour ce que il vient comme lieutenant du Roy, les rues seront tendues, ledit jour, depuis la porte Martainville jusques à l'abbaye de Saint-Ouen, en laquelle il descendra et repozera la nuyt. Et fera la proposicion sire Pierre Raoulin, seigneur de Longpaen ; et luy dira que il vient en deux

---

[1] On trouvera que le greffier, rédacteur de ces procès-verbaux écourtés, possède au suprême degré une des qualités les plus rares du style, la concision. Malheureusement, il a oublié d'y joindre la clarté, sans laquelle cette qualité devient un grand défaut. Cependant, comme, malgré la hardiesse de ses ellipses, on peut, sinon comprendre bien nettement, au moins deviner à peu près le sens des votes, je m'abstiens de toute explication ; l'intelligence du lecteur saura bien se passer de mes commentaires.

[2] Convoqués.

instances : l'une comme lieutenant du Roy, en l'absence de monseigneur d'Orléans, et l'autre comme archevesque, et autres choses. Et par tous a esté délibéré, pour les plaisirs qu'il a faiz et fera, luy donner, en tel ouvrage que messieurs les conseillers adviseront, jusques à xxxj marcs d'argent ¹.

. . . .

DÉLIBÉRATION DU 18 SEPTEMBRE 1494 ².

En la maison commune de la ville de Rouen, ont esté assemblez, devant sire Pierre DARÉ, lieutenant, etc., le jeudi xviij° jour de septembre mil iiij° iiij^xx et xiiij, les personnes cy après nommées, pour adviser et délibérer quelle personne pourra faire la proposicion devant monseigneur l'archevesque, luy venu en ceste ville, ainsi qu'il est assez accoustumé quant tels seigneurs viennent, et quelles paroles luy pourront estre dictes en la louenge de ladicte ville et du pays; et y sont semons les gens d'église.

Maistre Robert LE LIEUR, advocat du Roi, dit qu'il a esté délibéré que ceulx de la ville yront aux champs ³; et l'église n'y va point.

Dit que autres seigneurs sont venuz autreffois, et les estats de la ville ont été, quant ils sont à la ville; et ne le fault pas laisser ⁴.

¹ 1700 francs.
² Reg. A, 1491-1501, 154 v.
³ Au devant de l'archevêque jusque dans la campagne.
⁴ Il faut continuer à suivre cet usage.

Dit que *Monseigneur sera le pillier et adresche*[1] *de tout le pays*; et fauldra aller devers lui et monstrer que nous sommes joyeulx que le Roy lui a donné la charge et lui de l'accepter, et luy recommander les faiz[2] de la ville, et monstrer que nous sommes joyeulx ; et nomme l'archédiacre d'Évreux[3], le lundi ou le mardi, ou quant il luy plaira.

Monsieur L'Archédiacre d'Évreux dit qu'il considère les lettres envoyez par le Roy, comme lieutenant du Roy, et ce qui est advenu ceste sepmaine.[4]

Dit que les estats sont près, et que qui ira les gens des estats, pourront dire que la ville veult aller au devant ; et luy semble que on pourroit bien atendre que les estats fussent venus[5]. Nomme monsieur l'archédiacre Secourable[6] qui yra.

---

[1] Le soutien et le protecteur. *Adrécher* veut dire corriger, réparer, faire réussir.

[2] Affaires.

[3] Pour faire la seconde proposition.

[4] Le bulletin de la victoire de Rapallo.

[5] Les États de Normandie avaient été convoqués pour le 15 mai 1494, par lettres du Roi du 17 avril, èt les élections s'étaient faites le 14 mai. Il y eut, cette année, deux autres convocations d'États, la première en septembre : les élections eurent lieu le 24 ; et la seconde en décembre : on procéda aux élections le 7. (A. M., Reg. A, 1471—1501, passim.) Farin met les élections pour les États de mai, au 24 avril, parce qu'il a pris la délibération du 14 mai pour la suite de la précédente.

[6] Pierre Le Secourable, grand-archidiacre de Rouen de 1484 à 1508, a été, de la part de Farin et du père Pommeraye, le sujet

Monsieur DE LONGPAEN dit qu'il est requis d'aller devers luy en la ville. Et quant l'archevesque sera venu, il sera bourgeois, conseiller et de la communaulté, et

de bévues assez étranges et assez compliquées pour que je leur accorde les honneurs d'une mention particulière.

D'abord, Farin, dans son très court paragraghe sur les États de Normandie du mois de mai 1494, indépendamment de l'erreur de date que je viens de signaler, commet, à propos de ce personnage, deux énormes erreurs, qui ne tiennent cependant qu'à un accent. Le procès-verbal des élections dit très distinctement : « Étienne Tuvache *nomme* l'archidiacre Secourable » ; c'est-à-dire : *vote pour* l'archidiacre Secourable, qui, en effet, fut nommé député du clergé aux États de mai 1494. Mais Farin, lisant ce passage avec son attention et sa perspicacité ordinaires, transforme, au moyen d'un accent aigu de son invention, l'expression d'un suffrage en un surnom, confond deux personnages très connus et parfaitement distincts, envoie de sa propre autorité un électeur représenter le clergé aux États, à la place de l'élu, et donne comme député « Étienne Tuvache *nommé* l'archidiacre Secourable ! » (I, 319.) Étienne Tuvache était chancelier de la Cathédrale (1482-1497), et non pas grand archidiacre de Rouen, et il fut nommé député, non pas aux États du mois de mai, mais à ceux du mois de septembre.

Ce n'est pas tout. Farin a, comme on le sait, fourni des matériaux à son ami Dom Pommeraye. Il n'a pas manqué de mettre au nombre des documents qu'il lui a communiqués, la prétendue élection d'Étienne Tuvache « *nommé* l'archidiacre Secourable » ; et Pommeraye s'est empressé d'insérer ce fait tout au long, sans oublier la faute de date, à l'article d'Étienne Tuvache, dans son catalogue des Chanceliers de la Cathédrale. (*Histoire de l'Église Cathédrale de Rouen*, 412.) Or, Pommeraye est encore moins excusable que Farin, car il avait fait figurer, en toutes lettres, le nom du véritable Pierre Le Secourable, accompagné d'une longue notice biographique, dans la liste des grands-archidiacres de Rouen. (Ibid. ; 366.) Et comment un bénédictin

demoura à nous [1] ; et aura grands seigneurs, et luy fault faire honneur, et luy montrer que on l'aime. Et nomme monsieur l'archédiacre d'Évreux.

Monsieur LE PROCUREUR DU ROY a dit idem.

Monsieur DE PISSY dit que ce qui sera dit au champs n'est que une bienvenue, et que il luy semble que on doit faire sa bien venue en sa maison. Et du demeurant a dit idem.

Sire Jaques LE LIEUR dit qu'il est acoustumé que les troys estats de la ville voisent [2] devers monseigneur l'archevesque ; et nomme comme dessus.

Rogier LE TOURNEUR a dit idem.

Laurens DE LA PERREUSE, Jehan DUBOST, maistre Louys DE QUÉVREMONT, Guillaume LE GRAS, Jehan DU

versé dans les matières ecclésiastiques, a-t-il pu affubler, avec aussi peu de réflexion, du titre d'*Archidiacre*, celui même dont il fait la biographie comme *Chancelier* de la Cathédrale.

On aurait tort d'induire du trop long développement que j'ai donné à ces observations, que j'attache la moindre importance ou le moindre intérêt au fait insignifiant qui en a été le sujet. J'ai voulu seulement montrer, par une nouvelle preuve prise au hasard entre mille, combien nos anciens historiens étaient dépourvus de critique, et quel peu de confiance méritent leurs assertions. Cela ne veut pas dire qu'il ne faille pas leur savoir gré de ce qu'ils ont fait ; mais, tout en les entourant de la vénération et de la reconnaissance qu'ils méritent, on ne doit adopter leurs opinions qu'avec une extrême réserve, et ne s'appuyer de leur autorité qu'après examen.

[1] Demeurera avec nous.

[2] Aillent.

Tot, Mahieu Duréaume, Guillaume Auber, Robert Le Moigne, Pierre Durant, Anthoine Fave, Gueroult de Marromme, Nicolas Préere, Jacques du Hamel, Jehan Mustel, Simon Osmont, Jehan des Essartz.

Monsieur le lieutenant conclud que l'on yra devers monseigneur l'archevesque en sa maison, et fera la proposicion maistre Jehan Fave, archédiacre d'Évreux, mardi ou mercredi.

Procès-verbal de l'entrée de Georges d'Amboise,

le 20 septembre 1494 [1].

Le samedi xxe jour de septembre, l'an de grâce mil iiij^c iiij^{xx} et xiiij, monseigneur maistre George d'Amboise archevesque de Rouen, feist son entrée en son église dudit lieu de Rouen, *et vint par la porte Martainville*. Et furent audevant de luy : Pierre Daré, lieutenant général de mons. le bailly de Rouen, Pierre Giel, son lieutenant commis, Guillaume Ango, lieutenant général du vicomte de Rouen, Louys Dubosc, vicomte de l'Eau, maistre Robert Le Lieur, advocat du Roy, Guillaume Gouel, procureur d'icellui seigneur, maistre Robert de La Fontaine, seigneur de Pissy, sire Pierre Raoulin, seigneur de Lonpaen. Et après alloient messieurs les conseillers d'icelle ville : sire Jaques Le Lieur, Rogier Le Tourneur, Thomas Surreau, Jaque Du Four, Jaques Le Pelletier, Guillaume Le Gras, et les officiers de ladite ville, et autres notables personnes représen-

[1] Reg. A, 1491-1501, 155 v.

tant la communaulté, tous à cheval. Et furent jusques au mont Saincte-Katherine, là où ledit archevesque estoit. Et là fut fait une proposicion par mondit seigneur de Lonpaen, bien élaugamment [1]. Et ce fait, ledit archevesque print le chemyn à s'en venir à Saint Ouen. Et estoient les rues tandues, depuis les faubourgs de Martainville jusques audit lieu de Saint Ouen. Et vindrent les quatre ordres mendiens quérir ledit archevesque, avec le collège des prebtres. Et estoient auprès dudit archevesque, révérend père en Dieu mons. de Lisieux et mons. de Constances [2], Louis de Breszé, grand sénéschal de Normandie, mons. de Bussy [3] et autres plusieurs gentilz hommes, conduisans ledit archevesque [4].

HARANGUE A G. D'AMBOISE APRÈS SON INSTALLATION,

LE 23 SEPTEMBRE 1494 [5]

Aucunes remonstrances qu'il plaira à monseigneur l'archédiacre d'Évreux faire, en la proposicion, devant monseigneur l'archevesque de Rouen, pour le bien et utillité du pays.

Premièrement qu'il luy plaise garder son droit de primacie en duché de Normandie, ainsi que ses prédéces-

[1] Élégamment.
[2] Geoffroy Herbert.
[3] Frère de l'archevêque.
[4] Après ce procès-verbal, vient dans le registre le récit de l'entrée de Georges d'Amboise à la Cathédrale, que j'ai transcrit pages 111-113.
[5] Reg. A, 1491-1501, 157 r.

seurs archevesques ont tousjours fait, et dont ils sont en bonne pocession.

Item que l'église soit entretenue en ses franchises et libertez, et que les fiefs et osmones¹ ne soient recindez², ainsi qu'ilz ont esté par cy devant.

Item luy faire humble supplicacion et requeste, que la ville demeure dans sa singulière recommandacion, et les droiz, loys, coustumes dudit pays soient entretenues et gardez; et qu'il ne soit permis aucune distraction estre faicte hors dudit pays des causes d'icelluy, soient matières réelles, propriectaires, pocessoires, personnelle, mixtes, bénéficiables et autres, jouxte la Coustume et Charte aux Normans³.

Item que ladicte ville soit entretenue en ses prévilléges, chartes et libertez.

¹ Aumônes.

² *Rescindés*, annulés. Le clergé qui tenait essentiellement à ses richesses, comme à tout ce qui pouvait augmenter son importance et sa domination, se plaint de ce que le pouvoir royal avait révoqué plusieurs dons en argent et en terres, faits à des établissements religieux. Il prie Georges d'Amboise d'obtenir, par son influence, qu'on le laisse à l'avenir accumuler, sans contrôle et sans inquiétude, les donations exhorbitantes moyennant lesquelles il assurait aux ames dévotes et libérales toutes les joies du Paradis.

³ Ce paragraphe est un trait caractéristique de l'esprit de défiance qui anime encore les Normands contre les étrangers. Ces réclamations s'appuient sur l'article de la fameuse Charte aux Normands :

« Item comme les causes de la duchié de Normendie, selon la
« coustume du pays, doivent estre terminées que dedens ce
« qu'elles auront esté terminées ou finées par sentence, par
« quelque voye que ce soit, en nostre Eschiquier à Rouen. Que

Nota. Sur ce pas[1] qui peult estre remonstré que ladite Coustume est conforme à droit, et que en la duché de Normandie y a court souveraine sans ressort[2], car, *par la Coustume et Stille de procéder en Normandie*[3], *les jugemens se font publicquement par l'opinion des assistens; et ailleurs ils sont faiz segrectement;* et aussi il y peult estre proposé erreur[4]; et les inconvéniens qu'ilz pevent advenir par les frais et mise[5], qui sont trop plus grans que devant les juges ordinaires du pays, et que par coustume il y a clameurs coustumières[6], les aucunes pocessoires, les autres propriétaires, et les autres proprieclaires et pocessoires, qui pevent estre décidez par les coustumiers qui congnoissent les coustumes, sans faire

« doresenavant ne puissent estre apportées ne envoyées ou à nous
« ou à nostre parlement, ne que aucun puisse, en nostre parle-
« ment, estre adjourné des causes de ladicte duchié. » *(Charte aux Normands*, dans l'édition gothique de la Coutume de Normandie.*)*

[1] Pour sur ce *point.*

[2] Qui ne ressortit pas d'une Cour supérieure.

[3] Le *Style de procéder en-Normandie* est un recueil des règles de l'ancienne procédure normande, fait par un amateur et conservé dans deux manuscrits du XVe siècle. Un jurisconsulte se propose de publier bientôt le plus complet de ces deux textes. .(*Revue de Législation*, mai 1844.) Le Rouillé, le plus ancien commentateur connu de notre Coutume, en a imprimé une version dans la deuxième partie de son *Grand Coutumier de Normandie.*

[4] Voie d'appel ou d'enquête civile.

[5] Menues dépenses.

[6] Clameurs coutumières : retraits féodaux ou lignagers à l'aide desquels un seigneur faisait rentrer en sa main les biens dépendant de son fief, ou un parent les biens de famille qui avaient été aliénés par le propriétaïre. On pouvait, en invoquant la Cou-

les grans fraiz qu'il convient à faire troubles¹ pour prouver lesdictes coustumes; *et mieulx vauldroit a ung homme quitter son droit que de en faire la poursuilte.* Touteffoys les causes qui y seroient introduictes² ne pourroient estre terminées sans les faire, quelque bon droit que aucun y eust, et ainsi pour doubte des fraiz³ plusieurs perdroient leur bon droit, qui est inconvénient inréparable.

C'est ce qui a esté proposé par maistre Jehan Fave, archédiacre d'Évreux, devant maistre George d'Amboise, archevesque de Rouen, en la proposicion faicte en la ville, en la présence des troys estats de la ville, le mardi xxiij° jour de septembre, en la maison archiépiscopale.

tume, reprendre les biens nouvellement aliénés, pourvu que l'on remboursât au nouveau possesseur la somme qu'il avait payée pour son acquisition.

¹ *Turbe*, *tourbe*. Enquête pour prouver la Coutume, au temps où elle n'était pas encore écrite. On convoquait les *Sages* et *Prudhommes* du pays, afin qu'ils fissent connaître la loi dont ils avaient recueilli la tradition. On peut citer deux exemples fort anciens de ce genre de procédure. M. Floquet (*Histoire du Privilège de Saint-Romain*, II, 601) a publié le procès-verbal d'une *tourbe* faite dans le Couvent de Saint-Ouen, en 1210, pour constater la réalité du privilège de la Fierte. Brussel (*Usage général des fiefs*, II, xxvij), donne le résultat de la *tourbe* convoquée par Philippe-Auguste en 1218. Ce Roi fit un appel à ses barons, et opposa leur témoignage aux prétentions du clergé, qui, suivant ses constantes habitudes, voulait empiéter sur les juridictions royales.

² Qui seraient portées devant une Cour étrangère.

³ Dans la crainte de payer des frais ruineux.

XII.

INONDATION DE 1496-1497.[1]

L'an de grâce mil iiij^c iiij^{xx} et saize, du moys de janvier [1497], vindrent sy grande influence[2] d'eaues du pays d'enmont, que la rivière de Sayne couvryt d'eaues Notre-Dame-du-Pré[3], Saincte-Katerine de Grand-Mont[4], dedens les églises. Et sur la cauchée, depuis le pont jusques à Saint-Sever, personne ne povoit passer ne aller que en bateaulx ou charectes astellez de chevaulx. Et dedens la ville, endroit[5] la porte Sainct-Eloy,

---

[1] Reg. A, 1491—1501, 220 r. — Voir le récit que fait Taillepied de cette inondation (p. 225-227).

[2] Affluence.

[3] Bonne-Nouvelle.

[4] Grammont.

[5] Aux environs de la porte Saint-Eloi.

la porte du Crouchefilz¹, dedens la poissonnerie² et au long de la rue aux Charectiers³, au long de la rue de devant l'ostel de Lisieux⁴, endroit la porte Jehan-Le-Ceu⁵, les caues estoient sy avant que n'on ne povoit passer que en bateaulx ; et les maisons toutes plaines ès environs desdites rues, et tellement que personne, sy n'eust esté à bateaulx, ne se fut ozé trouver sur les kays de ladicte ville, pour la grandeur de ladicte eaue. Et a esté tesmongné par anciennes personnes que jamais ne furent si grandes de leur cognoissance. Icelle eaue a fait plusieurs grans dommages : les greniers à scel⁶ perdus en grant porcion, qui lors estoient à la communaulté de ladicte ville ; les merriens⁷, boys à chauffer et autres biens, estans sur lesdits kays, perdus et emportez dedens ladicte rivière ; les granches⁸ plaines de fains⁹, de blés et autres grains pourris ; les blez faiz ès vallez¹⁰ noïez par la longueur du temps que ladite eaue a esté dessus. Lequel temps a duré depuis le jour de Noel jusques à la fin de janvier ; et tellement que bateaulx ne mar-

---

¹ La porte du Crucifix, à l'entrée de la rue neuve des Iroquois.
² Sur l'emplacement d'une partie du Théâtre des Arts.
³ Rue des Charrettes.
⁴ Rue de la Savonnerie.
⁵ La porte Jean-Le-Cœur, à l'entrée de la rue Royale.
⁶ Sel.
⁷ Bois de construction.
⁸ Granges.
⁹ Foins.
¹⁰ Récoltés dans les vallées.

chandises n'ont peu aller par païs, en quoy la chose publique a esté fort intéressée, pour les marchandises qui ne povoient monter ne avaller¹.

¹ Descendre. Cette expression est employée dans plusieurs congés accordés par la ville à des marchands de Flandre qui venaient acheter du vin en France, au xive siècle, de manière à produire une singulière équivoque : « L'an mil « ccc iiij^{xx} xvij, le ve jour de septembre, fu donné congié « à Lotin Chrétien, marchand d'Ippre, d'aler *boire* [acheter « du vin] en Lannois et en Beauvoisin, pour lui et plusieurs « marchands d'Ippre, etc...... Le vij^e jour d'octobre ensuivant, « leur fu donné congié d'*avaler un batel chargié de* vij^{xx} xviij « [158] pièces de vin. » Et encore : « Le ixe jour d'octobre [1397] « lui fu donné congié pour lui [Jehan Le Doulx, de Tournay] et « Jehan Du Bourgon, Robert Bataille et leurs compagnons, « d'*avaler iij batealx de vin.*» Il y en a même à qui la ville accorde la permission d'*avaler le pont de Seine.*

XIII.

COMMISSION DE PORTIER

DU 19 JUIN 1598.[1]

HENRY DE BOURBON, DUC DE MONTPENSIER[2], pair de France, gouverneur et lieutenant général pour le Roy mon seigneur en Normandye, à tous ceulx qui ces présentes lettres verront salut. SAVOIR FAISONS que, pour le bon et louable rapport qui faict nous a esté de la personne de Nicollas Chauvyn, demourant en ceste ville de Rouen, et de ses sens, suffisance, fidellité, loyaulté et affection au service du Roy mondit seigneur; à icellui, pour ces causes et autres à ce nous mouvans, avons

[1] Reg. B', 1590-1608, 168 r.

[2] Le troisième et le dernier des ducs de Montpensier de la branche de Bourbon, né en 1573, mort en 1608. Il succéda, comme gouverneur de la Normandie, à son père, François de Bourbon, mort en 1592.

donné et octroyé, *donnons et octroyons par les présentes, l'estat et charge de portier des portes du quartier de Martainville*, que naguères soulloit tenir et exercer Jehan du Jardin, bourgeois de cestedite ville, et à présent vacant par sa simple et pure résignation qu'il en a, ce jour d'huy, faicte en nos mains, par son procureur deuement fondé de lettres et procuration y attachées, à la charge par ledit Du Jardin de jouir sa vye durant du revenu et usuffruict desdites portes, ayant égard à son antiquité[1], pour ledit estat et charge avoir, tenir et doresnavant exercer par ledit Chauvyn, aux droicts, proffits, revenus et émollumens acoustumez et qui y appartiennent, à commencer du jour et datte de ces présentes. Lequel Chauvin a, à cest effect, faict et presté, ce jour d'huy, en nos mains, le serment de fidellité pour ce deub; ostant et déboutant dudit estat et charge tout autre illicite détempteur non ayant sur ce nos lettres et provision, précédant en datte desdites présentes; lesquelles, pour témoignage de ce, nous avons signés de notre main et à icelle faict apposer le cachet de nos armes. Donné à Rouen le douzième jour de juing 1598. Signé Henry de Bourbon, et scellé en placard de cire rouge; et sur le replis : par Monseigneur, gouverneur et lieutenant général susdit, signé Gaveau, un paraphe.

[1] A son grand âge.

XIV.

DÉPART DE LOUIS XIV DE ROUEN,

LE 28 FÉVRIER 1650.[1]

Et ledit jour de lendemain dimanche, vingtième dudit mois de febvrier xvie cinquante, environ huit heures du matin, lesdits sieurs conseillers-eschevins et officiers de ladite ville, se sont rendus, à cheval et en bottes, audit lieu de Saint-Ouen, où, ayant mis pied à terre et ayant été, de rechef, prendre congé du roy, dans la chambre de sa Majesté, sont, incontinent après, remontés à cheval et ont conduit sa Majesté au couvent des Carmélites[2], où elle a été prendre la Reyne-régente, sa mère, qui y estoit allée entendre la messe et faire ses dévotions. Et après avoir attendu[3] quelque temps, dans la place de la Rouge-Mare, leurs Majestés sont sorties dudit couvent des Carmélites et parties de ceste ville dans le carosse du corps de la Reyne, précédé du carosse du Roy et des chevaux-légers de sa garde, les trompettes de leurs Majestés sonnant devant le carosse. Et ayant lesdits sieurs eschevins et officiers pris le devant et les costés du carosse de leurs Majestés, ont accompagné leurs Majestés jusques au port de Saint-Ouen ; les rues

---

[1] Reg. A, 1647-1671, 170 r.
[2] Le couvent des Carmélites était situé dans la rue de ce nom.
[3] Après que le cortége eut attendu.

de la ville par lesquelles leurs Majestés ont passé retentissant des acclamations continuelles de *vive le Roy!* d'un grand concours des habitans qui s'y rendoient de toutes parts : et ayant leurs Majestés pris leur chemin par le fauxbourg de Saint-Sever et par les villages de Sotteville et Saint-Estienne-de-Rouveray, lesdits sieurs eschevins estant toujours à cheval à la portière du carosse de leurs Majestés et ayant l'honneur de les entretenir, parlant par ledit sieur de Guenouville, 1ᵉʳ eschevin. Et leurs Majestés estant arrivées sur le bord de la rivière de Seyne, vis-à-vis dudit lieu du Port-Saint-Ouen, lesdits sieurs eschevins et officiers sont descendus de cheval et ont esté prendre le dernier congé de leurs Majestés et recevoir leurs commandemens ; et après les avoir conduits de leur carosse dans les batteaux qui estoient préparés pour leur passage, et avoir attendu quelque temps que leurs Majestés eussent traversé la rivière, sont remontés à cheval, et ont fait leur retour en ladite ville, et sont venus descendre audit hostel de ville. Les compagnies de la Cinquantayne, à cheval, leur trompette en tête, et celle des Arquebusiers, à pied, tambour battant, ayant, selon leur debvoir et suivant la coustume observée en pareilles actions, conduit leurs Majestés jusques hors de ladite ville, de laquelle monseigneur le comte de Harcourt[1] estant sorty, assisté de grand nombre de gentilshommes, a aussi accompagné leurs Majestés jusques audit lieu de Saint-Estienne-de-Rouveray, où il a pris congé d'elles et receu leurs commandemens.

[1] Le comte de Harcourt fut nommé, à la suite de ce voyage, gouverneur de la Normandie en remplacement du duc de Longueville. Un an plus tard, le duc fut rétabli dans son gouvernement.

XV.

ÉMEUTES DES 3 ET 4 AOUT 1789.

DÉLIBÉRATION DU 4 AOUT 1789.[1]

Et cejourd'hui quatre aout mil sept cent quatre vingt-neuf, huit heures du matin, sur les propos qui

[1] Reg. Y—I, 91.
L'histoire de la Révolution à Rouen est peu connue. Ceux qui ont assisté aux événements de 1789 s'éteignent tous les jours, et ils auront bientôt complètement disparu, emportant leurs souvenirs dans la tombe. A peine un petit nombre de pamphlets d'une excessive rareté, les almanachs et les journaux du temps ont-ils conservé le récit de quelques épisodes de ce drame, qui, pour avoir été moins sanglant chez nous que dans la plupart des autres grandes villes de France, n'en est pas moins plein de passion, de mouvement et d'intérêt. L'attrait de nouveauté qu'offre l'histoire à peu près inédite de cette curieuse époque, a pu seul m'engager à publier cette pièce, qui ne se rattache à mon sujet que par un fil presque imperceptible. Mais je voulais donner un spécimen de documents de tous les siècles, et le siècle qui a été, pour ainsi dire, le dénouement de tous les autres ne pouvait pas être oublié.
Je sais fort bien que le moment ne serait pas venu d'écrire

se sont répandus que la canaille alloit se livrer de nouveau à ses excès, et avoit le projet de venir ravager

l'histoire de la Révolution à Rouen, si toutefois il prenait envie à quelqu'un de retracer cette histoire ; mais elle se divise en deux parties bien tranchées, qu'on est convenu de désigner par deux dates : 1789 et 1793. Or, les révélations qui se rattachent à la première, loin d'offrir aucun inconvénient, sont au contraire pleines de convenance et d'opportunité, car elles ne peuvent mettre au jour que des sentiments honorables, et des actes de vrai patriotisme et de généreux dévouement.

La délibération que je donne ne raconte qu'une seule des premières journées du mouvement révolutionnaire, qui commença, malheureusement, par des violences brutales et de stupides dévastations. Déjà, le 12 juillet, le peuple, soulevé par le plus infaillible de tous les moyens d'insurrection, la crainte de la famine, avait pillé les voitures de blé et saccagé les hôtels de MM. de Pont-Carré et de Belbeuf. Le régiment de Navarre, assailli à coups de pierres, s'était vu contraint de faire feu et avait tué plusieurs personnes. Les rassemblements continuèrent le 13 et le 14. Les magasins de blé et les moulins furent mis au pillage, les mécaniques incendiées. Les jeunes gens de la ville s'étaient formés en compagnie de cavalerie, afin de travailler, de concert avec la garnison et la maréchaussée, au rétablissement de l'ordre (*Journal de Normandie*, 22 juillet 1789). En vain l'administration municipale avait-elle pris le commandement de la milice bourgeoise, de la Cinquantaine et des Arquebusiers, dont le Parlement s'était démis. En vain avait-elle organisé les subsistances, ouvert des souscriptions pour les pauvres, rendu un arrêté qui ordonnait de repousser la force par la force, mis les magasins de blé *sous la sauve-garde publique,* prescrit l'*illumination* de la ville et des faubourgs, constitué le corps des Volontaires patriotes, et pris toutes les précautions nécessaires pour maintenir la population dans le devoir : les attroupements continuaient ; les magasins étaient envahis, les mécaniques brisées. Des placards séditieux étaient affichés dans les rues, un entre autres qui demandait les têtes du premier président De Pont-l'hôtel de ville, *on a fait entrer dans la cour cinq canons, qui ont été braqués du côté de la porte donnant vers la Grande-Rue.*

Carré, du procureur général De Belbeuf, de l'intendant Maussion et de Durand, procureur de la ville.

Les environs de Rouen n'étaient pas plus tranquilles. Les convois qui portaient des vivres à Paris, étaient attaqués à Déville, à Oissel, à Poses; et partout des malheureux étaient tués dans ces collisions. Les révérends pères Chartreux, menacés dans leur couvent de Saint-Julien, avaient été obligés de demander à la Municipalité l'autorisation de recevoir quatre espingoles, qu'ils faisaient venir du Havre pour leur défense.

Le 3 août, les désordres prirent plus de gravité encore. La populace brisa une mécanique dans la rue Martainville et vint en brûler les débris sur la place Saint-Ouen. L'intendant Maussion était surtout l'objet des haines furieuses de ces séditieux, et la Municipalité avait jugé nécessaire de mettre son hôtel sous la protection d'un détachement de la milice bourgeoise. Mais l'esprit de cette milice n'était pas sûr; plusieurs des citoyens qui la composaient cédaient à l'entraînement. Les membres de l'administration s'organisèrent en pelotons, pour faire des patrouilles pendant la nuit, et défendre, au péril de leur vie, la sûreté de cette ville qu'ils administraient avec tant de courage. Ces généreux efforts furent inutiles. Le Conseil s'étant réuni à 10 heures et 1/2 du soir,
« on est venu dire que les séditieux s'étoient introduits chez
« M. l'intendant, où ils ont fait perquisition dans tous les appar-
« tements, pour s'assurer de sa personne, ou peut-être le sa-
« crifier à leur haine; et, après avoir fureté dans ses papiers, se
« sont retirés, *et de là se sont transportés en l'Hôtel-de-Ville,*
« *où plusieurs de Messieurs étoient assemblés, pour faire pa-*
« *reille perquisition, et s'assurer si M l'intendant, objet de*
« *leurs recherches, ne s'y étoit pas réfugié. Ne l'ayant pas trouvé,*
« *ils s'en sont allés chacun chez eux.* Il étoit alors 2 heures
« après minuit.

« Et la compagnie voyant la rumeur cessée, s'est séparée, et
« chacun s'est retiré chez soi, à quatre heures du matin. »

Enfin arrive la journée du 4 août: voici les noms des citoyens

Au même instant, plusieurs personnes sont venues annoncer que les malfaiteurs étoient retournés à l'in-

qui faisaient alors partie de l'administration municipale, dont le corps électoral avait été appelé à partager les rudes et périlleux travaux :

<table>
<tr><td colspan="2" align="center">*Maire :*</td></tr>
<tr><td>Dubosc, comte de Radepont.</td><td>Lallemand,
Hurard,
Bigot.</td></tr>
<tr><td align="center">*Échevins en exercice.*</td><td>*Procureur de la ville :*</td></tr>
<tr><td>De Sacquépée, avocat du roi,
Moulin, père,
De Bonne, fils,
Prével,
Asselin,
Duval d'Imbleville.</td><td>Durand.

Quarteniers :

Prével, le jeune,
Ribard, fils,
J.-B.-Louis Ducastel,
Vincent-Prosper Ribard.</td></tr>
<tr><td align="center">*Anciens Échevins :*</td><td>*Electeurs dont les noms me sont connus :*</td></tr>
<tr><td>Lecouteulx de Verclives,
Méry de Villers,
Midy d'Andé,
Levavasseur,
Lenoble,
Le Bourgeois de Belleville,
Ribard,
De Bonne, père,
Varin,
Lefebvre, l'aîné,
Midy de la Grainerais,
Lefebvre, le jeune ;
Moulin, fils,
Quesnel, le jeune,
Delespine,
Levieux,
Lézurier,
D'Ornay,
Quesnel, l'aîné,
Méry, fils,
Delamothe Maurice,</td><td>Le Barrois,
Tarbé, l'aîné,
Hardi,
Frémont,
Al. de Fontenay,
Levieux,
Wulgis Dujardin.
Lesguilliez,
Bournisien,
Despréaux,
Cocquin,
De Montmeau,
Leborgne,
Deschamps,
Pavie,
Massé,
Ferry,
Clérot.</td></tr>
</table>

tendance¹, où ils se sont enivrés en très grand nombre, et qu'ils avoient détruit tout le jardin, coupé les peupliers qui étoient dedans et s'en étoient fait des bâtons.

Qu'ensuite ils s'étoient transportés aux divers bureaux des aides et octrois, aux portes de la ville, qu'ils avoient cassé toutes les portes et meubles, et brûlé les papiers et registres, et qu'enfin ils étoient actuellement à ravager le bureau général des Aides, rue Sainte-Croix-des-Pelletiers, où ils brûloient tous les registres, ainsi que le carosse du directeur².

M. le marquis d'HARCOURT³ est entré et a exposé qu'il avoit reçu avis de l'arrivée prochaine de 300 dragons du régiment Dauphin, et qu'il desiroit connoître les dispositions de l'assemblée relativement au séjour de ces nouvelles troupes dans ces environs.

Sur quoi l'assemblée a arrêté que M. le marquis est prié de faire avancer les 300 cavaliers jusques dans la ville, et que, vu la bonne conduite et la détermination de la majeure partie du régiment de Navarre, le secours nouveau seroit ajouté à la défense de la cité et des lieux circonvoisins.

M. DES ROSIÈRES, lieutenant-colonel du régiment de

¹ L'hôtel de l'intendance est devenu celui de la préfecture.

² M. Lemoyne.

³ Lieutenant général au gouvernement de Normandie. Le duc de Harcourt, gouverneur, était alors à Caen, où des troubles sérieux éclatèrent quelques jours plus tard. (*Journal de Normandie*, 2 septembre 1789.)

Navarre[1], est entré, a demandé la permission de présenter un nombre assez considérable de braves soldats qui se dévouoient à la défense publique. Ils ont été reçus avec acclamation, et, après quelques paroles obligeantes qui leur ont été adressées, tous se sont levés et ont fait le serment de défendre la cité aux dépends de leur vie. Ce spectacle attendrissant a fait verser des larmes à toute l'assemblée. Après quoi M. le Lieutenant-Colonel a ajouté que, à l'égard des soldats qui s'étoient réunis avec la populace, et qui avoient contribué aux brigandages qui s'étoient commis à l'Intendance, le corps des officiers les avoit livrés à leurs camarades, pour en disposer et prendre tel parti qu'ils aviseront bien.[2]

Et vu qu'il est instant de réunir sous les armes, pour la défense publique, tous les citoyens dont la conduite et les mœurs ne seroient pas suspects, la compagnie a pris l'arrêté suivant qui a été rendu public par la voie de l'impression :

« L'assemblée considérant que tous les citoyens, quels

[1] Le colonel était le marquis de Mortemart. La Municipalité avait pris, dans ces moments difficiles, la direction exclusive des affaires de la ville. Les plus hauts personnages venaient lui demander ses ordres.

[2] Dès le lendemain, le régiment fit justice des soldats qui avaient ainsi manqué à leur devoir: « M. de Saint-Sauveur, major du « régiment de Navarre, s'est présenté [à l'hôtel de ville] et a dit « qu'en résultance de l'abandon, par le corps des officiers, des « soldats séditieux du régiment qui s'étoient réunis à la canaille « pour commettre des excès à l'Intendance, à leurs camarades « vertueux et braves, cinquante de ces malheureux avoient été « chassés ignominieusement du corps, qu'ils auroient deshonoré « en y restant. » (Reg. Y — I, 98.)

« que soient leur rang et leur état, ont intérêt à la con-
« servation de leurs propriétés ;

« Qu'il n'est pas juste que ceux de ces citoyens qui
« ont moins à conserver, soient seuls chargés de la garde
« qui veille à la sûreté de tous ; que les exemptions
« sont toujours onéreuses à la classe qui n'en jouit pas ;

« Invite, par les plus puissants motifs d'intérêt géné-
« ral et particulier, tous les citoyens, sans exception,
« à se réunir pour le service national.

« Comme ce service pourroit être onéreux aux per-
« sonnes peu aisées, par le temps qu'il leur fait perdre ;

« L'assemblée consent que la classe des citoyens dont
« la cote, au rôle de la capitation, n'excède pas la
« somme de quatre livres, puisse s'exempter de cette
« charge, avec d'autant plus de raison que cette classe
« l'a plus particulièrement supportée jusqu'à ce jour.

« Déclare, en outre, que les citoyens que leur âge,
« leurs infirmités ou leur absence de la ville empêche-
« roient de faire ce service par eux-mêmes, se feront
« remplacer convenablement par d'autres citoyens : au-
« trement, le corps municipal feroit faire le service à
« leurs frais. »

Les désordres et pillages continuant toujours, malgré les plus sages précautions mises en usage pour en
arrêter le cours, l'assemblée a été obligée de prendre
l'arrêté suivant :

« Vu les circonstances critiques dans lesquelles la
« ville se trouve, c'est avec douleur mais avec nécessité
« que le corps municipal et électoral est forcé d'ordon-
« ner aux gardes et patrouilles militaires et bourgeoises,

« *de faire feu sur les mutins et d'opposer la force à la force ; déclarant que le premier mutin qui sera arrêté sera sur-le-champ amené en prison, pour, son procès fait sans déplacer, être pendu dans le même jour.* »

A l'instant est entré M. de Villemont[1], grand prévôt de la maréchaussée, lequel s'est plaint amèrement des propos menaçants qui lui avoient été tenus par quelques volontaires, dans l'instant où il étoit dans la cour du bureau général des Aides, pour dissiper la populace qui exerçoit ses excès dans cette maison ; que non contents de ces propos, ils lui ont présenté, ainsi qu'au poitrail de son cheval, les bayonnettes de leurs fusils, en le menaçant de mettre sa tête à prix dans le cas où il feroit feu sur les pillards ; et s'est retiré.

Un des officiers de la milice bourgeoise est venu dire que, étant à la tête d'une patrouille, la populace l'avoit environné pour le prier de faire obtenir la liberté à trois particuliers détenus dans les prisons du Palais pour cause de sédition, avec promesse de faire cesser le tumulte si on les leur accordoit. Sur quoi la compagnie, saisissant avec empressement tous les moyens propres à rétablir le calme, a arrêté qu'ils seroient mis en liberté, à laquelle fin l'ordre par écrit, signé de M. le maire, a été envoyé au concierge du Palais.

Sur les rapports faits de deux particuliers, l'un nommé *Bordier, acteur du spectacle des Variétés du*

[1] De Cambon de Villemont, lieutenant-colonel de cavalerie.

Palais royal, à Paris[1], et l'autre Bence, soi disant chirurgien, accusés d'avoir ameuté la populace par des propos séditieux et incendiaires, et de s'être transportés à l'Intendance, le 3 de ce mois, sous le prétexte d'apaiser les séditieux ;

Il a été arrêté qu'à l'instant quatre fusiliers se transporteroient à l'endroit où on venoit de les voir entrer. Aussitôt l'ordre a été donné et exécuté.

Etant arrivés, on les a interrogés, et de suite ils ont été constitués prisonniers.

Après quoi quelqu'un est venu annoncer que les pillards venoient de mettre le feu à une maison rue St-Hilaire, et aussitôt un piquet de soldats et de bourgeois assez nombreux, s'y sont transportés et ont emmené avec eux deux canons. *Une femme y a été fusillée.*

Sur la motion d'un de Messieurs, qui a dit être informé que les pillards se réunissoient dans les cabarets, où ils s'enivroient et formoient des complots séditieux,

Il a été arrêté : qu'il sera sur-le-champ annoncé au son du tambour, à tous les cabaretiers, limonadiers,

---

[1] Bordier fut pendu le 21 août, avec Jourdain. Bence fut renvoyé, sans être condamné ni absous. Bordier, délivré par les volontaires, était parti pour Paris, mais on courut après lui, et il fut arrêté à Magny, ramené à Rouen, condamné et exécuté malgré les réclamations de la Municipalité de Paris. Voir le *Journal de Normandie*, du 12 août 1789, et le VIIe volume de l'*Histoire du Parlement de Normandie* de M. Floquet. J'ose à peine renvoyer à un article intitulé *Recherches sur Rouen, à propos du changement de la place des exécutions*, dans lequel j'ai raconté ces événements. (*Revue de Rouen*, septembre 1836.)

vinaigriers et autres, que, passé huit heures du soir, ils aient à fermer leurs boutiques, avec défense de vendre aucuns vins, cidres et autres liqueurs, par assiette [1], dans aucunes heures du jour.

Il a pareillement été arrêté qu'il sera annoncé et enjoint à tous les bourgeois de mettre des lumières sur la devanture de leurs maisons.

Et comme il se trouve en ce moment plusieurs des séditieux arrêtés et desquels la prévôté s'occupe de faire le procès [2],

Il a été arrêté qu'on plantera, à l'instant, une potence sur le pont, afin d'intimider la canaille; ce qui a été exécuté sur-le-champ [3].

Sur la motion d'un de Messieurs il a été arrêté que M. le

---

[1] Défense de laisser asseoir les consommateurs.

[2] J^{ph} Marie Chénier, qui était venu à Rouen, pour une affaire, avec un des plus célèbres libraires de Paris, manqua d'être arrêté, ainsi que son compagnon, comme complice des désordres des 3 et 4 août.

[3] Cette potence fut étrennée le 6 août, à 7 heures du soir, par deux malheureux condamnés le même jour. On y pendit encore, le 10 août, deux ouvriers de Darnétal : « Ce jourd'hui dix août « mil sept cent quatre-vingt-neuf, neuf heures de matin, est « entré M. Flambart [lieutenant de la Maréchaussée], lequel a « dit que deux séditieux venoient d'être condamnés à mort, « et comme ils sont de Darnétal, il a été proposé de faire dresser « une potence à la porte de Saint-Hilaire. Sur quoi délibéré, il « a été arrêté qu'ils seroient pendus au bout du pont, où la po- « tence est dressée, et que M. le marquis de Harcourt sera prié « d'ordonner aux commandants militaires des forces nécessaires « pour assurer cette exécution.» (Reg. Y-1, 121.) C'est à cette potence que furent pendus Bordier et Jourdain.

marquis d'Herbouville¹ sera prié de prendre en considération,

1° Que M. *Jourdain*², commerçant il y a quelques années à Lisieux., poursuivi pour banqueroute frauduleuse, aujourd'hui se disant avocat au parlement de

¹ Colonel général des Volontaires patriotes. Cette milice avait été constituée le 21 juillet par un arrêté rédigé par M. d'Ornay, et adopté sans modification, par le corps municipal. Le 23 du même mois, 500 volontaires se rendirent à l'hôtel de ville, et une députation de douze des leurs s'étant présentée devant le conseil, annonça qu'ils avaient choisi, par acclamation, pour leur chef, M. le marquis d'Herbouville, seigneur des terres de Saint-Jean-du-Cardonnay près Rouen et de la Cour-le-Comte près Dieppe, ancien premier enseigne des gendarmes de la Garde du Roi, mestre de camp de cavalerie, et procureur syndic de l'Assemblée provinciale de la Haute-Normandie, pour l'ordre de la noblesse. Deux membres de la Municipalité allèrent recevoir à la porte le nouveau colonel, qui prit séance avec l'assemblée. Il prêta serment le 25 juillet. Avant cette promotion, M. le marquis d'Herbouville était engagé comme simple volontaire.

Le marquis d'Herbouville remplit ses fonctions avec beaucoup de zèle et de dévouement. Il contribua puissamment à l'organisation de la Garde nationale de Rouen, dont il fut le premier colonel. Son élection eut lieu le 20 novembre 1789.

² Jourdain avait été nommé capitaine des volontaires, et avait prêté serment le 1er août. Ce fut lui qui, le 5 août, à la tête d'une partie de sa compagnie, délivra violemment Bordier et Bence, prisonniers au Vieux-Palais. Le 6, les volontaires, honteux d'avoir pris part aux excès dans lesquels Jourdain les avait entraînés, envoyèrent quelques-uns des leurs à la poursuite de Bordier, qui fut arrêté à Magny, tandis que d'autres dégradaient Jourdain, « en lui arrachant ses épaulettes et en foulant son « aigrette aux pieds, » et le conduisaient dans la prison du Vieux-Palais. Jourdain fut pendu le 21 août, avec Bordier, à la potence du pont.

Paris, et dans le moment en cette ville, logé dans le même hôtel avec des personnes étrangères et suspectes, ne peut que donner de l'inquiétude, ayant le commandement d'une compagnie de volontaires ;

2° Qu'il a tenu hier, 3 de ce mois, une conduite suspecte dans l'hôtel de M. l'intendant ; que les motifs qu'il donne de cette conduite peuvent bien empêcher de le regarder comme coupable, mais ils ne peuvent pas rassurer entièrement, dans une circonstance où le moindre soupçon suffit pour éloigner[1] celui qui le donne ;

3° Que sa perquisition dans l'hôtel de ville, à la tête des personnes soulevées, est un attentat punissable.

Pourquoi l'assemblée verroit avec regret que M. Jourdain fût conservé parmi les volontaires.

Vu qu'on n'a pas d'armes à suffire, il a été arrêté qu'on ordonneroit à tous les armuriers de faire la déclaration de celles qu'ils ont chez eux, et d'apporter ce qu'ils en ont à l'hôtel de ville, qui s'en rendra garant.

A l'instant sont entrés MM. les députés vers les villes de Louviers et d'Elbeuf.

M. Wulgis DUJARDIN, l'un d'eux, portant la parole, a dit qu'étant arrivés à Louviers, ils étoient descendus à l'hôtel de ville, que là ils avoient concerté avec les officiers municipaux les moyens dont ils feroient usage pour obtenir la liberté du sieur Guilbert[2] ; qu'ils avoient

[1] Pour faire éloigner.

[2] Guilbert avait fait partie d'un détachement de volontaires d'Elbeuf, qui, conjointement avec un détachement des volontaires de Rouen, avait été chargé de protéger un bateau de grains

arrêté, comme celui dans le cas d'opérer le meilleur effet, qu'on feroit afficher dans tous les lieux publics que deux députés de la Commune de Rouen venoient, au nom de l'humanité, réclamer une victime innocente dans les prisons ; que si, dans le nombre des habitants, il s'en trouvoit quelques-uns qui eussent des accusations à porter contre le sieur Guilbert, ils pouvoient se rendre le lendemain matin à l'hôtel de ville, ils y seroient entendus, et que si les accusations étoient fondées, le sieur Guilbert seroit abandonné.

Que le lendemain, sur les huit heures du matin, le peuple s'y étoit rendu en foule, et que, sur la demande qu'ils lui avoient faite du sieur Guilbert, tous, par acclamation, avoient répondu qu'ils y consentoient ; qu'aussi-

destiné à l'approvisionnement de Paris. Le peuple de Louviers s'était jeté sur ce bateau pour le piller ; l'escorte avait fait son devoir, et, dans la lutte, Guilbert avait été pris par les mutins et conduit dans les prisons de Louviers. Le 31 juillet, 60 volontaires d'Elbeuf et de Rouen étaient allés à Louviers réclamer leur camarade, mais leur présence souleva la ville ; on sonna le tocsin, la milice bourgeoise prit les armes, et un conflit épouvantable était sur le point d'éclater, lorsque l'intervention du chef de la milice et du procureur du roi calma la fureur des deux partis, et amena une explication. Cependant, malgré l'ordre du marquis d'Harcourt, dont les volontaires étaient porteurs, le prisonnier leur fut refusé.

Cette nouvelle étant parvenue le même jour à la Municipalité, MM. Wulgis Dujardin et Deschamps, électeurs, furent envoyés à Louviers, pour réclamer Guilbert. Mais il y avait danger à le laisser sortir de prison, à cause de l'exaspération de la populace, qui mettait ses jours en danger. Le 3 août, de nouveaux députés furent envoyés à Louviers et à Elbeuf, avec mission de rétablir la paix. Ils y réussirent, et ils rendent compte de leur mission.

tôt on avoit été lui ouvrir les portes de la prison, et que, remis dans leurs mains, ils avoient été conduits hors de la ville au son des tambours et des instruments. Ensuite MM. les députés ont remis leur procès-verbal sur le bureau, dont acte leur a été accordé.

Ce rapport étant fini, le jeune homme est entré et a témoigné à l'assemblée combien il étoit sensible et reconnaissant à l'intérêt qu'elle avoit bien voulu prendre à ses peines, et s'est retiré.

Et, vu l'heure de dix heures du soir, l'assemblée s'est retirée, à l'exception de trois de Messieurs qui ont passé la nuit.

Du Bosc, comte de Radepont,
Demarest.

XVI.

PUBLICATION DE LA LOI MARTIALE

à Rouen.

PROCÈS-VERBAL DU 27 OCTOBRE 1789.

Le mardi vingt-sept octobre mil sept cents quatre vingt-neuf, messieurs les conseillers, maire et échevins de la ville de Rouen, ayant reçu les ordres du Roi qui leur ont été adressés par M. le comte de Saint-Priest, ministre et secrétaire d'État, par la lettre du vingt-trois de ce mois, pour la publication de la déclaration du Roi, portant sanction d'un décret de l'assemblée nationale du 21 de ce mois, pour l'établissement d'une *loi martiale*, se sont rendus aujourd'hui, à 10 heures du matin à l'hôtel de ville, d'où ils sont sortis à onze heures pour faire ladite publication, précédés et suivis des troupes ci-après,

Savoir :

D'un piquet de deux cents quarante fusiliers bourgeois à raison de 20 par compagnie à pied ; d'un piquet de volontaires, tant à pied qu'à cheval ; d'un piquet de fusiliers du régiment de Navarre à pied ; d'un piquet du régiment de Salis-Samade, suisse, à pied ; d'un piquet de cavaliers de la maréchaussée à cheval, et d'un piquet du régiment Dauphin, dragons, à cheval.

Les trois gardes de la ville, dont un portoit le drapeau rouge mentionné en la déclaration du Roi, étoient en habit bleu, bandoulière et épée, marchant devant les quatre serviteurs, lesdits quatre serviteurs avec leurs habits de cérémonie.

L'huissier de la ville, aussi en habit de cérémonie, portant la masse, le greffier de la ville, au milieu de quatre hérauts d'armes, en habit de cérémonie ; marchant seul devant, Monsieur le comte de Radepont, chevalier, maire, qui étoit en petit manteau noir déployé, épée, cravate de point et chapeau garni de plumets noirs ; Messieurs Prével, Asselin et Duval d'Imberville, conseillers-échevins revêtus de leurs habits de cérémonie : Monsieur Durand, procureur du Roi de la ville, en robe et soutane de soie noire et chapeau.

Tous dans cet ordre, et montés à cheval, la première publication de ladite loi martiale, jointe au présent procès-verbal, a été faite à l'hôtel de ville par le greffier d'icelle.

Après quoi on est sorti de l'hôtel de ville et tourné à droite par la rue de la Grosse-Horloge.

Rue du Merrier[1], rue de la Vicomté, rue des Char-

[1] Partie de la rue de la Vicomté qui va de la Grande-Rue à la rue Saint-Georges.

rettes, devant le Vieux-Palais, proche la fontaine, a été faite la 2º publication.

Rue du Vieux-Palais, place du Vieux-Marché, 3ᵉ publication.

Rue Cauchoise, faubourg Cauchoise, au carrefour de Cauchoise, a été faite la 4º publication.

Boulevard de Cauchoise, carrefour de Bouvreuil, 5º publication.

Boulevard de Bouvreuil, carrefour de Beauvoisine, 6º publication.

Rue Beauvoisine, place de la Rougemare, 7º publication.

Rue Bourg-l'Abbé, rue Orbe, à la fontaine du Plat, 8º publication.

A la Croix-de-Pierre a été faite la 9º publication.

Rue Saint-Hilaire, hors la porte Saint-Hilaire, 10ᵉ publication.

Boulevard de l'Hôpital[1], porte Martainville, dans la demi-lune, 11º publication.

Rue Martainville, rue de la Miette[2], Boucherie Saint-Ouen, rue de l'Hôpital, à la Crosse, 12º publication.

Rue des Carmes, entrés dans le parvis Notre-Dame, s'est faite la 13º publication.

Rue du Change, rue de l'Épicerie, à la Basse-Vieille-Tour, 14º publication.

Rue des Tapissiers, porte du Bac, sortis de la ville, vis-à-vis le pont de Bateaux, a été faite la 15º publication.

[1] Boulevard Martinville.   [2] Damiette.

Ensuite on s'est transporté au faubourg de Saint-Sever, et, parvenus au carrefour, vis-à-vis du cimetière de l'église, a été faite la 16ᵉ publication.

On est revenu sur ses pas, rentré sur le quai, et vis-à-vis de la Bourse a été faite la 17ᵉ publication.

A la porte Haranguerie, rue des Charrettes, rue Grand-Pont, Grande-Rue, devant l'église de Notre-Dame-de-la-Ronde a été faite la 18ᵉ et dernière publication, et on est rentré ensuite à l'hôtel de Ville.

Signé DUBOSC, comte de RADEPONT, maire.

PIÈCES JUSTIFICATIVES.

Deuxième Partie.

I.

ADJUDICATION

De la Démolition de l'ancienne porte Martinville.[1]

(3 mars 1396.)[2]

Tâche baillé, du mestier de machonnerie, c'est assavoir : à abbatre la pierre de la porte de Màrtainville en la manière qui s'ensuit :

Ladicte pierre doit estre abbatue saine et entière, jusques au rez de la terre, au proffit de la ville, et ycelle pierre mise ou[3] pré de Martainville, au plus prez de la ville, sans ce qu'il tourne à préjudice à ladicte ville ; et le gravin[4] et mortier osté de ladicte plache et mis au plus prez du lieu, sans ce qu'il nuyse à ladicte place.

[1] Cette pièce est écrite sur une feuille volante, qui a été collée au folio 29 verso, du Reg. A, 1396—1398, à son ordre de date.

[2] Nouveau style ; l'année 1396 n'a fini que le 21 Avril.

[3] Au.   [4] Les gravois.

Et est l'ouvrier tenu à faire les choses dessusdictes bien et deuement, et la ville lui doit trouver engin [1] et chaable [2] de corde, et le chariot d'icelle ville pour porter ladicte pierre au lieu dessusdit.

Et fu ladicte besongne criée ou lieu acoustumé à faire cry [3] en tel cas, et baillée, comme au plus rabaissant et dyminuant le premier pris d'icelle besongne, en tâche, à Estienne Féré, machon, pour le pris et somme de xxx l. t. [4], jouxte ce qui contenu est cy dessus.

Baillié audit Estienne Féré le iij^e jour de mars mil ccc iiij^{xx} et saize.

Item doit abbatre la moitié du mur, jusques à la moitié de l'arche, et pour ce aura pour tout xxxiij l. t. [5]

[1] Machine.

[2] Câble.

[3] Au lieu où se criaient les enchères.

[4] 30 livres tournois équivalent, d'après les prix comparés du marc d'argent, à 264 francs de notre monnaie.

[5] 33 livres tournois, soit 290 francs.

II.

DEVIS ET ADJUDICATION

De la Construction du premier étage de la porte Martinville.[1]

(16 avril 1405.)

Tâche pour la porte de Martinville, à Collin Rousseau, machon.

Ledit xxvj° jour d'avril iiij° et cinq, après Pasques, Colin Rousseau, machon, demourant à Paris, marchanda aux bourgois conselliers de ladicte ville de Rouen, de sa besongne du mestier de machonnerie de la porte de Martainville, en la manière qui ensuit : Premièrement, il doit enrasoir[2] ladicte porte par dedens et par dehors de toutes choses de sondit mestier, tant de queminées[3]

---

[1] Reg. A, 1404—1408, 12 r.—Il y a, dans les registres, une lacune du 22 septembre 1398 au 29 décembre 1404. C'est certainement dans cet intervalle qu'ont été adjugés et exécutés les travaux des fondations et du rez-de-chaussée de la porte Martinville. Tous les devis détachés ayant disparu, on n'a plus aucune trace de ceux-ci qui n'avaient été conservés que dans le registre perdu.

[2] Arraser.   [3] Cheminées.

comme d'aësemens [1] et de wys [2], sanz estre de ce rien compté ne tesé [3], excepté que pour ce il doit avoir toute la pierre taillié, pour employer en ladicte porte où il verra que bon sera, sanz rien lui compter ni rabatre de ladicte taille; et aveuc ce lui sera paié la somme de xx frans. [4]

Item, il doit, après ce qu'elle sera enrasée, monter ladicte porte d'un estage qui aura deux toises ou environ de hault; et doit faire tout ce qui y appartient, jouxte [5] le devis et ordonnance contenu et devisé en une cédule de parchemin de maistre Jehan de Baïeux, maistre des euvres etc. Et doit avoir pour chacune toise vj escus [6], et doivent estre comptées les ténues espoisses [7], aussi bien comme les espoisses [8], à teser parmy le mur, ainsi comme il est acoustumé à teser, etc.; et aussi les voultes audit pris de vj escus la toise, se il est advisé qu'ils soient faites; et ne les pourra l'en bailler [9] à autre que à lui.

Item, si lesdiz conseillers ont advis et volenté de la hauchier [10] encore d'un autre estage de hault, contenant

[1] *Aisements*, lieux d'aisance.
[2] *Vis*, escaliers.
[3] Toisé.
[4] 20 livres tournois : 166 francs.
[5] Selon.
[6] L'écu d'or valait alors 22 sous 6 deniers : 6 écus font 6 livres 15 sous tournois, ou 55 francs 65 centimes d'aujourd'hui.
[7] L'expression de *ténues épaisses* se compose de deux mots incompatibles; elle signifie les parties de la construction qui n'exigeaient que des murs de peu d'épaisseur.
[8] C'est-à-dire que les épaisseurs seront compensées.
[9] On ne pourra les bailler.
[10] Hausser.

xvj pieds de hault ou environ, ledit Rousseau le sera tenu de faire pour ledit pris de vj escus chacune toise, comme dessus est dit.

Item lui sera baillé et délivré de l'argent jouxte ce qu'il fera à ladicte besongne, prorata de ce qu'il fera de besongne. Et sera tenu de venir commenchier ladicte besongne dedens x ou xij jours du jour d'uy, et y continuer bien et deuement.

Item, à toutes les choses dessusdictes et le devis et ordonnances en ladicte cédule de parchemin cy après transcripte, ledit Rousseau doit faire et à ce soy obliger, lui et ses compagnons à Paris; et aussi lesdiz conseillers s'obligeront à Rouen de luy bien païer.

Item, ensuit la teneur d'unes lettres closes escriptes par Robin Alorge, l'un desdiz conseillers, à Jehan Petit, de Chastillon, touchant ledit fait.

« Trés chier et grant amy, plaise vous savoir que les conseillers de la ville et moy, avons marchandé à Colin Rousseau, en la manière que dessuz est dit, et de ce se doit obliger par delà[1], pour ce que il avoit deux autres machons avecu lui, que il ne voulloit que ils sceussent ne partissent à lui[2]; mais doit prendre autres compagnons, par delà, lesquelx s'obligeront avecu lui. Si vous prient lesdiz conseillers, et moy avec, que il vous plaise tant travellier[3] de lui faire passer ladicte obligation jouxte l'escroe[4] de parchemin et de ce qui dessuz est dit. Et,

[1] Plus tard.
[2] Partageassent avec lui.
[3] Prendre la peine.
[4] L'écrit, le rôle.

280 DEVIS

l'obligation passée, vous plaise à lui bailler xx frans.[1], et les demander à Jehan des Ourmes qui les vous baudira [2] et aussi ce que l'obligacion coustera. Et si, vous prie que il vous plaise à faire fort ou vous obliger, se il le veult ; et sitost qu'il sera venu à Rouen, lesdiz conseillers nous obligerons à le bien païer ainsi comme il fera la besongne du marché dessusdit. Très chier sire et très grant ami, lesdiz conseillers et moy nous recommandons à vous et vous merchions [3] tant comme nous povons. Et je prie Dieu qu'il vous dont[4] bonne vie et longue. Escript à Rouen le jour dessusdit.

Le tout votre parfait ami,
R. ALORGE, de Rouen.

A honnourable homme et sage Jehan PETIT,
de Chastillon, bourgois de Paris. »

Item, s'ensuit le devis de l'escroe de parchemin de ladicte tâche.

Cy ensuit le devis de certaine tâche de toute paine du mestier de machonnerie, pour la porte de Martainville, en la forteresse de la ville de Rouen, ordonnée estre baillée à rabays :

Et premièrement :

A ladicte porte il faut asseoir les deux voussures des wys, lesquelles sont desjà tailliés. Et aussi faudra oster

---

[1] 20 livres tournois : 166 francs.
[2] Ou bandira, garantira.
[3] Remercions.
[4] Donne.

et rassoir¹ la voussure du front devant de ladicte wys, au costé de devers Saint-Hilaire, et les deux autres voussures qui sont esligées² à vousser en derrière desdictes voussures desdictes wys, à l'entrée d'icelles, et ensuir³ les marches ainsi qu'il est esmeu⁴ de présent à monter. Et aussi faudra faire et machonner les ournes⁵, ainsi qu'ils sont commenchiés de présent, et arrasoir jusques au haut de la derrenière assise qui de présent y est. Et si faudra asseoir les clavyaux⁶ de la cheminée qui est au costé de devers Saint-Hilaire, lesquielx sont taillés; et si faudra faire et asseoir les deux manteaux et hauchier⁷ jusques en l'arasement dessus dit, et faire tout ce qui en ycellui arasement fault⁸, tant jointoyer comme courroyer⁹, et asseoir plusieurs carnaux¹⁰, sommiers, vousseures qui fallent¹¹ en ycellui enrasement, et faire et agréer selon les esligemens¹² dudit édiffice, bien et deuement. Et ne comptera l'en ren¹³ ledit enrasement, fors ce qui est contenu en la cédule de papier dessus transcripte.

Item, audessus d'icellui enrasement faudra monter tout le circuite¹⁴ de ladicte porte, tant par dedens comme

¹ *Rasseoir.*
² *Éligées,* appareillées, prêtes.
³ *Ensuivre,* continuer.
⁴ *Ému,* commencé.
⁵ *Ourle, orle,* rangée de pierres, assise.
⁶ Claveaux.
⁷ Hausser.
⁸ Manque, reste à faire
⁹ *Courroyer* veut dire faire avec soin, mettre la dernière main.
¹⁰ *Créneaux,* ouvertures.
¹¹ Manquent.
¹² Plans tracés.
¹³ Rien.
¹⁴ Circuit.

par dehors, et si y faudra agréer de marches les wys dessusdictes, lesquelles seront gauchies ainsi comme il est commenchié de présent, et fournir de paalliers partout où il esconviendra, jusques au hault de l'estage dessuz la voulte. Et y ara depuis le hault des poustres qui de présent y sont, xij piés ou environ. Et si fault faire tous les agréemens [1] par dedens, tant de cheminées, de wys, comme d'aësies [2] et autres édiffices en ténues espoisses, lesquels édiffices de ténues espoisses et marches, seront comptées et tesées à ladicte besoingne. Et se tesera ladicte besongue parmy les murs, tant des grosses espoisses comme des ténues [3], et si tesera l'en les marches des wys depuis le parmy du nouel [4] jusques à la douvelle [5] de la wys, en longueur de toise, et parmi lez pas de cesdictes marches en haulteur de toise et fon.

Item, en ycellui estage faudra faire et esliger iiij arbalestrières, de telle manière et grandeur comme celles qui de présent y sont. Et si y faudra faire et esliger trous rons pour geter [6] les canons; et y en aura en chacune tour deux : l'un au front de devant pour geter au lonc de la cauchée [7], et les autres à deux costés de ladicte porte.

[1] Ragréement, perfection.

[2] Lieux d'aisance.

[3] C'est-à-dire que l'on toisera la surface du mur, épaisseurs compensées.

[4] Milieu du noyau.

[5] Paroi de l'escalier opposée au noyau.

[6] *Jeter*, mettre les canons dehors, les avancer pour faire feu.

[7] Pour pouvoir tirer sur la chaussée de Martinville.

DU PREMIER ÉTAGE.

Et sy faudra faire fenestres partout où il esconviendra, tan en l'un costé comme en l'autre.

Item, en chacune desdictes deux tours et en ycellui estage, faudra faire et esliger deux huisseries[1] par où l'en entrera desdictes wys dedens ycellui estage, à l'endroit où il sera advisé que bien soit ; et si faudra faire et esliger deux aësemens de telle manière comme sont ceulx qui de présent y sont en l'estage de bas. Et si y faudra faire deux cheminées, l'une au costé vers le pré et l'autre en l'autre costé, et s'ouvriront de telle manière [que] celles qui de présent y sont, excepté que les art'efz[2] ne seront que chanffrains.[3]

Item, en ycellui estage faudra faire et asseoir les répouses[4] qui soustendront les carches[5], lesquelles seront à la iij^e assise audessus des poustres ; et y en fault xij en chacune tour, et seront revestus d'un membre et

---

[1] *Huis*, portes.

[2] Ce mot, qu'une abréviation empêche de lire, et que je n'ai pas pu deviner, pourrait bien être composé du mot *arc* et de *tref*, qui signifie, entre autres choses, *tente*, *pavillon*. Les *artrefs* seraient alors les hottes de la cheminée, qui avaient, en effet, la forme d'un pavillon.

[3] Chanfrinés, ébauchés. Le chanfrain est une moulure sans filets.

[4] De *reponere*. Espèce de gros modillon, de console destinée à supporter les piliers qui soutenaient à leur tour la retombée des voûtes.

[5] Ce mot, que je n'ai trouvé dans aucun glossaire, signifie certainement les piliers qui s'appuyaient sur les consoles et recevaient les arcs de la voûte. Un peu plus loin, on le trouve écrit *charge*.

d'un fillet, aveuc .j. ymage à chacune repouse. Et audessus d'icelles repouses faudra faire et esliger les carches, tant pour les croisiés ¹ et doubleaux que pour les sommiers; et seront tous chanffrains, et si monteront jusques au hault de leur retumbée les carches dessusdictes, et les fourmerès ² monteront toujours aveuc le mur, tant d'un costé que d'autre, jusques à leur empointement; et tout ce faire bien et deuement.

Item, il faudra faire les voussures tant de la porte de devant que des herches ; et sera la voussure de devant faite par manière d'ance de pennier ³, en laquelle ara ⁴ .j. boullon par manière de clef pendante, sur lequel boullon s'arrachera une augive ⁵ costoyée de deux fourmerès, lesquielx se fermeront en leur empointement; et les autres ars ⁶ seront empointez. Et si faudra faire sur la venue de la porte ix repouses de telle manière comme dessus est dit, et audessus d'icelle faudra faire les carches, lesquelles seront boées ⁷ de deux membres et de deux nacelles ⁸, et de deux chanffrains creux et de deux fillets,

¹ Arêtes des voûtes qui se croisent.

² *Formerets*, arcs qui forment les arêtes des voûtes.

³ Anse de panier.

⁴ Il y aura.

⁵ *Ogive*. J'ai déjà fait remarquer que l'emploi de ce mot à une époque aussi reculée, n'était pas encore connu des archéologues.

⁶ Arcs.

⁷ Entaillées, évidées. Dans plusieurs dialectes de France, *boe* signifie un creux.

⁸ Moulure qui avait la forme de la quille d'une nacelle.

aveuc les fourmerès qui seront boés d'un membre et d'un fillet et d'une nacelle aveuc .j. petit carré, et lesdictes charges¹ et fourmerès comme dessuz est dit. Et roeront² lesdis fourmerès avec les ars dessuzdiz, tant de la porte comme des ars des couleiches ³. Et si faudra lever la jambe de la planquéte ⁴ et voulter sur l'entrée d'icelle et faire mudrières ⁵ tant entre les croisiés de dessus l'entrée du pont ⁶ comme de la planquéte, et hauchier tout le circuite d'icelle porte, tant dedens comme dehors, et faire et parfaire ladicte besongne bien et deuement comme dessus est dit et devisé, et en la manière des éligements, comme il est commencé, selon l'édiffice et de telle matière de pierre.

Et trouvera ladicte ville matières sur place, c'est assavoir : la pierre deschargée au lieu acoustumé, au pré de Martainville, où le batel la deschargera ; et caux et sablon ⁷ au lieu acoustumé ; mesrien ⁸, boys, clayes pour culx escherfauder ⁹ ; et engins et cordail ¹⁰ pour servir

¹ Ou *carches*.

² Tourneront.

³ *Coulisses* de la herse.

⁴ La pièce de bois au moyen de laquelle on levait et abaissait la planquette ou petite planche, qui servait de pont-levis à la poterne.

⁵ Meurtrières.

⁶ Du pont-levis.

⁷ Chaux et sable.

⁸ *Merrain*, bois de construction. Ce mot s'applique encore à la désignation du bois employé pour la fabrication des futailles.

⁹ *Échafauder*. Pour faire leurs échafaudages.

¹⁰ Corde.

sur place ; fer, plon¹, pour employer en l'ouvrage où mestier sera ; ferrement, tant gons, comme trélyes². Et l'ouvrier qui fera ladicte besongne sera tenu de trouver et faire toute paine dudit mestier de machonnerie et de valès de bras³, soy establir et escherfauder, et toute paine pour ledit ouvrage faire et acomplir ; et tous oustilz, forgeures⁴ et achèvemens de matériaux aux machons, et autres choses ad ce nécessaires. Et est demouré, du conssentement desdiz conseillers audit Colin Rousseau, maçon, audit pris de vj escus pour toise. ⁵

¹ Plomb.

² *Treillis*, barreaux de fer croisés, pour les fenêtres.

³ *Valets* de bras, manœuvres.

⁴ Objets de serrurerie.

⁵ Voir, pour les prix actuels, la note 4 de la page 288.—On peut comparer ce devis à celui que donne M. Deville d'une portion de tour du château de Tancarville, construite vers la même époque. (*Hist. du Château de Tancarville*, 31 - 33.)

III.

RÉGLEMENT DU COMPTE

De feu Nicolas Rousseau.[1]

(3 AVRIL 1406.[2])

Pour la porte Martainville, pour le fait de la déguerpie[3] de N. Rousseau.

Le iij^e jour d'avril iiij^c et cinq, présens : Michel Dutot, Roger Mustel, Robert Alorge, Henri Gueloquet, Roger Danyel, conseillers etc., Guillaume de Gaugi, Ricart de Sommery, naguères conseillers etc.; Jehan Le Tavernier, procureur etc., Henri Rousselin, receveur etc., Guillaume Le Conte, commis aux ouvrages de la forteresse etc.

Maistre Jehan de Baïeux, machon, maistre des euvres de machonnerie de ladicte ville, Jehan Salovart[4], machon, maistre des euvres de Notre Dame de Rouen

---

[1] Reg. A, 1404—1408, 44 v. — Colin ou Nicolas Rousseau était mort sans avoir achevé sa tâche.

[2] Nouveau style. L'année 1405 finit le 10 avril.

[3] Veuve.

[4] Salvart. Voir la note de M. Deville, page 51.

et maistres Robert Hellebut'ne [1] et Benoët de Savoye, machons jurés du Roy notre Seigneur, en la ville de Paris, firent leur rapport du mesurage et tesage de l'estage de machonnerie de la tâche de feu Nicolas Rousseau, selon ce qu'il est déclaré plus à plain, en un cayier de pappier par eulx apporté. C'est assavoir que ledit ouvrage et estage doit contenir, sur l'enrasement et ouvrage que il devoit pour agréer, dont pour ce lui fu acordé xx l., l'ouvrage de sadicte tâche ainsi par eulx mesuré contient de haut ij toises j pié iij pous [2] de pié, et est la haustesse de l'ouvrage de sa tâche qui n'estoit point parfaite et agréé; et s'en falloit environ deux ournes dassises [3]; ledit mesurage par eulx fait du conssentement desdis consseillers et déguerpie. Et avoient mesuré tout ledit ouvrage fait et affaire par elle, si comme ilz rapportèrent et que contenu est en leur rapport. Et contient viij^xx. ij toises ij piés et j pouce de pié, qui valent au pris de vj l. xv s. t. pour chacune toise, qu'il en doit avoir par marché à lui fait, mil iiij^xx xiiij l. t.[4]

[1] Ce nom est abrégé ainsi que je le reproduis.
[2] Pouces. L'étage avait 13 pieds 3 pouces de hauteur.
[3] *Ourle, orle,* rangée.
[4] 6 livres 15 sols valent 55 francs 65 centimes; 1,094 livres valent 9,050 francs. La toise quarrée du même ouvrage, en supposant les murs d'une épaisseur moyenne de 2 pieds et demi seulement, coûterait, de main d'œuvre, 70 francs; 162 toises 2 pieds 1 pouce quarrés reviendraient donc à 11,345 francs, au lieu de 1,094 livres. La différence entre les prix des travaux est de 1 à 10,37; tandis que la différence de la valeur du marc d'argent n'est que de 1 à 8,25. — Je dois ces évaluations des prix actuels, et celles que je donnerai tout à l'heure, à M. L. Chéruel, architecte de la ville, et à M. Vachot, son collègue.

C'est assavoir : que en tesage et mesurage ne sont point comprises, tesées ne mesurées les marches des wys, qui ne sont point encore faites pour défaut de matières et pierre.

Item, lui furent comptées, qu'il avoit faites en ladicte machonnerie, outre l'ouvrage dessusdit, xxxiiij repouses xxix l.;

Item, xij grands estos de carches[1] chanffraintes, xxxvj l.
Item, x estos de carches chanffraintes, xxx l.;
Item, xij estos de carches boées, xxxvj l.;
Item, une litte de feulles[2] en travers du lintel de la porte.....
Item, une autre litte de feulles, près la cheminée de la tour de devers Saint-Hilaire, vj l.;
Item, que l'en lui devoit pour l'arrasement du premier estage, selon le marché à lui fait, xx l.;
Item, pour le portage de certaine pierre, xix l.
Somme : xijᶜ lxx l.

Sur quoy il a été paié audit Colin Rousseau, en son vivant, par Henri Rousselin, receveur, xjᶜ l l.;
Item, depuis son trespassement, du conssentement de ladite déguerpie et à sa requeste, lxx l.;
Item, à elle par Jehan des Ourmes, à Paris, x l.
Somme du paie : xijᶜ xxx l.

Reste que l'en lui doit, se tout ledit ouvrage tesé et

---

[1] Fûts de piliers.
[2] *Litre*, *lite*, bande de feuillages.

arrasement étoient parfaiz et acompliz, qui n'est encore point parfait et qu'elle a promis parfaire et acomplir, xl l. t.[1]

[1] Il est impossible d'apprécier ce que coûteraient aujourd'hui les travaux de sculpture dont on vient de lire le détail. La somme totale de la main-d'œuvre, pour la construction du premier étage et l'achèvement du rez-de-chaussée, est de 1,270 livres, qui valent, d'après le prix du marc d'argent, 10,500 francs. Mais, en calculant tous ces travaux sur les mêmes proportions que les ouvrages de maçonnerie, on trouvera la somme de 13,170 francs.

IV.

DEVIS ET ADJUDICATION

De l'Achèvement du premier étage de la porte Martinville.[1]

(7 AOUT 1406.)

Porte de Martainville. — G. Moignet.

Le vij° jour d'aoust, mil iiij° et six, par Roger Mustel, Henry Gueloquet, Simon Delamotte et Roger Danyel, une tâche de paine du mestier de machonnerie, de trois assizes, pour la porte de Martainville, en la forteresse de ladicte ville, demoura, comme au plus offrant et derrenier etc., à Guillin Moignet dit Le Camus, maçon, dont il s'est obligé au jour d'ui devant Jehan Tavel, viconte de l'Eaue de Rouen[2], de la faire et acomplir bien et deuement, selon l'escroe[3] du marché dont la teneur s'ensuit :

C'est le devis du marché de toute paine du mestier de maconnerie, de trois assizes de pierre revenant à iij

---

[1] Reg. A, 1404—1408, 56 r.   [3] Le rôle, l'écrit.
[2] Remplaçant le bailli mort.

piés de hault, ordonnées estre faictes tout au pourtour de la porte de Martainville, en la forteresse de ladicte ville, tant par dedens que par dehors, ordonnée estre criée à rabays au lieu acoustumé.

Et premièrement : En la première desdictes iij assizes, faudra agréer et fermer les fourmerès qui de présent y sont esmeus à fermer[1]; et aussi maçonner tout le circuite[2] de ladicte porte, de telle et semblable manière comme l'esligement le requiert[3], et ainsi nettement taillé et maçonné comme le premier ouvrage encommencié à ladicte porte fu et a esté. Et les deux autres assizes ensuivre pareillement comme dessus est dit, et agréer les cheminées et les wys. Et faire iij tabernacles [à] l'entrepié de l'estanfiche[4] et agréer l'arc de par devers la ville; et lesdiz tabernacles faiz jouxte le patron contenu en une cédule signée de notre saing manuel. Et faire et parfaire ladicte besongne bien et deuement de toute paine d'ouvrier, en tant que touche lesdictes iij assises et autres choses ainsi que dit est. Et si sera tenu l'ouvrier qui fera ladicte besongne, de faire le mortier et soy establir et trouver tous les houstis[5]; et la ville lui trouvera toutes

[1] Commencés à fermer.
[2] Le circuit.
[3] Comme le plan l'exige.
[4] *Étanfiche*, mot usité encore pour exprimer une qualité de pierre, mais qui signifie certainement ici un détail d'architecture. L'*entrepied* ou support de l'*étanfiche*, doit être, d'après la position des trois tabernacles, parfaitement indiquée par la pièce VIII de la prem. part. des *Pièces Justificatives*, la corniche qui régnait au-dessus de l'arc de la grande porte, et qui figurait la base du premier étage.
[5] Outils.

matières au lieu acoustumé. Et est mise à pris, à rabays, par Guillaume Moignet dit Le Camus, à ij^c lxx l. t. sans faire les marches, et à iij^c l. t., se il fait les marches qui y fallent [1], et de ce qui sera à faire èsdictes iij assizes.

Item, par lui rabaissyé et mis à deux cens escus [2], sans faire lesdictes marches des wys, avec xl s. t. pour le vin du marché ; et à lui demourée pour ledit pris du conssentement desdiz conseillers ; laquelle besongne il promist rendre preste, bien et deuement, dedens la xve de la Saint-Michel prochain venant. Et lui sera délivré ladicte somme de ij^c escus, selon le rapport de maistre Jehan de Baïeux, maistre etc., et qu'il avancera ledit ouvrage. Et obliga corps et biens, etc. Passé le samedi vij^e jour d'aoust mil cccc et six, devant nous Jehan Tavel, viconte de l'Eaue de Rouen. Ainsi signé : Jehan TAVEL.

[1] Qu'il y faut, qui sont nécessaires.

[2] 200 écus, à 22 sous 6 deniers, font 225 livres qui valent 1,800 fr. Il n'est pas possible d'évaluer cet ouvrage de manière à pouvoir dire à peu près ce qu'il coûterait aujourd'hui, mais, en suivant les mêmes proportions que pour le marché précédent, on arrive à la somme de 2,330 francs. Les 40 sous de vin valent 16 francs 55 centimes.

V.

DEVIS

De la Tête du pont-levis et de la Maçonnerie d'une écluse de la porte Martinville.

— DÉLIBÉRATION DU 14 MARS 1407 [1].

Du treste [2] et d'une des espondes [3] de la porte de Martainville. — G. Moignet.

Le xiiij^e jour de mars mil iiij^c et vj, par Michel Dutot, Roger Mustel, Simon du Valricher, Henri Gueloquet et Roger Danyel, conseillers etc., Guillaume Le Conte, commis etc., maistres Jehan de Baïeux, maçon, et Jehan de Sotteville, carpentier, maistres etc.

Marché fait par lesdiz conseillers, à Guillin Moignet dit Le Camus, maçon, de faire, de paine du mestier de

[1] Reg. A, 1404—1408, 81 r.—La délibération porte, dans le registre, la date de 1406; l'année 1407 commença le 27 mars.

[2] Quelquefois *traiste*, tête du pont-levis.

[3] Digue, chaussée, maçonnerie sur laquelle s'établissait l'écluse.

maçonnerie, le treste du pont leveys de la porte de Martainville, avec l'une des espondes d'icelui treste ou[1] costé du vivier[2], selon le devis du marché fait par ledit de Baïeux, duquel la teneur ensuit :

C'est le devis d'un treste de maçonnerie qui est ordonné à estre fait en dehors de la porte de Martainville au bout de la cauchée[3] qui de présent y est, aveuc une esponde qui est esligée[4] en ladicte porte pour retenir les eaues du vivier, et pour faire escluse en ycelle esponde.

Et premièrement :

Fault fonder ycellui treste et talus dessuzdiz, sur pilloteiz bien et deuement de buittes[5] asemillées[6] et jointes[7], iij ou iiij assizes en fondement et par retraictes, chacune retraite d'un dour[8] chacune, pour ledit treste et talus. Et ara ycellui treste et talus iiij piés en fondemens ; et se talueront de pierres de taille jusques au hault des terres ; et si se liera avec la vielle chauchée bien et deuement ; et à ycelle hausteur s'enta-

---

[1] Au.

[2] Du côté de l'Aubette, qui entrait en ville à droite de la porte.

[3] La chaussée de Martinville se terminait en face de la porte, par un fossé sur le rebord duquel venait s'abattre le pont-levis. C'était ce qu'on appelait la tête du pont-levis. Il s'agissait de taluter la douve du fossé, et de la relier à la chaussée par une ligne de dalles en maçonnerie.

[4] Commencée, tracée.

[5] *Bites*, blocs de pierre tels qu'ils sortent des carrières.

[6] *Esmillées*, dégrossies.

[7] Dont les joints sont faits de manière à ce que les pierres puissent s'approcher.

[8] Quart d'un pied.

bleront ledit treste et talus de grans pierres plattes par manière de tables, lesquelles s'arraseront aveuc le pavement de ladicte cauchée. Et tout ce faire bien et deuement, tant de taille que de maçonnerie, au regart d'ouvriers en ce recongnoissans [1]. Et sera tenu de mettre en euvre toute la pierre qui est de présent au pré de Martainville nécessaire audit ouvrage, tant buittes que autres, ce qui y fauldra.

Ce marché à lui fait par le pris de l s. t. pour paine de la toise dudit ouvrage. Et pour ce que il contendait [2] d'en avoir lx s. pour toise, du sourplus des l s. t., il s'en submist en l'ordonnance desdiz conseillers, à en ordonner en la fin dudit ouvrage fait et acompli.

Item, fu [fait] marché à lui desdictes espondes selon le devis fait par ledit de Bayeux.

Item, il fault fonder l'esponde dessuzdicte de buittes assemillées et jointes, comme dessuz est dit, et sur pillotiz, iij ou iiij assizes par retraictes. Et au dessuz desdictes retraictes se lévera, montera et lyera avec la porte dessusdicte et la cauchée. Et si sera talué par devers Sayne, bien et duement, de pierres de taille, depuis ycelles espondes en amont. Et ara ycelle esponde tant en fondement que en sourplus, c'est assavoir : jusques au hault des caperons, deux toises de hault ou environ. Et se recouvrira ycelle esponde à dos d'asne par dessus, et si y ara lermier [3] d'un costé et d'autre. Et

---

[1] D'ouvriers qui sachent bien faire ce travail.

[2] Prétendait.

[3] Il y aura un larmier.

si y sera faicte et lessiée l'escluse qui retendra¹ les caues dudit vivier; et si y sera faicte et lessiée la coulisse où sera ladicte escluse. Et tout ce faire bien et deuement, au regart d'ouvriers en ce recognoissans. Et la ville lui fera wider la place et pilloter se mestier² en est; et si lui trouvera matières deschargées auprès dudit lieu, c'est assavoir : pierre, mortier, boys et clayes pour faire escherfaux³, engin et cordail se mestier est.

Et le dit ouvrier se fera servir de toute paine de sondit mestier et de varlès de bras, et se trouvera bars, pelles, péronnes⁴, et si fera le mortier. Et rendra, ladicte besongne preste dudit mestier de maçonnerie.

Ce marché ainsi à lui fait par le pris de iiij l. x s. t. pour chacune toise dudit ouvrage.⁵

¹ Retiendra. ² Besoin.
³ Échafaudages. ⁴ Petites charrettes.

⁵ 4 livres 10 sous : 38 francs 70 centimes.—Ce devis et les deux suivants n'offrent pas de données assez précises pour qu'on puisse évaluer, même approximativement, ce que coûterait aujourd'hui leur exécution. On n'a pour baser ses calculs que les proportions qui ont été établies dans la dernière note de la pièce n° III, entre les anciens prix et les prix actuels de la main d'œuvre de maçonnerie. Je me contente de mettre les éléments de ces comparaisons à la disposition des amateurs qui sauront en tirer parti tout aussi bien que je pourrais le faire.

VI.

DEVIS

De l'Enchaperonnement des brayes de la porte Martinville.

DÉLIBÉRATION DU 27 MARS 1409. [1]

Des encapperonnements des brayes de la porte Martainville. — G. Moignet. — Tâche.

Marché fait par lesdiz conseillers, à Guillaume Moignet dit Le Camus, maçon, de faire et acomplir, de toute paine du mestier de maçonnerie, la perfeccion et encapperonnement de la maçonnerie des brayes du tresle et pont leveys de la porte de Martainville, en la forteresse de ladicte ville, jouxte le devis contenu en

---

[1] Reg. A, 1408—1411, 6 v. — Présents : R. Mustel, J. du Valricher, J. Leclerc, G. Toulousen, conseillers, et J. Le Tavernier, procureur de la ville. Cette délibération est datée, dans le registre, de 1408 ; l'année 1409 ne commença que le 7 avril.

une escroc de pappier que apporta Rogerin Mustel, le jeune, commis auxdiz ouvrages, duquel la teneur s'ensuit :

Cy ensuit le devis de la perfeccion des brayes, etc.; depuis les tours jusques au treste :

Premièrement : faut encaperonner les caloz[1] desdictes brayes, de iij assizes de hault. Et sera, la première assize des iij assizes, revestue d'un lermier par dedens et dehors, pour conduire les eaues hors de la lingne[2] du mur, et sera de pierres acoupplées, et la seconde assize de cousteaux acoupplés semblablement. Et la iij⁰ assize sera de pierres parpaignes[3] et amortie à une arreste. Et seront les escluses revestues, à leur droit, dudit encapperonnement.

Item, faudra en tant que l'espoisse[4] desdictes, elles contiennent esligés les siéges et querneaux[5], à la hausture[6] dudit encapperonnement.

Ce marché à lui fait pour toute paine dudit ouvrage, par le pris de xxxvj l. t.,[7] et iiij l.[8] en l'ordonnance desdiz conseillers, selon ce que verront à leurs consciences.

[1] Ou *calez*. Calotte, partie supérieure du mur sur laquelle on plaçait l'enchaperonnement. Dans la pièce suivante, qui contient une seconde copie de ce devis, avec quelques variantes, on a mis : « Il fault encapperonner les *talus*. »

[2] Ligne.

[3] *Parpaings*, pierres qui font toute l'épaisseur du mur.

[4] Épaisseur.

[5] Créneaux.

[6] Hauteur.

[7] 36 livres : 298 fr.   [8] 4 livres : 33 fr.

VII.

DEVIS

De la Maçonnerie des écluses de la porte Martinville.

DÉLIBÉRATION DU 10 AVRIL 1409.[1]

Le xe jour d'avril mil cccc et neuf, présens : Rogier Mustel, Henry Gueloquet et Jehan Leclerc, conseillers de ladicte ville, maistre Jehan de Baïeux, maistre des euvres de maçonnerie de ladicte ville, etc.

Marché fait par lesdiz conseillers, à Guillaume Moignet dit Le Camus, maçon, de faire, de peine de maçonnerie, les espondes du treste du pont leveiz de la porte de Martainville, oultre le marché de la perfeccion de l'encapperonnement des brayes de ladicte porte, fait audit Moignet par les diz conseillers, du xxvij^e jour de mars

---

[1] Reg. A, 1408—1411, 10 r. — La mauvaise saison avait endommagé les travaux exécutés sur le devis précédent, au point qu'il avait fallu les démolir.

dernier passé. Desquielx deux marchez le devis est cy fait espécialement, par ledit maistre Jehan de Baïeux, maistre desdiz ouvrages, celon ce qu'il est cy après déclaré.

Cy ensuit le devis de la perfeccion des brayes, du treste du pont leveis et planquette de la porte de Martainville, en la forteresse de la ville de Rouen, depuis les tours de ladicte porte jusques audit treste.[1]

Et premièrement : il fault encapperonner les talus desdictes brayes de trois assizes de trois grans piés de hault. Et sera, la première assize desdictes trois assises, revestue d'un lermier par dedens et par dehors, pour conduire les eaues hors de la lingne du mur, et sera de pierres acouplées ; et la seconde assize de cousteaux acouplés semblablement. Et la tierce sera de pierres parpaignes, et amortie à une areste. Et sy seront les escluses revestues, à leur droit, dudit encapperonnement. Ce marché est registré dudit xxvij° jour de mars dernier passé, etc.

Item, il esconviendra lier les espondes [des] deux costés dudit treste ; lesquelles seront de parpains de quinze

[1] Les Glossaires ne donnent que des définitions très vagues du mot *braye*; ils disent que c'était *une espèce de bastion*, *une espèce d'avant-mur élevé devant la porte*. Ce passage et les détails que contient le devis précédent, sans éclaircir complètement la question, prouvent cependant d'une manière positive que les brayes étaient des murs crénelés que l'on élevait entre les tours de la porte, à la tête du pont-levis. La liaison de ces murs avec ceux des écluses indique qu'il sétaient destinés à empêcher que l'on n'arrivât à la porte par les fossés.

poux de lit. Et auront lesdictes espondes iiij piés de hault, senz compter l'encapperonnement. Et seront encapperonnées par dessus, et si se lieront aveuc la maçonnerie desdictes brayes. Et aussi faudra que lesdictes espondes roent[1] sur l'arrachement du rond d'une tourelle qui sert pour recevoir la planquette. Et si seront les capperons dessusdiz graffés de graffes[2] entières ou de longues vergues de fer, assizes à plon[3]. Et si faudra faire et asseoir les seulz[4] de grès, tant ceulx du treste qui rechoit[5] le pont et la planquette, comme les seulx des huisseries de ladicte porte et de l'ais de ladicte planquette ; et tout ce faire bien et duement, et la ville lui treuve les matières.

Cest marché desdictes espondes, pour paine de maçonnerie, à lui fait par lesdiz conseillers, au jour d'ui, audit Moignet, pour le pris et somme de dix escus[6].

[1] Tournent.
[2] *Agraffes*, crampons.
[3] Scellées avec du plomb.
[4] Seuils.
[5] Reçoit.
[6] 10 écus font 11 livres 5 sous, qui valent 93 francs.

VIII.

PRIX DE MATÉRIAUX DE CONSTRUCTION,

De main-d'oeuvre, d'ustensiles, de transport, etc.[1]

1395—1412.

PILOTIS.

Achat, exploitation et transport de 200 Chênes de la forêt de Maumy.

Maistre Jehan de Sotteville, maistre etc., rapporta à R. Mustel, R. Daniel et Simon Delamotte, que le xᵉ jour de ce présent

[1] J'aurais à m'excuser d'avoir accordé autant de place dans mon opuscule à des détails dont l'aridité rebutera certainement le plus grand nombre de mes lecteurs ; mais, en publiant pour la première fois, des extraits des Archives municipales, j'ai dû chercher à satisfaire tous les goûts, et montrer qu'il n'y a point de spécialité des études historiques pour laquelle on ne puisse consulter avec fruit cette riche collection.

La seconde partie des *Pièces justificatives*, et surtout ce dernier chapitre, sont spécialement destinés aux archéologues ; seuls ils

mois de juillet¹, par l'ordonnance des conseillers etc., il s'estoit transporté ès boys de Mauny et avoit acheté ij^c arbres nommés chesnes, pour faire pieux pour les murs et tourelles etc., à Jehan Le Bourc et ses compagnons, en leur vente ilec². Lesquielx chesnes ledit Bourc avoit promis de les rendre et livrer à ladicte ville, à prendre sur bout³ en ladicte vente, au choiz dudit de Sotteville. Ce marché ainsi par lui fait pour le pris et somme de xxxvj l. x s. t., présent Frérot du Hazay et plusieurs autres, comme ledit de Sotteville disoit, etc.

Item il rapporta avoir marchandé, par l'ordonnance dessusdicte, à Guillaume Le Bourc et au grand Guillot, bosquerons⁴ pour abatre et découper les quesnes⁵ dessusdiz, de tel longueur comme ledit de Sotteville leur marchera⁶, pour le prix de xxxv s. t. pour cent, et v s. t. pour vin.

Item, il avoit marchandé à Jehan et Raoul, dits Les Grans,

comprendront la valeur et l'utilité de ces renseignements sur une branche importante de l'art au moyen-âge. Quelque longue que puisse paraître cette série de marchés et de devis, elle n'est cependant qu'un abrégé très succinct des matériaux que j'ai entre les mains. Je me suis borné à choisir un spécimen de chacune des choses qui se rattachent aux constructions militaires des xive et xve siècles. Les amateurs, aidés de ces indications, pourront, si cela les amuse, reconstruire très approximativement la porte Martinville. J'aurais pu entreprendre cette tâche, mais c'est un plaisir que j'ai voulu leur laisser, et l'abandon que je leur en fais ne me coûte pas le plus petit sacrifice. Ce qui donnera peut-être quelque prix à ces documents, c'est qu'on n'en a publié, jusqu'à présent, que fort peu du même genre. Cependant, on trouvera dans l'*Histoire du Château de Tancarville*, par M. A. Deville, des pièces analogues de la même époque, qui pourront servir de moyen de contrôle et de point de comparaison.

¹ 1408.
² Là.
³ Sur pied.
⁴ Bûcherons, de *bosc*, bois.
⁵ Chênes.
⁶ Marquera.

voicturiers, de charier lesdiz quesnes de ladicte vente jusques au port du Nocret[1], pour le pris de x l. t. pour les deux cens quesnes, et v s. t. pour vin.[2]

Achats de Pieux.

Le viie jour d'avril iiij^c vij, présens : Michel Dutot, Simon du Valricher, H. Gueloquet et R. Daniel.

Maistre Jehan de Sotteville, maistre etc., fist son rapport de certain voyage par lui fait, par notre ordonnance, à Mauny, pour acheter mesrien[3] à faire pieulx pour employer ès fondemens des murs et tourelles à Martainville, en la manière qui ensuit, c'est assavoir : que il avoit marchandé à un nommé Le Grand Guillaume, marchant de boys demourant audit lieu de Mauny, il avoit acheté j^m de pieux à prendre en sa vente, sur le Val-des-Leux, ès boys dudit lieu de Mauny, et les doit abattre et découpper de vij à viij piés l'un pour l'autre, pour le pris de lvij s. vj d. t. le cent.[4]

[1] Ce nom, qui est parfaitement écrit, est, sans aucun doute, celui d'un embarcadère voisin de la forêt de Mauny, qui n'existe plus aujourd'hui ou qui a changé de nom.

[2] Reg. A, 1404—1408, 153 r. — Ces 200 chênes rendus au lieu d'embarquement reviennent à 48 livres 15 sous, qui valent un peu plus de 400 fr. En les supposant de 15 marques chacun, à 3 fr. la marque, transport à la Seine compris, ils coûteraient aujourd'hui 9,000 fr. Cette différence paraît énorme, mais son exactitude est confirmée par les marchés suivants.

[3] *Merrain*, bois de construction.

[4] Reg. A, 1404—1408, 83 v. — Ce prix se retrouve dans d'autres marchés que j'aurais pu citer, un, entre autres, du 11 juillet 1407, par lequel la ville achète 525 pieux des mêmes dimensions, au prix de 15 livres les trois cents. — 57 sous 6 deniers tournois valent 23 fr. 60 cent. Des pieux de la même longueur et d'une grosseur moyenne de 8 pouces d'équarrissage, coûteraient aujourd'hui, pris au Val-des-Leux, 750 fr. le cent.

Le xxvj° jour d'avril iiij° et neuf, présens : Roger Mustel, Simon du Valricher, Henry Gueloquet, Colin de Baudribosc, Guillaume Toulousen et Jehan Le Clerc, conseillers, H. Rousselin, receveur, M° Jehan de Sotteville.

Marché fait par lesdiz conseillers à Jehan Lebourc, marchand de boys, de rendre et livrer à ladicte ville, à ¹ la voicture d'icelle, au port du Nocret, iij° pieux du mesrien de sa vente, ès bois de Mauny, à ses propres cousts et dépens ilec rendus, c'est assavoir : j° desdits pieux de xiiij pieds, j° de xiij pieds et j° de xij pieds, à terre, et de xj à xij pouces de teste. Et les doit livrer de jour en jour sur ledit port, ciiij pieux pour cent. C'est assavoir : ce marché à lui fait pour le pris de xij l. t. pour chacun cent desdiz pieulx ainsi par lui livrés, pour le pilloteis des fondemens de la tour du Coulombier. ²

Main-d'œuvre de Pilotage.

Le xij° jour de juillet, mil iiij° et sept, par Michel du Tot, Henri Gueloquet, Roger Daniel et Simon Delamotte, conseillers.

Marché fait par lesdiz conseillers à Denis Le Roux, carpentier, demourant à Jumièges, de ficher les pieulx du pilloteis des fondemens des murs et tourelles à Martainville, de ce qui en est encore à faire; et les sera tenu de affiller, ficher, rongnier, et mettre à lynel³, telement que l'on puisse convenablement

---

¹ Avec.

² Reg. A, 1408—1411, 14 v. — 300 pieux à 12 livres le cent, font 36 liv., qui valent environ 280 francs. Ces 300 pieux coûteraient aujourd'hui environ 5,600 francs. — Il résulte des trois marchés qu'on vient de lire que le bois de pilotis coûte aujourd'hui 22 fois plus qu'il ne coûtait au commencement du XV° siècle. Tandis que la différence du marc d'argent n'est que de 6 francs 65 centimes à 55 francs, ou de 1 à 8,25, celle du bois de pilotis est de 1 à un peu plus de 174.

³ Niveau.

machonner et faire l'édiffice de maçonnerie qui y est à faire, pareillement et en telle manière comme les autres pieulx y ont esté fichés; et s'il y fault enquevestris[1], il le sera tenu faire, et aussi s'il fault aucun rappareil ès engins et moutons[2], semblablement il le sera tenu de faire. Ce marché à lui fait par le pris de c s. t. pour chacun cent desdits pieuz, et la ville lui trouvera matières en place[3].

Tâche de l'enquevestris des pieux de la tour du Coulombier.

Le vj^e jour de may cccc et neuf, par Roger Mustel, Simon du Valricher, Henry Gueloquet, Colin de Baudribosc, Guillaume Toulousen et Jehan Leclerc, conseillers.

Marché fait par lesdiz conseillers, à Guillot Lepetit, carpentier, de faire, de paine du mestier de carpenterie, l'enquevestris des pieulx des fondemens de la tour ronde ordonnée estre faite au lieu dit la garde du Coulombier, en la forteresse de ladicte ville, selon le devis, patron et signe[4], baillé par maistre Jehan de Sotteville, carpentier, maistre etc, du quel devis la teneur ensuit :

Cy ensuit le devis de enquevestrer et..... les pieux de la tour du Coulombier, laquelle tour contient par dehors des pieux xxxij piés de lé[5] ou environ; et le pourtour desdiz pieux de dehors jusques au dedens, contient ix pieds ou environ :

[1] *Enchevêtrement,* charpente, liaison des pieux.

[2] Réparations aux machines et béliers.

[3] Reg. A, 1404—1408, 101 r. — J'ai d'autres marchés au même prix. — 100 sous valent 41 fr. 25 cent. Le même travail pour 100 pieux coûterait aujourd'hui au moins 500 francs.

4 Plan.

5 Large.

Et premièrement, dessus les pieux, aura iiij longues pièces de bosc¹, chacune de xxx piez de lonc ou environ.

Item, iiij autres pièces de mesrien chacune de xxvj piés de lonc ou environ.

Item, viij autres pièces de mesrien, de xiij pieds de lonc ou environ.

Item, iiij autres pièces de mesrien, lesquelles seront tortes² selon le ront par son dehors.

Et sera cest mesrien entaillée les unes avenc les autres, et enhottés³ dedens les pieulx, et leur espoisse⁴ assize de lynel⁵ le plus que l'en pourra, selon lédiffice des pieux. Et les pieux qui seurmonteront seront rongnés et couppez de la hausteur et enrasement du dessus dudit mesrien entaillié. Et sera tenu, l'ouvrier qui fera ladicte besongne, de la faire bien et duement, jouxte⁶ le devis pourtraist⁷ par ledit maistre Jehan, en ladicte escroe⁸ dudit devis. Et la ville lui trouvera mesrien en place, fera tenir les eaues à sec, et si lui trouvera les homaux⁹ et instrumens à tailler et rongner lesdictes testes desdiz pieux. Ce marché à lui fait pour sept livres dix sous pour tout¹⁰.

¹ Bois.

² *Tordues*, courbées, cintrées pour leur faire suivre la circonférence de la tour.

³ Je n'ai pas trouvé de trace de ce mot, qui signifie probablement *entaillés*.

⁴ Épaisseur.

⁵ Niveau

⁶ Selon.

⁷ Tracé.

⁸ Écrit, rôle.

⁹ Manœuvres.

¹⁰ Reg. A, 1408—1411, 17 r. — 7 livres 10 sous valent 62 francs. Le même travail, aux mêmes conditions, coûterait environ 110 francs.

PIERRES.

Pierre du Val-des-Leux.

Item[1], par lesdiz Conseillers fu fait marchié à Johan Perier carrieur du Val-des-Leux, de livrer à ladicte ville douze toises de pierres de six piés de lé[2], parmi ce que chacune pierre aura ij piés, iij piés et demi et iiij piés, mesurez à la lingne[3], et de long vj p., jusques au nombre de xij toises, suivans les vj pieds de lé. Et doit abatre le lit de chacune pierre, et deux joistes[4] tout autour, et l'autre lit grossement. Laquelle pierre il promist rendre à ladicte ville, aux cays d'icelle, dedens dymence prochain en iij sepmaines, par le pris de xx s. t. pour chacune toise. Tout présent il receust lx s. [5]

Item, ce jour[6] fut fait marchié par lesdis conseillers, présent maistre Johan de Bayeux, à Johan Perier, carrieur, de livrer à ladicte ville jusques à iiij^c tonnealx de buites[7] du Val-des-Leux, pour la fortifficacion, cest assavoir : buites de pierre de trois piez, de iiij piez et demi, de v p. et demi, de vj piez et de viij p. de long, et fournies à la value pour le pris et somme de iiij tonnealx pour xx s., rendues par ledit Perrier aux cays.

[1] Août 1395.

[2] Large.

[3] Ligne.

[4] Joints.

[5] Reg. A, 1394—1395, 55 r. — 20 sous valent 8 francs 25 centimes. La toise de pierre semblable coûterait aujourd'hui 35 francs.

[6] 31 décembre 1397.

[7] *Bites*.

Et la ville la fera descharger du batel. Et luy fu présentement presté x l. que bailla Hermen [1].

Item [2], fu marchandé à Johan Perier, carrieur, présent maistre Johan de Baïeux, de livrer à la ville trois grans pierres pour faire trois corbeaulx [3] pour mettre en la tour Guillaume Lyon, chacune de deux piez et demi de lit, de dix pié à pié main [4] de long, et de xx poux [5] de hault, rendues à Rouen ; et lui prestera l'en [6] le batel appartenant à la ville, pour les amener à Rouen, et pour ce aura viij l. t. [7]

Pierre de Pontoise.

Ledit jour [8] fu fait marchié par iceux Alorge, Marromme, Mustel, à Johan Moriau, carrieur de Pontaise, de livrer à la ville jusquez à six cens de parpains [9] d'un pié d'espoisse [10] et d'un pié de hault, de ij piez et demi de long, pour employer tant en la tour Guillaume Lyon, en celle du pont d'Aubette, que

[1] Reg. A, 1396—1398, 50 r. — 20 sous font 8 francs 25 centimes. Les quatre tonneaux coûteraient aujourd'hui 25 francs.

[2] 20 juillet 1398.

[3] Pierres pour faire des gargouilles.

[4] Cette expression n'est pas parfaitement claire. *Main*, selon les glossaires, veut dire *moyen* ; *à pié main* signifierait donc à mesure moyenne. Il y a des marchés dans lesquels on emploie l'expression de *grand pied*.

[5] *Pouces*.

[6] On lui prêtera.

[7] Reg. A, 1396—1398, 71 v. — 8 livres valent 66 francs 15 centimes. Ces pierres vaudraient aujourd'hui 260 francs.

[8] 29 juillet 1396.

[9] *Parpaings*, pierres qui prennent l'épaisseur du mur.

[10] D'épaisseur.

ailleurs, au pris de x l. pour cent. Et présentement lui fu baillié sur ce, par P. Hermen, x l.[1]

L'an mil ccc iiij^{xx} et saize, le pénultime jour de décembre, par sire Guillaume Alorge et Guillaume de Gaugy, conseillers, présent : maistre Johan de Bayeux, maistre machon, fu fait marché à Johan Moreau, carrieur de Pontaise, de livrer à la ville de Rouen, pour employer en l'ouvrage que l'en fera à la porte Martainville, jusques à v^c de cartiers de la fourme qui ensuit :

C'est assavoir : de bonne pierre et marchande, cartiers de trois piez de long, d'un pié à pié main[2] de hault et plus, et de deux piez et demi et de deux piez en teste, et, en queue, pié et demi et un pié à main[3], pour le prix de xxxiiij livres pour cent, rendu aux cays de Rouen en un batel. Et le fera la ville descharger, et sera délivré ledit carrieur d'imposicion et de hanse[4] touchant ledit marchié. Et sur ce lui fut présentement bailliez xx l. par Johan Alorge[5].

[1] Reg. A, 1396—1398, 11 r — 10 livres valent 82 francs 50 centimes. Le cent de parpaings de même dimension coûterait aujourd'hui 260 francs.

[2] Voir la note 4, page 310.

[3] Il faut voir ici une faute de rédaction commise par un greffier qui ne connaissait pas les expressions techniques, et qui les a dénaturées, comme cela arrive tous les jours dans les actes que rédigent des gens peu familiarisés avec le vocabulaire des métiers. Quoi qu'il en soit, les prix actuels ont été calculés d'après le sens que je crois devoir attribuer à l'expression de *pié main*.

[4] Droit prélevé sur la marchandise arrivant à Rouen par eau.

[5] Reg. A, 1396—1398, 26 v.—34 livres valent 281 francs 20 cent. Cette fourniture coûterait 850 francs.

Pierre de l'Isle-Adam.

¹ 400 tonneaux de pierre de l'Isle-Adam, en quartiers, quarreaux et parpains, au prix de 22 sous 6 deniers tournois les quatre tonneaux, chargés dans le bateau que la ville enverra ².

Pierre d'Orival.

Le xxij° jour de Fevrier mil iiij° et cinq, présens : Michel Dutot, Rog. Daniel, conseillers, maistre Jeh. de Baïeux maistre des euvres etc., Guill. Le Conte, etc.

Marché fait par lesdits Conseillers à Blaise Maumonier, carrieur, demourant [à] Orival, de rendre et livrer à ladicte ville, pour les ouvrages de la forteresse d'icelle, c'est assavoir : ij^m de carrel revenans à deux piés l'un parmi l'autre, pour le pris de xl s. t. pour chacun cent de carrel ; item, c toises de parpains d'un pié et de x poulx de hault, pour le pris de xx s. t. pour v toises de ladicte pierre ; item, c toises de capperons, au prix de iij toises pour xx s. t., assemillés au faux moule que ledit de Bayeux lui bandra ³, tout de la pierre et carrière dudit lieu d'Orival, que ledit carrieur sera tenu de rendre et livrer à ses despens et descharger tant au pré de Martainville comme au kay de la Viconté, ainsi comme il sera ordonné, à plusieurs foys et batellées, dedens la Toussainz prochain venant. Et doit livrer la première batellée dedens viij jours prochain venant ⁴.

¹ 13 septembre 1405.

² Reg. A, 1404—1408, 29 v. — 22 sous 6 deniers valent 9 francs 30 centimes. Les 4 tonneaux coûteraient aujourd'hui 29 francs.

³ *Bandira*, fournira.

⁴ Reg. A, 1404—1408, 22 r. — 20 sous valent 8 francs 25 centimes. Le cent de carreaux coûterait aujourd'hui 70 francs ; les cinq toises de parpaings 34 francs ; les trois toises de chapperons 36 francs, cela fait un peu plus de quatre fois l'ancienne valeur.

Pierre de Vernon.

Le mardi derrain jour d'avril cccc et neuf, par Roger Mustel, Henry Gueloquet et Guillaume Toulousen, conseillers etc.; ad ce présens : Rogerin Mustel, commis etc., maistre Guillaume de Bayeux et H. Rousselin, receveur etc.

Marché fait par lesdiz conseillers à Guillaume Maubert et Pierre Anvray, carrieurs de Vernon, de rendre et livrer à ladicte ville pour les ouvrages de la forteresse d'icelle, dedens la Saint-Jehan-Baptiste prochain venant, une batellée de pierre dudit lieu de Vernon, montant au pesant de lx à iiij^{xx} tonneaux, en appareil de cartiers de deux piés de lonc et de deux piés de lit les mendres[1] et la mendre partie. Et les autres de iij piés, de v piés, de vj piez de lonc, et de deux piez et demi et de iij piés de lit les uns, de xiij, de xiiij poux, xvj poux et xviij poux de hault, et tout bien carrié[2] et assemillié[3], et mise à la hausteur dessusdicte bien et deucment, et du franc banc et du gros banc, et rendus dedans batel à leurs despens, pour le prix de viij s. parisis pour le pesant de chacun tonnel. Et promistrent rendre sur tout ledit marché, d'avauges[4], le pesant de iiij tonneaux de pierre. Et fut dit que l'on iroit veir ladicte pierre dedens le jour de la Toussains[5], et leur porter ou envoyer vj l. ou cas que ladicte pierre suffirait à ladicte ville.[6]

---

[1] Moindres.   [2] Équarri.   [3] Esmilliés.   [4] D'avance.

[5] Il y a ici une erreur : les pierres devant être livrées avant la saint Jean-Baptiste, on ne pouvait pas fixer, pour aller les voir, une époque postérieure à leur livraison. Ce fut d'ailleurs le 9 mai que Rogerin Mustel alla à Vernon pour reconnaître cette pierre. Il eut 20 sous tournois pour ses frais de voyage.

[6] Reg. A, 1408—1411, 16 v. — 8 sous parisis font 10 sous tournois ; qui valent 4 francs 13 centimes. Cette pierre coûterait aujourd'hui 14 fr. 80 cent. le tonneau.

Pierre de Saint-Leu.

Marché fait par les conseillers[1], à Colart d'Abbeville, carrieur, demeurant à Trocy [2], près Saint-Leu-de-Cérens [3], de rendre et livrer à ladicte ville, pour les ouvrages de la forteresse d'icelle, une batellée pierre de la carrière de la Versine [4] près dudit lieu de Saint-Leu-de-Cérens, montant au pesant de c à vj^{xx} tonneaux, c'est assavoir : en appareil de quartiers de iiij piés de lonc les plus lons, et de trois piés et deux piés et demi et d'un pié de hault la mendre [5] hausture [6], revenant à xv pousses, et de deux piés et demi à deux piés de lit, l'un pour l'autre.

Item, coings [7] de deux piez et demi de flesche [8], de pié et demi de teste, revenans à deux piés, et de la hausture devantdicte.

Item, carreaux d'icelle hausture, de deux piés et demi de lonc, et de pié et demi de lit les mendres.

Laquelle pierre il doit rendre et livrer a Rouen, au fossé de Martainville, et, s'il n'y peut entrer, au kay de la tour Lyon [9], à ses propres coustz, perilz, voicture et despens, par le pris et somme de dix souls parisis pour le pesant de chacun tonnel de ladicte pierre, que il sera tenu de rendre et livrer, ainsi que dit est, dedens la Penthecouste prochain venant [10].

[1] 9 mai 1409. [2] Troissy [Oise.] [3] Saint-Leu-d'Esserent.

[4] Je ne trouve pas d'indication de ce lieu, qui ne peut être ni Laversine [Oise] situé près de Beauvais, ni Laversines [Aisne] compris dans l'arrondissement de Soissons.

[5] Moindre.

[6] Hauteur.

[7] *Coins*, pierres taillées pour les voûtes.

[8] *Flèche*, ligne perpendiculaire tirée du centre de la corde à l'arc de la voûte, qui sert à mesurer la courbure et à déterminer sur quel angle les pierres doivent être taillées.

[9] Guillaume-Lyon.

[10] Reg. A, 1408—1411, 18 v. — 10 sous parisis font 12 sous 6

D'USTENSILES ET DE MAIN-D'OEUVRE.   315

Seuils de grès.

Le xvij° jour de juing m cccc et neuf, présens : Rogier Mustel, Henry Gueloquet, Colin de Baudribosc, Guillaume Toulousen, conseillers, et Henry Rousselin, receveur etc.

Marché fait à Guill. Lecauchais, carrieur de grès, de rendre et livrer à ladicte ville, à¹ sa voicture, sur les kays de Rouen ou au fossé et pré de Martainville, se il peut entrer, de deux pierres de grès, chacune de xij piés de lonc à pié main², et de xiiij à xv poux de reffait en tous sens, ou plus, se plus pevent avoir, dedens la Saint-Jehan prochain venant, pour mettre et employer ès seulz de la porte de Martainville, pour le prix et somme de six livres t. Et en rechut³ avant, [par] la main de Henry Rousselin, receveur, xl s. ⁴

Taille de Pierre.

Marché fait audit Roussignol ⁵ de faire de paine dudit mestier de machonnerie, oultre sa tâche desdis murs, etc., de tailler xx toises de parpains d'un pié de reffait et d'un pié de haut, pour les montes ⁶ des tourelles dediz murs, etc., pour le prix de c s. t. ⁷

deniers tournois qui valent 5 francs 20 centimes. Le tonneau de pierre semblable coûterait aujourd'hui 19 fr. 20 cent.

Si l'on récapitule ces marchés, on trouvera que la pierre a augmenté dans la proportion de 1 à 3,28, en calculant sur le prix actuel du marc d'argent ; et, en prenant l'ancien prix pour base, dans celle de 1 à 27,25. La main-d'œuvre entre pour la plus grande part dans cette différence.

¹ Avec.   ² Voir la note 4, page 310.   ³ Reçut.

⁴ Reg. A , 1408—1411, 23 r. — 6 livres valent 49 francs 75 centimes. Ces deux seuils coûteraient 220 francs.

⁵ 19 janvier 1405 [nouveau style].

⁶ Pour l'élévation.

⁷ Reg. A, 1404—1408, 3 v.—Cent sous valent 41 francs 35 cent. La même main-d'œuvre coûterait aujourd'hui 60 fr.

CHARPENTE.

Achat de bois de charpente.

Le xv⁰ jour de février mil cccc et neuf, présens : Colin de Baudribosc, Guillaume Toulousen et Jehan Leclerc, conseillers, Rogerin Mustel, commis aux ouvrages de la forteresse, Me Jehan de Sotteville et Guillaume Moignet.

Marché fait par lesdits conseillers, à Ricart Mittes¹, marchant de boys, de rendre et livrer à ladicte ville, à² sa voicture, et par lui deschargé sur les kays de ladicte ville, au plus aësié³ pour ladicte ville, du mesrien cy après déclaré, dedens la mikaresme prochain venant, pour le prix de xliiij l. t., c'est assavoir:

viij posteaux de viij piés de lonc chacun et d'un pié à terre de reffait.

Item, viij trefs⁴ de xviij piés de lonc chacun et dudit reffait.

Item, iiij pièces de mesrien de xxxvj piés de lonc chacune, pour faire parnes et fillières, dont les deux aront une espanne⁵ de refait, et les deux autres aront demi pié en droicte lignes.

Item, six pièces de mesrien chacune de xxij piés de lonc et demi pié de refait, pour faire souschevrons.

Item, viij pièces de mesrien de dix piés de lonc et d'une espanne de refait, pour faire les souscroix de dessus les parnes qui y sont de présent.

Item, lx chevrons de xxx piés de lonc et de cinq poux d'espoisse.⁶

Item, un carteron de mesrien de xij piés de lonc, pour faire penteures.

---

¹ Ce Ricart Mittes devint par la suite un personnage important. Il figure, après le siége de 1418, parmi les signataires de la capitulation de Rouen; et, en 1428, il se trouve à la tête d'une conspiration contre les Anglais. (*Histoire de Rouen sous la domination anglaise*, par M. Chéruel, 40 et 93.)

² Avec. ³ *Aisé*, commode. ⁴ Solives. ⁵ Un *empan*. ⁶ D'épaisseur.

Item, quatre courbes chacune de dix piés de lonc.

Item, deux pièces de mesrien de xxxvj piés de lonc et de demi pié de refait chacune, droictes à iiij lignes.

Item, demy quarteron de soliveaux de xij piés de lonc chacun.

Tout pour mettre et employer à l'ouvrage et réparacion de carpenterie de la porte Beauvoisine, pour ledit pris de xliiij l. t. et condicions dessusdictes [1].

Marché fait [2] lesdiz conseillers à Ricart Mittes, marchant de boys, de rendre et livrer à [3] sa voicture sur les kays de la porte de la Viconté, et pour l'ouvrage de carpenterie de ladicte porte, de cent et demi de soliveaux, c'est assavoir : lxiiij de xij piez de lonc chacun; item, xxxij de xiiij piez de lonc chacun; item, xxxij de xj piez chacun; item, xxxj de x piez de lonc chacun, au pié du marchant, et de vj poux d'espoisse chacun solivel. Et de deux trefs de xxiiij piez de lonc et d'un pié à main [4] de reffait chacun, pour le pris de xx l. t. tout ledit mesrien, et le vin qui lors en fu despensé chieux ledit de Baudribosc [5].

Main-d'œuvre de charpente.

Audit Robin Dutuit demoura, comme dernier rabesseur, du conssentement des diz conseillers, ledit jour, certaine tâche dudit mestier de carpenterie, pour la garde du pont d'Aubette, pour le pris de xxv l. pour principal et x s. pour vin, selon le

[1] Reg. A, 1408—1411, 69 v. — 44 livres valent 364 francs. Cette fourniture coûterait aujourd'hui 1,200 francs.

[2] 2 novembre 1409.

[3] Avec.

[4] Voir les notes 4 page 310 et 3 page 311.

[5] Reg. A, 140—1411, 55 v. — Baudribosc était un des conseillers qui avaient fait le marché. — 20 livres valent 165 francs 40 centimes. Cette fourniture coûterait aujourd'hui 850 francs.

La différence des prix du bois de charpente semblera bien faible en comparaison de celle des prix du bois de pilotis; mais cela s'explique par la main-d'œuvre qui n'a pas augmenté dans la même proportion que la matière première.

devis semblable fait par ledit de Sotteville, et leu à la place, duquel la teneur s'ensuit :

Item, à la garde de pierre du pont d'Aubette, laquelle contient xx piés carrez, en laquelle fault faire j paveillon de boys tout neuf, lequel paveillon sera carré, revestu de postz de solles et de parnès tout entour, et de iiij postz à iiij cornes, iiij p'voye[1] ; et contendront les postz vij piés par hault ou environ. Et sur le comble aura ij poutres croisiés qui se fermeront dedens les postz de p'voye et revestus de lyons, bien et deuement, et sera ladicte carpenterie dedens la maconnerie, affin que l'en puisse lever les quereniaux[2] tout hault, quant l'en voudra, et faire les lyésons qui y appartient bien et deuement.

Item, sur ycelle croisié de hault, ara j ponchon[3] en quoy se fermeront iiij quevrons arestés et iiij quevrons[4] de ferme, séans sur lesdictes poutres, qui se fermeront dedens ycellui ponchon ; et se fermeront tous les autres quevrons dedens yceux où ils escherront[5] ; et y ara j pallier p'voye qui se fermera au ponchon et aux chevrons de ferme ; et portera chacun chevron sa jambe, et s'enhotteront[6] tous les autres chevrons sur les parnes, et sur chacun quevron aura tout entour couyaux de telle longueur qu'ils puissent geter les eaues hors des murs et quereneaux. Et si aura deux poutres de xviij piés de lonc sur quoy serra un planché de soliveaux.

Item, sur la wys fault un petit paveillon de boys pour la recouvrir, de telle hauteur que l'en puisse bien et deuement entrer en ladicte garde, et faire huysserie qui y appartient.

Et sera tenu le carpentier qui fera ladicte besongne à faire bien et deuement toutes les choses dessuzdictes de son mestier de carpenterie, lever et asseoir à ses despens, et aler abatre

---

[1] J'ignore le sens de ce mot qui est ainsi abrégé dans le texte.

[2] *Creneaux.*

[3] *Poinçon.*

[4] *Chevrons.*

[5] Tomberont.

[6] S'attacheront.

et doler le boys à la vente Guillot de Gaugi, sur la Fontaine à Ducler, de telle longueur et reffait comme il lui sera livré par ladicte ville ou le maistre des euvres de carpenterie dicelle. Et ledit mesrien dollé la ville le fera charier.

Et fu mise, de premier denier, à rabais, par ledit De la Crotte, à xxxv l.

Item, par Jehan Lemonnier à xxx l.

Item, par Raoul Aussel a xxviij l.

Et demoura audit Dutuit à xxv l., et x s pour vin.[1]

DIVERS MATÉRIAUX ET USTENSILES.

Plomb. — Achat et main-d'œuvre.

Le xxvij^e jour ensuivant,[2] par sire Guillaume Alorge et Johan Mustel.

Pierres Hermen et Johan Postel furent chargez d'acheter du plon pour le berfroy[3], à Michel Dutot; et pour ce que ledit Michel ne le voulait baillier à créance ou nom de la ville, fu dit à Pierre Hermen qu'il répondist en son nom, pour ladicte ville, de trois milliers qui valent iiij^{xx} j l. et que s'il avoit à cause de ce aucun dommage, la ville lui restitueroit et desdommageroit du tout.[4]

Le iiij^e jour d'aoust suivant[5], par sire Guillaume Alorge, sire

---

[1] Reg. A, 1404—1408, 8 v.—25 livres valent 206 francs 75 centimes. La main-d'œuvre d'un semblable pavillon coûterait aujourd'hui 800 francs. Les dix sous pour vin font 4 francs 13 centimes.

[2] 1396.

[3] Plomb pour le Beffroy qui était alors en construction.

[4] Reg. A, 1396 — 1398, 10 v. — Notre pauvre ville était dans une bien triste situation financière, puisque son receveur était obligé de répondre pour elle.

[5] 1396.

Gueroult de Maromme, Guillaume de Gaugi et Johan Mustel, conseillers.

Fu fait marchié à Johan Postel par si que de ce qu'il avoit plommé et plommeroit¹ en l'ouvrage du berfroy, il aroit x l. t. pour fachon d'œuvre d'un chacun millier de plon, tant des terrasses que autrement. ²

Ardoises. — Achat et main-d'œuvre.

Le xxix⁰ jour de janvier iiij⁰ vj, présens : Michel Dutot, Roger Mustel et Roger Daniel, conseillers etc., Guillaume Le Conte, maistre Jehan de Sotteville, etc.

Memore que Guillaume Le Conte rapporta avoir esté livré par Enguerren Chouquet, voicturier, à³ son batel, ardoise que il avoit amené du Bac-à-Beri ⁴ jusques à Rouen, laquelle avoit esté envoiée acheter par lesdits conseillers, par messire Guieffroy Martin. ⁵ Il avoit trouvé xv ᵐ iiij ᶜ d'ardoise qui cousta, comme ledit messire rapporta, les viij ᵐ au prix de lxx s. et les vij ᵐ iiij ᶜ au pris de lxv s. t., tant en principal, par lui achetée aux

¹ Avait plombé et plomberait.

² Reg. A, 1396 — 1398, 11 V. — 81 livres valent 700 francs. Trois milliers de plomb, à 60 centimes le kilogramme, coûteraient 900 francs. — 10 livres valent 87 francs 30 centimes. Le placement d'un millier de plomb, à 5 centimes le kilogramme, coûterait 25 francs. Ainsi le plomb serait devenu plus cher et la main-d'œuvre beaucoup meilleur marché.

³ Avec.

⁴ Berry-au-Bac [Aisne].

⁵ Guieffroy Martin, commis aux ouvrages du Domaine de la ville et au Pavage, était prêtre. Il répondit fort mal à la confiance que le conseil avait en lui. Au mois de juin 1410, maître Martin, dans un accès de dévotion sans doute, partit pour Rome sans en prévenir personne, et sans rendre ses comptes. Il eut, au contraire, la précaution de faire disparaître tous les papiers qui auraient pu éclairer le conseil sur sa gestion.

fossés de Mésières comme rendue au Bac-à-Beri. Pour ce II. xv s. Laquelle ardoise, reçue par Guillaume Le Conte, fut mise en l'une des seulles[1] de la porte de la Viconté, pour employer en la construction d'icelle.

A Guieffinet Auber fu acheté, par lesdiz conseillers, vij^e d'ardoise à lui appartenant, venue dudit lieu, avec celle dessusdicte, pour le pris de xlv s. t. Et commandé audit Guillaume Le Conte que il la reçoive et mette avec celle dessusdicte.

A Jehanin Thiessay, couvreur d'ardoise, lequel estoit venu à Rouen pour besongner en la tâche de la couverture d'ardoise de ladicte porte de la Viconté, avec lequel fu appointé, pour ce que ycelle porte n'estoit pas achevée de carpenterie, en telle manière que il n'y povoit présentement ouvrer, jusques ad ce que la xv^{ne}[2] soit acomplie, ordonné lui fu que, ce pendant ycelle xv^{ne}, il besongneroit à la porte d'emi le pont[3]. Ainsi qu'il ara, jour ouvrable, pour lui, tant que il y besongnera, v s. t., et pour son varlet ij s. vj d. t. Et, se la ville lui treuve vallet, il n'ara que v s. t. Et commande auxdis de Sotteville et Le Conte, que ils lui livrent mesrien pour soy escherfauder[4], etc. et ce qu'il lui faudra.[5]

[1] Caves.
[2] La quinzaine.
[3] Porte du milieu du pont.
[4] Du bois pour faire ses échafaudages.
[5] L'ardoise vaut, en ce moment, 38 francs le millier. Les 16,100 ardoises, qui coûtaient, en 1406, 54 livres 2 sous, coûteraient aujourd'hui 611 francs 80 centimes. Au prix actuel du marc d'argent, 54 livres 2 sous ne vaudraient que 447 francs 45 centimes. Quant à la main-d'œuvre, la journée de couvreur est de 3 francs au lieu de 5 sous qui, au prix actuel du marc d'argent, ne vaudraient que 2 francs 6 centimes.

Chaux.

Le xvij⁰ jour de may mil iiij⁰ et sept, par Simon du Valricher, conseiller etc., Guieffroy Martin, prestre, et J. Boissel, etc.

Marché fait par ledit du Valricher, conseiller etc., à Regnault Le Forestier, cauchumier¹, de rendre et livrer en place, à² sa voicture, à ladicte ville, pour les ouvrages d'icelle ville, tant en la forteresse comme pour l'ordinaire, tant et tel nombre de muys de caux³ comme il pourra finer et livrer, pour le pris de xx s. t. pour chacun muy. Et doit livrer xxj muy pour xx. Ainsi ara du muy xix s. t.⁴

Corde.

Jehan d'Orléans, lieutenant de monsieur le Cappitaine de Rouen et les conseillers de la ville, à Guillaume Le Conte, commiz sur le fait des ouvrages de ladicte ville, salut. Nous vous mandons que, des deniers de votre recepte, vous païez et délivrez à Jehan Richer, cordier, la somme de soixante et huit solz quatre deniers tournois, qui due lui est pour vendue et livrée d'un caable pesant iiij×× et deux livres, pour mettre ès engins à lever les moutons, pour cacher⁵ les pieulx en la place ordonnée à fonder une porte à Martainville, au priz de x d. t. pour chacune livre; et par rapportant cest mandement et quittance dudit Jehan, ladicte somme de lxviij soulz iiij d. t. sera aloée⁶ en voz comptes, et rabatue de votre recepte, par cellui ou ceulz à qui il appartiendra. Donné l'an de grâce mil

---

¹ Fabricant de chaux.

² Avec.

³ Muids de chaux.

⁴ Reg. A, 1404—1408, 94 v. — 19 sous valent 7 francs 85 centimes. Le muid de chaux de Dieppedalle coûte 22 francs. La chaux a donc à peu près triplé de valeur.

⁵ Chasser, enfoncer.

⁶ Allouée.

cccc, le xvij° jour d'aoust, soubz les sceaulx de nous lieutenant dessuzdit, et de nous Guillaume de Gaugi et Gaultier Campion.   POISSEL.

Bélier pour enfoncer les pilotis.

Item, et quant à une partie de xl s. que mettoit ledit Alorge en son dernier compte, avoir bailliez par manière d'erres² à Johan P'terre³, carpentier, sur un marchié à lui fait, montant xviij l. ou environ, d'un engin de bosc⁴, lequel fu acheté pour fichier pelx ès fondemens de la tour dAubette, lequel engin ne fu point prins pour ce que l'en trouva bons fondemens, dudit consentement, ladicte somme de xl s. lui fu passée, attendu son serrement qu'il affirma l'avoir baillié par manière d'erres; et aussi oye la relacion de maistre Joh. de Sotteville, carpentier, lequel nous relata qu'il estoit bien recort du marchié et qu'il avoit esté à le faire.⁵

Flette.

Lan mil ccc iiij^{xx} et saize, le xij° jour de juing, par sire Guillaume Alorge, sire Guerout de Marromme, sire Pierre De la Férière et Guillaume de Gaugi, conseillers, présens : Johan le

---

¹ Tiroir ccccx, 3. — 3 livres 8 sous 4 deniers tournois, valent 28 francs 25 centimes. Mais aujourd'hui le câble, au lieu de 10 deniers la livre, coûterait 2 francs 20 centimes le kilogramme, ce qui, pour 82 livres, ou 41 kilogrammes, ferait 90 francs 20 centimes. Ainsi, en 1404, on avait 82 livres de câble pour un peu plus de la moitié d'un marc d'argent, tandis qu'aujourd'hui il faut un marc et sept onzièmes, pour en avoir la même quantité.

² Ce nom est ainsi abrégé dans le manuscrit.

³ D'*arrhes*.

⁴ D'une machine en bois.

⁵ Reg. A, 1396-1398, 65 v. — 18 livres valent 149 francs. Une sonnette, ou bélier à bras, du poids de 200 livres, coûterait aujourd'hui 200 francs.

Tavernier, procureur; fu délibéré que un marchié que avoit fait Johan Le Tavernier, procureur, seroit tenu par ce que ladicte ville, des deniers de la forteresse, paieroit x l. pour une neufve flette ¹ de xxiiij piez de long et de v piez et demi de lé ou environ, avecques la refachon d'un vieil batel. Duquel marchié se charga Johan Le Tavernier. Laquelle flette est pour le vivier de Martainville ².

TRANSPORTS.

Transport par eau. — Location et achat d'un bateau.

Le vj^e jour de novembre m cccc et huit, présens : M. Dutot, R. Mustel, S. du Valricher et Henri Gueloquet, conseillers etc.

Appointé fu par lesdiz conseillers, avec Philippot De la Rue dit Moriaux, voicturier par eaue, sur la demande de xxvij l. t. que faisait Henri Rousselin, receveur etc., audit Philippot, pour le louage d'an et demi du batel, flette, ancre et apparaulx d'icellui, appartenant à icelle ville, et que il avoit loué par an pour xviij l. t., comme il apparu par obligacion sur ce faicte; sur laquelle somme de xxvij l. t. lui furent rabatus xxiiij l. t. pour iiij voictures de batellées, deux de buittes et deux de bloc par lui faictes audit batel ³, pour les ouvrages de ladicte ville, depuis le Val-des-Leux jusques au pré de Martainville, pour ce xiij l. x s. t.; et pour autres batellées de mesrien à faire pieulx, par lui faictes à⁴ ses bateaux, l'un portant l tonneaux et l'autre lxv tonneaux, pour les fondemens des murs et tou-

---

¹ Les *flettes* sont les canots des bateaux plats qui font la navigation de la Seine.

² Reg. A, 1396—1398, 4 v. — 10 livres valent 82 francs 50 centimes. Une flette de cette dimension ne coûterait pas aujourd'hui moins de 400 francs.

³ Avec ledit bateau.   ⁴ Avec.

relles à Martainville, dudit lieu du Val-des-Leux audit pré, pour tout ce il fu apointé aveuc lui pour lesdictes xxiij l. t., qui lui furent rabatues sur ladicte somme de xxvij l. t. Ainsi demoura qu'il doit à ladicte ville la somme de iiij l. t. Laquelle somme de iiij l. t. avec ledit batel, flette, ancre et apparaulx, lui furent quittés et vendus par lesdiz conseillers, parce que ycellui Moriaux se submist et promist faire, à ladicte ville, la voicture de xvj batellées de pierres, tant de buittes comme de bloc, chacune voicture du frait de xlv tonneaux de pierre dudit lieu du Val-des-Leux. Et les sera tenu faire dudit lieu à Rouen, ès lieux ou l'en ouvrera èsdiz ouvrages de ladicte forteresse et lui sera dit par les gens de ladicte ville ad ce ordonnés, dedens deux ans du jour d'ici, à chacune année viij voictures. Et pour ce ledit Moriaux quitta ladicte ville de toutes choses, etc., et aussi il demoura quitte envers ladicte ville parfaisant lesdictes xvj voictures, etc., de toutes choses, etc. Et fu dit que ledit receveur, par cest appointement apportant [1], seroit quitte desdictes iiij l. Et fu ordonné estre fait mandement audit Moriaux desdictes xxiij l. pour ses voictures, etc. [2]

[1] Sur présentation de cet arrangement.

[2] Reg. A, 1404—1408, 169 v. — Ce marché est la conclusion de deux autres. Par le premier, du 5 juillet 1406, Philippot De la Rue avait loué le bateau de la ville, avec sa flette et ses apparaux, de la Saint-Michel 1405 jusques à Paques 1407, moyennant 18 livres par an. Par le second, du 23 avril 1407, il continuait cette location pour un an, aux mêmes conditions; de plus, il s'engageait à faire des transports de pierre pour la ville, du Val-des-Leux à Rouen, à 67 sous 6 deniers le bateau de 45 tonneaux.

Voici le résumé du dernier marché : De la Rue devait à la ville 27 livres pour location de son bateau jaugeant 45 tonneaux, à raison de 18 livres par an. D'un autre côté, la ville lui devait pour voiture de quatre batelées de pierre de 45 tonneaux à 67

Charriage.

Le dimenche xxv⁰ jour de may m cccc et dix, présens : Guillaume Toulousen et Jehan Leclerc, conseillers etc., Rogerin Mustel commis aux ouvrages de la forteresse.

Marché fait, par lesdiz conseillers, à Jehan Le Mire, voicturier à Charroy, de faire la voicture de deux batellées de pierres estantes de présent au kay Jehan Lequeu [1], d'icelles charrier dudit kay à la garde du Coulombier [2]..... Ledit marché à lui fait pour le prix de xx d. t. pour le pesant de chacun tonnel de ladicte pierre, parmy ce qu'il promist charrier et faire la voicture de xxix marches du Val-des-Leux, estantes audit kay, d'icellui kay à ladicte garde [3].

sous 6 deniers chacune, et pour deux batelées de bois, l'une de 50, l'autre de 65 tonneaux, 23 livres. Restent 4 livres, que De la Rue doit à la ville. Le conseil lui vend le bateau de la ville, avec sa flette, son ancre et tous ses agrès et accessoires, moyennant ces 4 livres, et 16 batelées de 45 tonneaux, du Val-des-Leux à Rouen, à porter en deux ans. 16 batelées, à 3 livres 7 sous 6 deniers, font 54 fr. environ, ce qui, avec les 4 livres, met le prix du bateau de 45 tonneaux à 58 livres, qui valent 480 fr. Un bateau de 45 tonneaux ayant 5 ans de service, avec sa flette et ses apparaux, coûterait aujourd'hui environ 2000 fr.

La batelée de 45 tonneaux, à 67 sous 6 deniers, donne par tonneau 1 sous 6 deniers. 4 batelées à 67 sous 6 deniers faisaient 13 livres 10 sous; restent, sur les 23 livres, 9 livres 10 sous pour les deux batelées de 50 et 65 tonneaux, ce qui donne également 1 sou 6 deniers par tonneau. Le transport du Val-des-Leux à Rouen coûte aujourd'hui 2 fr. 25 c., y compris le déchargement.

[1] Quai de la rue Royale.

[2] Sur le boulevard Martinville, près de l'entrée de la rue Eau-de-Robec.

[3] Reg. A, 1408—1411, 92 v. — 20 deniers par tonneau font 60 deniers, ou 5 sous, pour trois tonneaux. 5 sous valcut environ 2 fr. Ce charriage coûterait aujourd'hui, pour trois tonneaux, 7 fr. 50 c.

TERRASSEMENTS.

Fossé de la porte Martinville.

Lan mil ccc iiij** xvij, le dymence iij^e jour de juing, par sire Guillaume Alorge, Johan Mustel, Guillaume de Gaugi, conseillers etc., présent Johan Alorge, commis sur les ouvrages de la fortifficacion, maistre Johan de Sotteville, maistre carpentier.

Fu fait marchié à Johan Le Fournier et Johan Pippet, pyonniers, de vuidier un fossé ou pré de Martainville, qui vient de la vieille Aubette, en esloingnant [1] ledit fossé depuis quatre perques [2] qui de nouvel y ont esté faictes, en venant jusques à la porte de Martainville, perque à perque, la perque de xxiiij piez de ley [3] et autant de long, de viij piez de parfont [4] et de xiiij piez de ley en fons. Et leur doit l'en trouver pelx et claës [5] pour faire les bastardealx [6] à tenir les terres et eaues en leur cours. Et les pyonniers dessusdis doivent cachier [7] et asseoir yceulx pelx; et s'aucuns pelx, claës ou bastardealx nuysent au cours dudit fossé, ilz les arracheront et mettront l'eaue en son cours, bien et deuement. Ce marchié fait par le pris et somme de lx s. pour chacune perque. Et pour ce faire, en présence de Thomas Douchet, Robert Lonfieu et Pierre de Saint-Pol, se promistrent, obligèrent devant juges. [8]

[1] *Élongeant.* [2] Perches. [3] Large. [4] Profondeur.
[5] Pieux et claies. [6] Bâtardeaux. [7] Chasser.
[8] Reg. A, 1396 — 1398, 39 r. — 60 sous valent 25 francs.

FIN.

TABLE DES MATIÈRES.

Porte Martinville.......................... page 1
Porte de Robec................................ 9
Porte du Pont-Honfroy....................... 19
Première porte Martinville................... 27
Dernière porte Martinville................... 33
Pièces justificatives, première partie............ 193
    Idem   deuxième partie............ 275

Le samedi xxij.e jour de Juillet mil iiijc iiijxx xviij. Devant nous [et] de la
ville bailli [et] conseillers de Rouen, c'est [assavoir] Me de la
guille aloze, Guille dehaulx, Jehan Campion conseillers
[et] le tabellion pour p[rese]nt Simon Recuel

furent pres[ent] maistre Joh[an] a la borne maistre [et] de bany[eux]
machons, maistre Guille[aume] enfresnayz, maistre Jeh[an] de Streuille ouuriers
lesquelz nous Rapporterent a leurs ames [et] consciences [que] c'estoit n[ecess]aire
[et] tresutille [que] l'on p[ro]cedast de brief au lieu [et] place ordonnee, a faire
les fondement[s] pour faire fonder Une porte actuelment
Et pour a p[rese]nt sur ce mand[er] Jehan de Streuille [et de] bany[eux] requist lecompte
[que] le plus brief [que] faire se pourroit les tiez de la d[ite] place fussent mis
a lon[gu]eur, et [que] l'on feist diligence d'avoir des pi[er]res pour y [em]ployer
et [que] l'on [se] diligeaument l'on y pouroit ainsi [que] il ap[per]t

Item ce jour en commanda a guille lecomte comme sur les ouurages de la d[ite]
fortesse [que] je [ay] vu les d[its] maistre Joh[an] de Streuille et [et] de bany[eux]
de Jeh[an] a leurs Jour[nees], quilz ont [et] qu'ilz gaigneront on d[it] ouurage
c'est assavoir pour chacun Jour a chac[un] seulz[ment] xij d[eniers] et se ilz sont hors pour
le d[it] fait a chac[un] ii s. [deniers] pour Jour

www.ingramcontent.com/pod-product-compliance
Lightning Source LLC
Chambersburg PA
CBHW070616160426
43194CB00009B/1284